# Erzgebirgisches Brauchtums-ABC

AF288042

Advent bis Lichtmess → Andreastag → Barbaratag → Bergbau → Bergbruderschaft → Berghabit → Berglied und Bergmusik → Bergparade → Bescherung → Bleigießen → Butterform → Christkind → Christmette und Christvesper → Drei Heilige Abende → Engel- und Königschar → Erzgebirgsverein → Federnschleißen → Fensterbrettl → Festessen → Festkalender → Glückauf → Glückauf- und Licht'labende → Heilig-Abend-Licht → Heilig-Abend-Münze → Heilig-Abend-Stroh → Heilig-Ohmd-Lied → Hohneujahr → Hutz'n → Internächte → Kaffeetrinken → Kartoffelkuchen → Kuchensingen → Landesverein Sächsischer Heimatschutz → Lange Nacht → Lichtmess → Männelwecken → Mettenlicht → Mettenschicht → Mundart- und Heimatdichtung → Neujahr → Neunerlei → Niklaszopf → Nikolaus → Quempas – Verkündigung – Weissagung → Rupprich → Schneeberger Licht'lfest → Schutzheilige → Silvester → Stollen → Striezelmarkt → Turmmusik → Uf'nbank → Volkskalender → Vorabend des 1. Advent → Weihnachtsfestbier → Weihnachtsgabe → Weihnachtsmarkt → Winnetou feiert Weihnachten

Ehrhardt Heinold

Alix Paulsen

# Erzgebirgisches Weihnachts-ABC

Husum

Der Umschlag wurde gestaltet unter Verwendung von Motiven aus dem Buch.

Bibliografische Information Der Deutschen Bibliothek

Die Deutsche Bibliothek verzeichnet diese Publikation in der Deutschen Nationalbibliografie; detaillierte bibliografische Daten sind im Internet über http://dnb.ddb.de abrufbar.

Das vorliegende „Erzgebirgische Weihnachts-ABC" ist Teil eines dreibändigen Gesamtwerkes, zu dem „Erzgebirgisches Spielzeug-ABC" und „Erzgebirgisches Brauchtums-ABC" als weitere Bände erschienen sind.

Der Text dieses Bandes enthält Verweise auf Themen, die in den anderen beiden Bänden enthalten sind. Die entsprechenden Themenlisten sind im Vorsatz aufgeführt.

3., überarbeitete Auflage 2016
© 2001 by Husum Druck- und Verlagsgesellschaft mbH u. Co. KG, Husum
Gesamtherstellung: Husum Druck- und Verlagsgesellschaft
Postfach 1480, D-25804 Husum – www. verlagsgruppe.de
ISBN 3-89876-005-7

# Ein paar Worte
# zur Einführung

**I**

Das Buch, das Sie in der Hand halten, ist Lesebuch und Nachschlagewerk in einem. Sie können es von A bis Z lesen, oder Sie können es aufschlagen, wo Ihnen ein Stichwort verlockend erscheint. Und Sie können von Stichwort zu Stichwort springen. Das Verweiszeichen → hilft Ihnen dabei. So können Sie sich die vielfältige Welt der erzgebirgischen Weihnacht mit dem Kopf und dem Herzen erschließen.

**II**

So vielfältig ist diese Welt, dass aus dem ursprünglichen Plan eines erzgebirgischen Weihnachts-ABCs in einem Band drei Bände geworden sind, nämlich der vorliegende, vornehmlich der Volkskunst im Erzgebirge gewidmet, und dazu das „Erzgebirgische Spielzeug-ABC" sowie das „Erzgebirgische Brauchtums-ABC", das sich auf die Advents- und Weihnachtszeit als typisch für das Erzgebirge konzentriert. Die drei Bände stehen jeder für sich und können einzeln gelesen und genutzt werden. Doch stehen sie im Zusammenhang miteinander, ergänzen sich und spiegeln gemeinsam den großen, eigenen Kosmos des Erzgebirges, mit der Weihnacht als Mittelpunkt und weit darüber hinaus.

**III**

Wichtig sind die Quellen, aus denen das Buch schöpft. Im Text stehen kleine Anmerkungsziffern, unter denen Sie im Anhang nachschlagen können, wo ich das jeweilige Material gefunden habe. Von da werden Sie weitergeführt zum Literaturverzeichnis. Dieses Literaturverzeichnis belegt, welch umfangreiches Material Volkskundler sowie andere Fachleute und Liebhaber zu dem Themenkreis zusammengetragen und veröffentlicht haben. Zwar gab es schon immer eine reiche populäre und fachliche Literatur, aber es ist, als seien nach 1989 geradezu Schleusen geöffnet worden, als seien die Schubladen gefüllt gewesen mit Manuskripten, die der Veröffentlichung harrten. Das vorliegende Buch und die beiden anderen Bände wollen und können dem, was so verdienstvoll erforscht und beschrieben worden ist, nur hier und da etwas Neues hinzufügen. Sie wollen und können aber all das leicht zugänglich zusammenfassen, was in Zeitschriften, Aufsätzen und Kalenderbeiträgen und dicken und dünnen Büchern zu dem jeweiligen Thema publiziert worden ist. Weil es so viele Veröffentlichungen gibt, finden sich auch „Wandererzählungen", ohne dass der Leser genau wüsste, wo der Ursprung eigentlich ist. Gerade deshalb habe ich mich bemüht, so gut wie bei allen mitgeteilten Fakten zu belegen, wo ich sie denn gefunden habe. Mancher mag anderes, Jüngeres kennen; für Hinweise bin ich dankbar.

**IV**

Wie kam es zu diesem erzgebirgischen Weihnachts-ABC und den beiden folgenden Bänden? Sie sind aus der Arbeit an der Anthologie „Weihnachtsland Erzgebirge" hervorgegangen. Als Gerhard Heilfurth und ich sie zusammen mit dem Frankfurter Fotografen Hans-Jürgen Rau im Herbst 1988 im Husum Verlag herausbrachten, ahnten wir nicht, wie nahe die Wiedervereinigung unserer erzgebirgischen Geburtsheimat mit unserer bundesrepublikanischen Wahlheimat war. Wohl aber wussten wir vom eigenen Charakter, von der eigenen Kultur der erzgebirgischen Weihnacht, die im gesamten deutschsprachigen Raum einzigartig ist. Wir fanden, der beste Ausdruck dafür sei, das Register des Buches als „Erzgebirgisches Weihnachts-ABC" anzulegen. Seitdem habe ich an dem Plan gearbeitet, aus dem Register ein alphabetisches Nachschlagewerk zu machen, das zugleich ein Lesebuch ist. Nun liegt es vor.

**V**
Friedbert Ficker hat in einer Veröffentlichung zum Thema „Bornkinnel", erschienen im Jahre 2000 in Werdau, angemerkt, dass dessen „praktische Bedeutung ... im allgemeinen mehr rückblickend aus dem Studium der schriftlichen Quellen gefunden wurde." Wie für die meisten Veröffentlichungen zur erzgebirgischen Weihnacht ist dies auch der Ausgangspunkt meiner drei ABC-Bände. Gleichzeitig habe ich versucht, die Brücke zur Gegenwart zu schlagen, darzustellen, wo Traditionen lebendig geblieben sind, wieder aufgegriffen werden oder wo neue Traditionen entstehen. Die Abbildungen wollen vor allem den Text illustrieren, mit Belegen aus alter und jüngster Zeit. Wo nicht anders vermerkt, handelt es sich mit wenigen Ausnahmen um Gegenstände aus der Privatsammlung Alix Paulsen, Weihnachtshaus Husum, um möglichst viel neues, noch nicht bekanntes Material zu bieten.
Meiner Mitarbeiterin Gila von Mallinckrodt danke ich für Text- und Quellenerfassung; ferner danke ich allen, die mich mit Hinweisen und Nachweisen unterstützt haben, vor allem aber allen den im Literaturverzeichnis aufgeführten Autoren, auf deren Forschungen und Veröffentlichungen meine zusammenfassende Darstellung beruht. Dem „Männelmacher" Christian Kott danke ich dafür, dass er mir sein Archiv zur Verfügung stellte, und für die zahlreichen Auskünfte, meinem Freund Günther Großer für seine umfangreichen Recherchen in der Deutschen Bücherei Leipzig.

Mehr noch als in anderen deutschen Regionen werden im Erzgebirge die Wochen um das Weihnachtsfest den Traditionen folgend begangen. Das hat sich auch nach der „Wende" von 1989/90 nicht geändert. Im Gegenteil: Die Zahl der öffentlichen Advents- und Weihnachtsveranstaltungen ist sprunghaft angestiegen, wie z. B. die des Anschiebens der Großpyramiden an einem zentralen Platz der Stadt oder des Ortes. Im 19.Jahrhundert hat sich Weihnachten von einer kirchlichen Kulthandlung zu einem Familienfest gewandelt, in der zweiten Hälfte des 20. Jahrhunderts ist es zu einem öffentlichen Fest (und leider auch zu einem kommerziellen und Konsumhöhepunkt) geworden.
Nahezu unverändert ist die Art und Weise geblieben, in der erzgebirgische Familien die Advents- und Feiertage begehen, vom Männelwecken bis hin zum althergebrachten Mettengang und den typischen Speisen wie Neunerlei, Gänsebraten und Christstollen. Figurenkosmos und Traditionen haben sich im Kern in den letzten Jahren nicht verwandelt, es sind nur neue und zum Teil überraschende Ausprägungen dazugekommen. Vor allem haben eine Reihe von Fachautoren die Literatur zu den Besonderheiten des Erzgebirges um vertiefende Studien bereichert.
Die zweite Auflage des vorliegenden Buches konnte bereits drei Jahre nach der Erstausgabe, in Einzelpunkten ergänzt und verbessert, erscheinen. Insbesondere wurden eine Reihe von Datierungen der abgebildeten Objekte geändert, weil die 2003 erschienene umfangreiche Studie von Joachim Riebel (s. S. 15) dafür zum ersten Mal verlässliche Anhaltspunkte bot. In der vorliegenden dritten Auflage wurden die wesentlichsten neuen Erkenntnisse und Neuerscheinungen zu den einzelnen Stichworten berücksichtigt.

Ehrhardt Heinold

# Adventskalender

*Hot der Winter agefange,*
*hot's es erschte Mal geschneit,*
*sei se do, die Obnd, die lange,*
*is es wieder mol suweit:*
*mach mer an Adventskolanner,*
*do sei bunte Bilder drauf,*
*racht schie sachte noochenanner*
*jeden Tog e Fansterle auf.*

Manfred Pollmer (*1922)[1]

24 Kreidestriche an der Tür – und Tag für Tag durften die Kinder einen wegwischen. Auch gab es Kerzen, die jeden Tag um eine Markierung heruntergebrannt werden durften. Und außerdem Selbstgebasteltes, wie heute noch üblich, z. B. als Adventskette[2]. Bei Johann Hinrich Wichern (1808–1881) im Hamburger Rauhen Haus kam nach einem Bericht von Elisabeth Averdieck (1808–1907) vom 1. bis 24. Dezember jeden Tag ein neues Bild auf die Tapete[3].

Der erste gedruckte Adventskalender wurde nach neueren Forschungen bereits 1902 von der Evangelischen Buchhandlung Friedrich Trümpler in Hamburg in Form einer Weihnachtsuhr für Kinder herausgebracht. Im Jahre 1903 veröffentlichte der Buchhändler Gerhard Lang (1881–1974) einen Adventskalender „Im Lande des Christkinds" im Verlag des Lithographen Friedrich Reichhold in München, der im Folgejahr der Stuttgarter Zeitung „Neuen Tagblatt" 1904 als Präsent beigelegt wurde und ab 1908 alljährlich als „Münchner Weihnachtskalender" in den Handel kam.

Der vermutlich erste gedruckte Adventskalender ist ganz genau zu datieren. Er hieß „Münchner Weihnachts-Kalender" und erschien 1908 bei Reichhold u. Lang in München. Er ist also kein Kind des Erzgebirges, aber auf der Zierleiste am Fuß der Seite finden sich gute alte Bekannte aus der Region, nämlich hölzerne

*3*
*Adventskalender als*
*typisch erzgebirgische*
*Adventspyramide*
*von Kurt Eichler, VEB*
*Druckwerke Reichen-*
*bach i. V. (1954).*

*4*
*Auch der Adventskalen-*
*der passt sich dem*
*Markt an: hier in Form*
*eines Schwibbogens, der*
*mit Schokoladentäfel-*
*chen gefüllt ist. Als*
*äußeres Motiv Berg-*
*leute im →Berghabit*
*mit „Barten" sowie die*
*Seiffener Kirche mit*
*Kurrende als Drehhaus*
*(→Pyramide). Hasso*
*Leichsenring, Inopac,*
*Ehrenfriedersdorf, 2000.*

Spielzeugsoldaten und eine →Arche mit diver-
sen Tierpaaren. Dieser Kalender löste allmählich die um 1900 nachweisbaren Weihnachts-
uhren ab. Er hatte noch keine Türen zum Auf-
klappen. Vielmehr wurde er ergänzt durch einen Ausschneidebogen mit 24 Motiven, mit denen die in Kästchen abgedruckten Gedichte
überklebt werden konnten. Auch darauf sind
erzgebirgische Sujets zu finden, z. B. typisch
wiederum Soldaten, ein Rollwagen mit Pferde-
gespann, ein Nussknacker, ein Hirte mit Herde
und Schäferkarren und eine Puppenstube. Die
heute dominierende Form des Türchenkalen-
ders taucht ab 1920 zum ersten Mal im Sorti-
ment von Reichhold u. Lang auf.[4] Er erinnert an
erzgebirgische →Lichterhäuser.
Unter den wohl weit mehr als 300 heute auf
dem Markt befindlichen Kalendern finden sich

ebenfalls einige mit erzgebirgischen Motiven.
Ein Adventskalender z. B. stellt ein mittelalter-
liches Fachwerkhaus aus Braunschweig dar, ist
von innen beleuchtet und präsentiert in den
Fenstern erzgebirgische Holzfiguren[5].
Ein älterer Korsch-Kalender ist als Advents-
uhr gestaltet, in der Mitte des Ziffernblattes die
→ Seiffener Kirche (Abb. 2). Kurt Eichler
schuf Adventskalender mit den Motiven eines
→ Weihnachtsberges[6], einer Adventspyrami-
de[7] (Abb. 3) sowie eine Adventslaterne mit
Erzgebirgsmotiven, die zugleich als Advents-
kalender diente.[8] Dabei griff er auf ältere Vorbilder zurück.
Die Erzgebirger kehren gern das Große ins
Kleine und das Kleine ins Große. So schmückt
seit 1999 in der Adventszeit ein 5,50 m breiter
und 4,05 m hoher Adventskalender die Stadt
Augustusburg. Das handgefertigte hölzerne
Stück hat die Form eines Schwibbogens. Ihm
wurde eine Mini-Augustusburg als krönender
Abschluss unter einem Flügelrad aufgesetzt
(→Advent bis Lichtmeß). Der überdimensionale Kalender ist allerdings nicht der Erste seiner Art: in Leipzig im sächsischen Tiefland
grüßt seit 1997 in der Adventszeit ein 857 m$^2$
großes Exemplar die Weihnachtsmarktbesu-
cher auf dem Sachsenplatz[9]. „Christliche Adventskalender aus der DDR" wurden in einer
Ausstellung des Berliner Museums Europäischer Kulturen im Dresdener Museum für
Sächsische Volkskunst im Winter 2002/2003
gezeigt.

# Adventskranz und Adventsleuchter

*Lichter brenne hall un klar
in dr Weihnachtszeit –
schennste Zeit in ganzen Gahr,
fraat eich dra, seid fruh, ihr Leit!*

Karl Hans Pollmer (1911–1987)[10]

In der Adventszeit sollen – so eine Deutung – grüne Zweige an den Einzug Jesu in Jerusalem erinnern[11]. Jedenfalls gelten Kranz und Kro-

ne weltweit als kultischer und weltlicher Schmuck. Der Adventskranz verbindet das symbolische Baumgrün mit den Elementen des Zählens und des Lichtes[12].

Der Vater des Adventskranzes ist Johann Hinrich Wichern (1808–1881). Er gründete 1833 in Hamburg-Horn das „Rauhe Haus" und hielt dort im Betsaal ab 1838 in der Adventszeit Kerzenandachten ab, zu denen täglich jeweils eine Kerze mehr angezündet wurde. Vier große weiße Kerzen symbolisierten die Sonntage, kleine rote standen für die Werktage. 1839 gab er dafür einen hölzernen Reifen in Auftrag, der ab 1860 mit Tannengrün geschmückt wurde[13]. Über die von Wichern ab 1848 ausgehende Bewegung der „Inneren Mission" fand der Adventskranz Verbreitung. Er wurde um 1899

**Der besondere Tipp:**

Dietrich Sattler (Hrsg.):
Der Adventskranz und seine Geschichte.
Bräuche und Feste in der Advents- und Weihnachtszeit.
Hamburg: Agentur des Rauhen Hauses 1997.

*5
Adventskranzträger sowie Adventsleuchter, auf die ein kleiner Kranz oder Tannengrün gelegt werden kann.
Adventskranzträger um 1930,
Leuchter (links) um 1970,
Leuchter (rechts) um 1920.*

9

**6**
*Adventskranz aus der Seiffener Werkstatt Kempe, nach alten Vorbildern und mit den charakteristischen „Baameln" (→ Glaskunst). Holz, gedrechselt, Ø 39 cm nach 1975.*

**Der besondere Tipp:**

*Horst Gläß (\*1925) hat in einem kleinen Gedicht beschrieben, wie er sich aus einem Stück Wurzel selbst einen „Wurzellechter" bastelt. Machen Sie es ihm nach und basteln Sie sich Ihren Adventsleuchter selbst:*

*Kaa Kunstwark is dos freilich net.
Doch hot'r uns su viel ze sogn:
Ihr hätt zer Weihnachtszeit kenn Lichterbaam, wenn ich als Wurzel könnt die Last net trogn.*[18]

von der bündischen Jugendbewegung „Wandervogel" aufgegriffen und weiter bekannt durch seine Verwendung in Lazaretten des Ersten Weltkriegs. Er galt eher als evangelisch und breitete sich langsam von Nord- nach Süddeutschland aus.[14]

„In den letzten Jahren hat sich fast in ganz Sachsen der Weihnachts-(Advents-)kranz durchgesetzt. Das ist sehr zu begrüßen. Er bildet den Mittelpunkt der Vorweihnachtsfeier in der Familie und in Gemeinschaften. Der fremde Name ‚Adventskranz' kann durch den deutschen ‚Weihnachts- oder Lichterkranz' ersetzt werden. Dem Kranz wird man auch den Vorzug geben vor dem Herrnhuter ‚Papierstern'" (→ Adventsstern). Dieser Empfehlung aus dem Jahr 1937 wurde – wenn überhaupt – nur bis 1945 gefolgt. Adventskranz und Adventsstern leben unter ihrer alten Bezeichnung bis heute fort.[15]

In undatierten Musterblättern des Seiffener Spielzeugverlages H. E. Langer – vermutlich aus den dreißiger Jahren des vorigen Jahrhun-

derts – findet sich unter der Nr. 886/47 der vielen aus ihrer Kindheit vertraute schlanke spindelförmige Ständer mit dem Stern auf der Spitze (Abb. 5). Daran wurde an goldenen oder roten Bändern der Adventskranz aufgehängt.

Der Übergang zum Adventsleuchter ist fließend, denn im Erzgebirge werden vierarmige Adventsleuchter, die zumeist Engel oder Bergleute als Figurenschmuck tragen, mit Tannen- oder Fichtengrün geschmückt.

Bei Langer finden wir einen Leuchter mit vier Armen und einem goldenen Stern, der Raum lässt für das Einlegen eines kleinen Adventskranzes, einen mit Engelsfiguren und dem Stern geschmückten Leuchter, den man mit Tannengrün auslegen kann, und einen vierarmigen kleinen Leuchter, um den sich Tannengrün legen lässt (s. auch Abb. 5).[16]

Die Tradition des Wichernschen hölzernen Reifens ohne grüne Zweige hat sich im Erzgebirge ebenfalls erhalten. So haben Emil (\*1906) und Egon Kempe (\*1937) aus Seiffen nach 1975 einen achteckigen Reifen mit je zwei Lichterbergmännern und -engeln sowie Holzbäumchen entwickelt, der auf alten Traditionen fußt (Abb. 6).

Das Haus der Kempes hat übrigens Max Schanz (1895–1953) seinerzeit als Direktor der Seiffener Spielzeugmacherschule in einem Aquarell festgehalten[17] (→ Holzspielzeugmacher). Von ihm stammt ebenfalls der Entwurf eines vierkerzigen Leuchters mit Engeln und Bergmannsfiguren. Heute sind solche Leuchter in der verschiedensten Form im Handel, u. a. auch in Naturholz.

# Adventsstern

*An dr Stubndeck lecht dr Stern,*
*Gungel, do guck nauf! –*
*Sitzt ganz still un staunst'n a,*
*ball su wie ben Raacherma*
*stecht dei Guschel auf.*

Edmut Kluge (*1933)[19]

„Wenn drunten beim Rülke-Buchbinder wieder der große rote Adventsstern brannte", erzählt eine Hilbersdorferin aus ihrer Kindheit, „stand die schönste Zeit des Jahres unmittelbar bevor. Merkwürdig, wie sein mildes, geheimnisvolles Licht die dort ausgestellten Dinge verwandelte! Dazu gehörten Bücher verschiedener Art, ferner Schreibutensilien, bunte Pappkartons mit Spielen und manches begehrenswerte Holzspielzeug. Aufsicht führte alljährlich ein blaugewandeter Nussknackerpolizist, der stets mit zwei Rachermannl inmitten der ganzen Herrlichkeit Position bezog."[20]

7
*Herrnhuter Advents-*
*stern, ein „Kind" des*
*19. Jahrhunderts, aus*
*der benachbarten*
*Lausitz ins Erzgebirge*
*eingewandert*
*(→ Nachbarregionen)*
*(Ø 70 cm).*

Der Adventsstern ist aus der ostsächsischen Oberlausitz ins Erzgebirge „eingewandert" (→ Nachbarregionen). Er entstand vermutlich aus einer Erweckungsbewegung innerhalb der Herrnhuter Brudergemeine Niesky zu deren einhundertjährigem Jubiläum im Jahre 1842. Die Evangelische Bruder-Unität hatte 1722 in Herrnhut ihren Ursprung genommen, als Nikolaus Ludwig Graf von Zinzendorf (1700–1760) böhmische Exulanten ansiedelte, wie sie auch im Erzgebirge eine neue Heimat fanden (Gründung der Exulantensiedlung Johanngeorgenstadt 1654).

Der Adventsstern bezieht sich auf die Bibelstellen Offenbarung 22,16 („Ich, Jesus, bin der helle Morgenstern") und Mose 24,17 („Es wird ein Stern aus Jakob aufgehen"). Der Moses-Spruch ist in der Vertonung von Felix Mendelssohn Bartholdy besonders beliebt in den Adventssingstunden der Brüdergemeine,

8
*Das Jahr über wird der*
*Adventsstern wegge-*
*packt. Das Zusammen-*
*stecken der „Zacken"*
*zum Advent erfordert*
*Geduld und Geschick.*

11

**9**
*Original Hartensteiner Adventsstern aus erzgebirgischer Produktion, mit der dafür typischen Musterung. (Ø 68 cm).*

**Der besondere Tipp:**

*Bezugsquelle für Original Herrnhuter Sterne:*

Herrnhuter Sterne GmbH
Oderwitzer Str. 8
02747 Herrnhut

*Bezugsquelle für den Original Hartensteiner Advents- und Weihnachtsstern:*

Peter Härtel
Zwickauer Str. 1,
08118 Hartenstein
im Erzgebirge.

*Weitere Hersteller:*

Annaberger Faltstern
Buchbinderei Kraft
Hans-Hesse-Straße 7a
09456 Annaberg-Buchholz

Haßlauer
Weihnachtssterne
Alter Grenzweg 17
08112 Wilkau-Haßlau

Zwickauer
Adventsstern
Wettinerstraße 49a
08412 Werdau

ebenso wie das Lied „Morgenstern auf finstre Nacht" von Johannes Scheffler, genannt Angelus Silesius (1624–1677).

Eine erste schriftliche Erwähnung findet der Adventsstern 1867 in einem Herrnhuter Tagebucheintrag. Er wurde in Familien und in den Herrnhuter Knabenanstalten Klein-Welka für Verkaufszwecke gebastelt. 1892 fertigt ein zur Brüdergemeine gehörender Soldat einen Stern für seine Kasernenstube und später weitere Stücke für den Verkauf an.

Den Herrnhuter Weihnachtsstern, wie wir ihn jetzt kennen, erfindet im Jahre 1897 der Herrnhuter Buch- und Musikalienhändler Pieter Hendrik Veerbek (1863–1935): einen zusammensetzbaren Blechkörper, auf den Papierzacken mit Blechbasis geschoben werden können. Ein solcher Stern hat in der Regel 26 und kann bis zu 98 oder gar 111 Zacken haben. Noch heute wird er in großen Stückzahlen in der Herrnhuter ehemaligen „Sternelei" fabriziert und in alle Welt exportiert. 1945 bis 1968

arbeitete diese Werkstatt als VEB und kam erst nach langwierigen Verhandlungen an die Evangelische Brüder-Unität zurück. Ursprünglich mit Öllämpchen beleuchtet, begann der Herrnhuter Stern seinen Siegeszug mit der Einführung der Elektrizität.[21] Einen Sondertypus stellt der nur 13 cm große „kleine Herrnhuter Stern" dar, der auch als „Herrnhuter Sternkette" mit zehn Sternen lieferbar ist.

Verwandt mit dem Herrnhuter Adventsstern sind die schon ab etwa 1870 nachweisbaren selbstgebastelten, seit 1963 auch fabrikmäßig hergestellten Sebnitzer Weihnachtssterne – vorwiegend als Flachstern gestaltet und damit aufklappbar sowie als Fensterschmuck geeignet[21] (→ Nachbarregionen).

Zu DDR-Zeiten produzierte der VEB Verpackungsmittelwerke den Ehrenfriedersdorfer Adventsstern. Noch heute stellt die Firma Peter Härtel, buchbinderischer Familienbetrieb seit 1908, den „Original Hartensteiner Advents- und Weihnachtsstern" her, der sich durch Ornamentik und Farbgebung vom Herrnhuter Stern unterscheidet. 1948 wurde der erste Adventsstern produziert und mit zur Leipziger Messe genommen. Es gab zunächst Materialprobleme. Aber seit 1960 stellt die Firma nur noch Adventssterne her. Der Ursprung ist die goldrote Version mit weißen Ecken. Inzwischen wird der Stern in zehn verschiedenen Farbvarianten angeboten. Er hat einen Durchmesser von 68 cm und kann mit 15 bis 20 Volt beleuchtet werden[22]. Der Annaberger Faltstern wurde 1924 von Karl Friedrich erfunden und 1926 patentiert. Er wird seit 1996 wieder produziert von der Buchbinderei Kraft in Annaberg-Buchholz.[23]

Der Erzgebirger hängt die Weihnachtssterne gern in Fensternähe auf oder lässt sie auch über einer Krippe oder einem Weihnachtsberg leuchten. So ist der zugewanderte Gast aus der Oberlausitz inzwischen – auch noch durch weitere hier ansässige Hersteller – zum echten „Erzgebirger" geworden.

# Bergmann

*Immer stieht er an senn Ort;*
*is ganz ruhig, sogt kaa Wort,*
*mit de Lichter in der Hand*
*lecht er naus ins Land,*
*lecht in alle Herzen nei,*
*wu noch Schatten drinne sei,*
*un erfreit mit Lichterpracht*
*in stiller, heil'ger Nacht.*

Erich Lang (1895–1940)[24]

Der Bergmann hatte die verschiedensten „Künste" zu beherrschen – „so nannte er bezeichnenderweise die wichtigen, verschiedenartigen Werke zur Förderung des Gesteins und zur Hebung des Wassers aus den Schächten... Werkstoff aber war fast durchweg das Holz aus den Wäldern ringsum, deshalb hatte der Schlegelgesell stets Grubenschärper und Schnitzmesser zur Hand, er war ein Tüftler und Bastler von Berufs wegen. Warum hätte er seine Kunstfertigkeit nicht auch nach verfahrener Schicht am Feierabend in freier schöngeistiger Übung betätigen sollen?"[25]

So wurde der Bergmann zum Träger und Gegenstand volkskünstlerischer Betätigung. Die enge Verbindung des Bergbaus mit der christlichen Glaubenswelt hatte zudem ihren Niederschlag in großen und kleineren Werken der sakralen Kunst gefunden. Man denke nur an den Bergaltar von Sankt Annen (1521) in Annaberg-Buchholz von Hans Hesse (1491–1521) mit der ersten Darstellung bergmännischer Tätigkeit in einem Altarbild (→ Schutzheilige) oder die von Hans Fritzsche (1698) geschaffene Bergmannskanzel im Freiberger Dom. In Werken der sakralen Kunst fand die

Volkskunst ihre Motive und Vorbilder und wanderte „aus der Kirche in die Stube".[26] Gerhard Heilfurth (*1909) hat freilich davor gewarnt, „die eigenwüchsigen Formen der bergmännischen Kultur in ihrem Alter keineswegs zu überschätzen." So hat er den Bergmannsgruß → Glückauf auf die zweite Hälfte

**Der besondere Tipp:**

*Wie sich die Arbeit des Bergmannes in der erzgebirgischen Volkskunst wiederfindet, ist Thema einer reich bebilderten Darstellung, die an den „Vater der Mineralogie" und Begründer der Montanwissenschaften Georgius Agricola (eigentlich Georg Bauer; 1494–1555) anknüpft:*

Manfred Bachmann/ Hans Prescher: Georgius Agricola und Reflexionen in erzgebirgischer Schnitzerei. Dresden: Sächsisches Druck- und Verlagshaus 1993. 120 S. mit zahlreichen Abb. Reihe WEISS-GRÜN 1.

13

*11
Bergmann, in Parade-
uniform, Fahrhaube
mit Federstutz,
Nackentuch, Gruben-
lampe und Steiger-
häckchen, mit Knie-
schutz und Gamaschen
(→Berghabit,
→Steiger).
Holz, geschnitzt,
(Höhe: 24 cm).*

*12 (rechte Seite)
Die Schelle schlägt an,
wenn Wärme aufsteigt
und die Pyramide sich
dreht: „Klingel-" oder
„Glockenbergmann"
mit Pyramide – eine
Erinnerung an die
Kunstglöckchen, die
anschlugen, solange
die „Wasserkunst"
(= Entwässerung) der
Grube ordnungsgemäß
lief (→Glockenengel
und -bergmann;
→Glockenspiel).
Holz, gedrechselt,
Arme und Füße Teig,
Glanzbilder,
geprägtes Goldpapier.
(Höhe: 37 cm),
um 1910.*

des 17. Jahrhunderts datiert und das →Berg-
mannslied in breiterem Umfang erst auf die
Reformationszeit.

Als Träger der Altarkerzen kamen in der zweiten Hälfte des 17. Jahrhunderts bergmännische
Lichterträger aus Zinn in Gebrauch. Als ersten
Zeugen finden wir einen von Laienhand geschnitzten Bergmann mit Erzmulde und Lich-

tertülle aus dem Jahr 1714 in der Kirche von
Linda bei Freiberg.[27] Allerdings ist nicht genau
zu ermitteln, ob solche Leuchter zuerst in
Holz oder in Zinn gefertigt worden sind oder
ob sie sich parallel entwickelten.[28] Holz ist
stärkerem Verschleiß als Zinn ausgeliefert;
möglicherweise haben sich deshalb nur ältere
Zinnleuchter erhalten.

Erst nach der Erfindung des billigen Stearins
(1818) und Paraffins (1830) stieg der Bedarf an
Kerzenträgern, weil sich immer mehr Familien
eine Weihnachtsillumination leisten konnten.[29]
Bei der Gestaltung von Leuchtern wurde der
Bergmann als Motiv aufgegriffen und dieser in
seinem Festhabit (→Berghabit) oder in Arbeitskleidung dargestellt. Bei geschnitzten Figuren wurden die Arme oft getrennt angefertigt und mit einem Dübel und Leim befestigt.
Drechsler schufen aus der Grundform der
Docke (→Puppe) die bis heute massenhaft verbreiteten Bergleute zunächst als Lichterträger.
Daneben diente als Material Papiermaché;
auch wurden gedrechselte Holzfiguren mit so
genannten „Teigarmen" versehen. Bei dem
Teig handelte es sich um ein Gemisch aus Leim,
Kreide, feinen Sägespänen und quellendem
Roggenmehl, dem oft ein Brei aus gekochtem,
stark geleimtem Papier (früher Zuckerhutpa-
pier) beigegeben wurde.[30] Die Beine wurden
mit dem Schnitzmesser herausgearbeitet.

Bergleute und die Angehörigen sonstiger bergmännischer und Verhüttungsberufe wurden
aber auch zu einem beliebten Motiv für → Bergparaden auf → Pyramiden, Weihnachtsbergen
und in Einzelaufstellung und sie gingen als Glieder einer unendlich variierten Arbeitswelt – geschnitzt oder gedrechselt – in die Bergwerksmodelle ein, wie sie entweder von einzelnen als
→Buckelbergwerk, aber auch von Schnitzer-
und sonstigen Gemeinschaften für große Weihnachtsberge und Bergwerksmodelle geschaffen
wurden (→Schnitzverein, →Weihnachts- und
Heimatberge).

Und es trifft bis heute zu, was Pfarrer Friedrich

Hermann Löscher (1860–1944) mit Emphase in der Zeitschrift „Glückauf!" 1924 zum Ausdruck brachte: „Ja, Bergleute und Licht, viel Licht, und das Erzgebirge gehören nun einmal zusammen!"[31]

Neben dem einfachen Lichterbergmann, der Tüllen (erzgebirgisch „Dillen") für eine oder zwei Kerzen trägt, schuf volkskünstlerischer Erfindungsreichtum lichttragende Lichterbergleute, die statt einer zweiten Kerze eine Spindel tragen, auf der ein kleines Flügelrad montiert ist. Beim Drehen wird eine Schelle angeschlagen (Abb. 12). Zusätzliche Tüllen auf dem Fußbrettchen sorgen für die nötige Drehwärme.

Als Parallele zu diesem Klingel-Bergmann entstand ein entsprechender Klingel-Engel.[32] Ein solches Paar ist aus den Jahren 1850/1880 erhalten (→Glockenengel und -bergmann). Der Bauer und Volkskünstler Carl Gottlieb Timmel (1830–1919) schuf in Kühnheide um 1860 ein Paar Joch-Lichterengel und -bergmann.[33] Beide Figurengruppen finden sich heute wieder im Angebot erzgebirgischer Kunsthandwerker (→Jochengel und -bergmann).

Der einzelne Leuchter wird traditionell →Steiger (auch Lichtersteiger) genannt, auch wenn es sich der Uniform nach nicht um einen solchen handelt. Trägt die Leuchterfigur Arbeitskleidung, dann heißt sie „Draggeter" („Dreckiger"). Bei paarweisem Auftritt mit einem Engel ist allgemein vom Bergmann und nicht vom Steiger die Rede (→Leuchterpaar Engel und Bergmann).

Beispiele vor allem im Museum für bergmännische Volkskunst in Schneeberg zeigen, dass die Wismut-Bergleute bis zum Ende des Uranabbaus im Erzgebirge ihre Arbeitswelt in Schnitzwerken eingefangen haben (so etwa das „Steigergespräch" von Max Clauß, um 1950).[34] So ist das berufsständische Erbe des Bergmannes nicht nur über Jahrhunderte prägend für Kunst und Volkskunst bis hin zum Kunstgewerbe geworden, sondern bis heute lebendig geblieben. Von Anfang an mischten sich offen-

sichtlich bei der Gestaltung von Bergleuten als Lichterträger Feierabendkunst und Broterwerb, wobei das Schnitzen mehr in den einen, das Drechseln in den anderen Bereich gehört. Und obwohl der Bergbau im Erzgebirge – spätestens nach der „Wende" – fast erloschen ist, lebt er in der vielfältigen Welt der lichtertragenden, paradierenden, musizierenden und nicht zuletzt arbeitenden Bergmannsfiguren weiter.

**Der besondere Tipp:**

*Zum ersten Mal gibt es eine wissenschaftlich fundierte, sorgsam vor Ort im Erzgebirge erarbeitete historische Darstellung der wichtigsten erzgebirgischen Weihnachtsfiguren. Im Mittelpunkt stehen Lichterengel, Lichterbergmänner, Lichtertürken, Schornsteinfeger und andere Figuren sowie Räuchermänner und Nussknacker. Dokumentiert werden die wenigen erhaltenen frühen Stücke aus der ersten Hälfte des 19. Jahrhunderts und die nachfolgende reiche Produktion bis in die 30er und 40er Jahre des 20. Jahrhunderts. Der Autor Joachim Riebel geht dabei vornehmlich der Geschichte der für das Erzgebirge typischen Herstellerfamilien nach, so in Schneeberg, im Raum Annaberg-Buchholz, in Kühnheide und Marienberg-Gebirge, in Pobershau, im Raum Seiffen und in weiteren Orten. Er erfuhr umfassende Unterstützung durch Institutionen und Privatpersonen und konnte so für viele überlieferte Stücke vor allem da zu einer gesicherten Datierung beitragen, wo bisher nur Vermutungen herrschten.*

Joachim Riebel: Erzgebirgische Weihnachtsfiguren. Chemnitz: Gumnior 2003. 256 Seiten mit zahlreichen Abb.

15

# Bergwerksmodell

*Das Bergwerk in der Erd
Hat Gott der Schöpfer werth
Mit mancherley Metallen
nach seinem Wohlgefallen
geschaffen und formieret
ganz wunderlich gezieret.*

Matthäus Wiesner (1617–1678)[35]

Ob Bergleute ihre Untertage-Arbeitswelt deshalb so gern im Modell vorgestellt haben, weil sie dort von allen anderen abgeschlossen waren und niemanden dahin mitnehmen konnten? Jedenfalls haben sie mit ihrer Feierabendkunst die bergmännische Welt zu einem festen Bestandteil der heimatlichen Weihnachtskultur gemacht und nicht nur den Abbau der Erze vor Ort, sondern das gesamte Geschehen um die Grube herum in ihren Modellen wiedergegeben.

Neben den in einem eigenen Stichwort beschriebenen →Buckelbergwerken sowie →Geduldflaschen existiert eine Fülle von Darstellungsformen, wie Schrankbergwerke und

*13
Bewegliche Bergmannsfigur aus einem Bergwerksmodell (mit Stift und Schnur im Rücken, die an eine Mechanik angeschlossen sind, sodass die Arme sich heben und senken können).
Holz, geschnitzt
Höhe: 7cm.*

*14
Bis ins Detail genau: Schaubergwerk, bergmännische Bastelarbeit. Freiberger Raum, Stadt- und Bergbaumuseum Freiberg, Höhe: 40 cm, Breite: 50 cm, Tiefe: 10 cm, zweite Hälfte des 19. Jh.*

schrankähnliche Modelle, szenische Darstellungen und Dioramen einzelner Arbeitsszenen, →Miniaturen in der Nussschale oder in der →Zündholzschachtel sowie stufenartigen Darstellungen. Letztere sind mit den im böhmischen Erzgebirge verbreiteten „Stufen" verwandt – „Kruzifixen in einem Glasschränkchen, das mit geschnitzten Bergmannsfiguren, seltenen Steinen und glitzernden Erzstücken verziert wurde."[36]
Vor allem aber finden sich Bergwerksdarstellungen in Verbindung mit →Pyramiden und →Schwibbögen. Schließlich sind sie ein wichtiger Bestandteil von →Weihnachtskrippen und →Weihnachts- und Heimatbergen.
Die vielfältigen Beispiele belegen, dass neben der zentralen Gestalt des →Bergmanns (→Leuchterpaar Engel und Bergmann, →Steiger) das Bergwerk als konkreter Arbeitsort und als Symbol für das irdische Dasein im Mittelpunkt des weihnachtlichen Geschehens im Erzgebirge steht.

Die Modelle stellen die Arbeit des Bergmanns unter und über Tage dar. Neben der unterirdischen Welt der Stollen und Schächte und der Fahrten, die in die Tiefe führen, wird oft auch die Bergbaulandschaft dargestellt. Dazu gehören „Halden" (taube Gesteinsmassen auf der Erdoberfläche), „Schachtöffnungen" (Grubenbauten, die senkrecht oder stark geneigt in die Tiefe führen), „Stollenmundlöcher" (Tagesöffnungen von horizontalen oder schwach ansteigenden Grubenbauten), die „Pingen" (auch „Binge", kesselförmige Vertiefungen an der Erdoberfläche, entstanden durch Tagebau oder Grubenbrüche) sowie „Huthäuser" (auch „Zechenhäuser", in denen sich die Bergleute bei Schichtbeginn versammelten und die auch zur Aufbewahrung von Gerätschaften oder als Wohnungen für Hutleute oder Steiger dienten).[37]
Bergwerksmodelle spiegeln auf besondere Weise die Detailfreude und das technisch-handwerkliche Geschick der Erzgebirger wider.

**Der besondere Tipp:**

Bergwerksmodelle des Sächsischen Erzgebirges. Schriftenreihe Erzgebirgische Volkskunst der Fachschule für Tourismus, Chemnitz, Heft 5. Husum: Husum Verlag 1997.

17

*16
Bergmännische Andacht in einer Betstube, die mit einer eigenen Orgel ausgestattet ist. Historische Postkarte.*

# Bergwerksname

*In Gottes Namen fahrn wir ein,*
*Singt Christlichen Berghäwerlein.*
*Wenn Gott mit euch fährt aus und ein,*
*So bleibt ihr wol bewahret fein.*

Anfangsstrophe eines Liedes in Schreiter, „Andechtige Bergk Gebetlein" (1615)[38]

Eine Urkunde über das Freiberger Revier aus dem Jahre 1384 belegt erstmals den Brauch, den einzelnen Gruben Namen zu geben. Die enge Verbundenheit der erzgebirgischen Bergleute mit christlichem Gedankengut und ihre Frömmigkeit spiegelt sich in vielen Grubennamen wider. Darunter finden sich auch solche mit adventlichem und weihnachtlichem Bezug. Wie sich aus manchen der Zeitangaben schließen lässt, stand die Namensbenennung oft im Zu-

sammenhang mit dem Zeitpunkt der Mutung oder Rechteverleihung und bezeugt die enge Einbindung der bergmännischen Arbeit in das Kirchenjahr.[39] Der Brauch der Namensgebung wurde auf das →Spitzenklöppeln übertragen. „Sogar Sprüche mit religiösen Grundgedanken kommen als Grubennamen vor: z. B. Im Namen Gottes fahren wir ein, Wills Gott, So hauen wir Erz, Ich wags, Gott vermags, Gott segne anderweit, Gelobt sei Gott, Gott allein die Ehre, Trau und Bau auf Gott, Gott wird helfen, Gott giebt, Gott nimmt, Gott gebe Beständigkeit, Gott hilft gewiß, Bergmännnischer Gott, thue die Klüfte auf."[40]
Aber auch die Gründung von Bergstädten führte zu religiöser Namensgebung. Jesu Familie spielte dabei eine besondere Rolle[41], sodass von den so genannten Sippenstädten gesprochen wird. Das sind Joachimsthal und Annaberg nach den Eltern der Maria, Marienberg und Jöhstadt (= Josephsstadt) nach den Eltern Jesu. Auch Gottesgab, der Geburts- und Heimatort des Volkssängers →Günther-Anton hat einen Namen religiösen Ursprungs.

18

**Bergwerke mit adventlichen und weihnachtlichen Namen**

| | |
|---|---|
| Advent Stolln | Mitte des 18. Jahrhunderts bei Oberwildental |
| Adventfundgrube | 1730 am Riesenberg |
| Barbarastollen | bei Lauenstein bis zur Mitte des 18. Jahrhunderts |
| Bornkindel Fundgrube | 1889 in Jugel und noch im 19.Jahrhundert gebräuchlich bei Neidhardtsthal |
| Christbescherung | Freiberg im 19. Jahrhundert |
| Christi Geburt und Kripplein | unmittelbar nach Weihnachten 1703 Kiesholz bei Marienberg |
| Drei Könige Stollen | Annaberg |
| Engelschar | Revier Marienberg |
| Engelsfreude | noch im 20. Jahrhundert bei Johanngeorgenstadt |
| Friedefürst | bei Johanngeorgenstadt |
| Goldener Engel | Erbstollen, 1. Hälfte 18. Jahrhundert bei Purschenstein/ Neuhausen |
| Gottes gesegneter Immanuel | 1680 in Johanngeorgenstadt |
| Gottes Neue Hilfe | 19. Jahrhundert bei Dorfhain |
| Heilige Drei Könige | 1523 bei Buchholz; ab 1705 Schneeberg; in Dippoldiswalde bis 1800 |
| Himmelsfürst | 1837 bei Ammelsdorf und 19. Jahrhundert bei Freiberg |
| Hohneujahr | vor 1700 Geyer |
| Hohneujahr samt Unverhofft Glück | 1694 Johanngeorgenstadt, Einbau eines Pferdegöpels 1721 |
| Jung Andreas Stollen | 16. Jahrhundert in Annaberg |
| Maria Lichtmess | |
| Mariä Lichtmess Stollen | Johanngeorgenstadt |
| Namen Jesu Stollen | im 19. Jahrhundert bei Schneeberg |
| Neue Tiefe Hirtenstollen | 1835 am Geyersberg |
| Neugeboren Kindlein | Verleihung des Grubenfeldes durch den Bergmeister am 17. Dezember 1690 nahe Wolkenstein |
| Neugeboren Kindlein Jesu, Neugeborgen Jesulein | seit dem 16. Jahrhundert weit verbreitet |
| Neujahr | 18. Jahrhundert in Geyer |
| Neujahrsschacht | 1875 wieder geöffnet in Neustädtel |
| Neujahrswechsel | 1793 Klingenberg |
| Paradies Fundgrube | 1800 am Kahleberg, Oberpöbel 17. Jahrhundert |
| Reiche Sankt Barbara | 16. Jahrhundert Marienberg |
| Sankt Andreas | 16. Jahrhundert Altenberg |
| Sankt Andreas Sonnenwirbel | 1646 im Schneeberger Kobaltfeld |
| Sankt Barbara Stollen | Annaberg |
| Schneeberg | 15. Jahrhundert bei Neustädtel |
| Tannebaumstollen | Johanngeorgenstadt |
| Tannenbaum | 1709 Marienberg |
| Tannreis | 16. Jahrhundert Altenberg |
| Weihnachtsfreude | 1783 am Brünlsberg bei Aue |
| Weihnachtshoffnung | um 1800 bei Johanngeorgenstadt |
| Weihnachtsbescherung | 1706 Johanngeorgenstadt, 1709 in Pobershau und danach Burkhardsgrün und Sosa |
| Weihnachtsfestfundgrube | 1837 Großrückerswalde |
| Weyhnacht und Christi Bescherungen Zwittergebäude | 1737 Zinnzeche am Auersberg |

*17
Freiberger Bergmann
während der Andacht.
Geschnitzte Figur von
Christian Kott
(→Männelmacher).*

*Die Übersicht erhebt
keinen Anspruch auf
Vollständigkeit.
Ihre Quellen sind:
Lothar Riedel:
Religiöse Gruben-
namen im erzgebir-
gischen Bergbau.
In: Sächsische Gebirgs-
heimat 1989.
Kalenderblatt 4. bis
10. 12. Ebersbach:
Oberlausitzer
Kunstverlag.
Derselbe: Weihnacht-
liches im Spiegel von
Bergwerksnamen.
In: Erzgebirgische
Heimatblätter
1997/6 19ff.
sowie Wagenbreth
u. a. (s. Der besondere
Tipp S. 18).*

# Bornkinnel

Weihnachten is, stille Nacht.
Guck när, wie heit's Bornkinnel lacht,
Un wie der gruße Stern drubn su hall lecht
In jedes Stübel, zen Viech nei in Stall.

Willibald Eisert[42]

Unter dem Bornkinnel wird nicht nur die vor allem im Westerzgebirge verbreitete sakrale Figur verstanden. Der Begriff steht auch für die Weihnachtsgaben, für den Gabenbringer und für das Weihnachtsfest.[43] Es ist etwas Geheimnisvolles um das Bornkinnel. Die Figur begegnet uns nur im Erzgebirge, im Vogtland und vereinzelt in einigen Nachbargebieten. Ihre Herkunft und die ihres Namens sind noch immer umstritten.

Das Bornkinnel ist etwa seit der Reformation nachgewiesen. Sechs erhaltene Figuren sind in die Zeit vor 1520 zu datieren. Die erste bisher ermittelte urkundliche Erwähnung des Bornkinnels stammt von dem Pfarrer Georg Körner (1717–1772), der im Bockauer Inventarverzeichnis von 1748 unter Punkt 8 „1 Bohrn Kindel, in rothen Damast gekleidet" aufführt.[44]

Bornkinnel-Figuren werden für eine begrenzte Zeit im Advent aufrecht auf den Altar gestellt. Es handelt sich um eine nackte Knabenfigur, die aber zum völligen Ankleiden bestimmt ist und zumeist ein weißes Hemd trägt, keineswegs um einen Säugling. Die Figur hält meist die rechte Hand segnend empor und hält in der linken Hand eine Weltkugel, hat einen goldenen Haarschopf und oft dazu noch einen goldenen Strahlenkranz als Bekrönung. Sie steht auf einem Sockel und kann darauf getragen und auf den Altar gestellt werden.[45] Für die

Erneuerung der Bekleidung sorgten Gemeindeglieder gern und eifrig.[46]

Dass das Bornkinnel aufrecht steht und so bildhaft den Archetyp des „göttlichen Kindes" verkörpert, hat im eher figurenfeindlichen Protestantismus der sächsischen Landeskirche immer wieder zu Irritationen, Diskussionen, ja zu Verboten geführt und Bornkinnel wurden

18
*Bornkinnel stehen in einer Reihe von Orten des West- und Mittelerzgebirges im Advent auf dem Altar. Hier in der Kirche von Zwönitz.*
*Holz geschnitzt, bekleidet.*
*Höhe: 50 cm, 1688.*

in Zwickau[47], in Lößnitz (1741) und in Ebersbrunn (1810) in die so genannte Götzenkammer verbannt.[48] Heute werten Theologen das Bornkinnel als Zeugnis lebendigen Glaubens, entstanden in einer Zeit, als zum Beispiel auch die Barockdichtung mittelalterlich-mystisches Ideengut in protestantische Glaubensvorstellungen übernahm.[49] Möglicherweise hat die Verwendung als Sakralfigur im Gottesdienst ihren Ursprung in mittelalterlichen Mysterienspielen, die wiederum bis in die Gegenwart als Krippenspiele lebendig sind (→Engel- und Königscharen). Damit ist die Verbindung der Figur zur →Christmette gegeben.

Erst spät ist die volkskundliche Forschung auf das Bornkinnel aufmerksam geworden. Studien aus den Jahren 1907, 1931, 1932, 1934 und 1935 rückten die erzgebirgisch-vogtländische Besonderheit ins Bewusstsein, bis sie im Zweiten Weltkrieg und während des Bestehens der DDR wieder in den Hintergrund trat.

Über den Ursprung des Begriffes Bornkinnel (auch Bornkindel und Bornkindlein) sind sich die Gelehrten im wahrsten Sinne der Redensart nicht einig. Am wahrscheinlichsten scheint aufgrund von Ausführungen in einer jetzt vorliegenden umfassenden Dokumentation (siehe „Der besondere Tipp") die Deutung „Neugeboren Kindel". Übrigens trug auch ein erzgebirgisches Bergwerk diesen Namen (→Bergwerksname).[50]

Längere Zeit herrschte die Auffassung vor, dass der Begriff Krippenkind bedeute, aus althochdeutsch *Barno*, *Parno* oder mittelhochdeutsch *Barn* für „Krippe, Raufe". Schließlich gibt es noch die Deutungsvarianten Brunnenkind und Emporen-Kind (Bore = die Empore).[51]

Als „falsches" Bornkinnel bezeichnet der Volksmund herausgeputzte Puppen, die einen Lichtbogen tragen[52] und die im privaten, nichtsakralen Gebrauch waren (s. Abb. 19).

Das Reizvolle am Bornkinnel-Brauchtum ist, dass er sich – unbeeinflusst von Forschung und

**Der besondere Tipp:**

Günter Hummel: 500 Jahre Bornkinnel. Sakrale Kunst aus dem Erzgebirge und dem Vogtland. Unter Mitarbeit von Friedbert Ficker, Kay Lohse, Frank Reinhold und Stephan und Henning Schmidt-Brücken. Hrsg. von Hans-Jürgen Beier im Auftrag der Stadt Werdau. Werdau: Stadt- und Dampfmaschinen-Museum 2000. 100 Seiten und 22 Tafelseiten.

*Die umfassende Katalogdokumentation stellt im Detail die vorhandenen und auch verloren gegangenen Bornkinnelfiguren sowie alle literarischen Belege einschließlich des Brauchs der Christmetten vor. In einem eigenen Beitrag wird auf die Figur des verwandten →Mothsgung eingegangen.*

Förderung – im alltäglichen Glaubensleben jeweils einzelner Kirchgemeinden über die Jahrhunderte erhalten und sich der Profanisierung über den sakralen Raum hinaus ebenso wie der Kommerzialisierung widersetzt hat. Nur als Gabenbringer geriet das Bornkinnel, wie viele Verse aus der erzgebirgischen Heimat- und Mundartdichtung belegen, etwas stärker in die weltlichen Belange hinein. Es bleibt ihm aber ein Mysterium, das andere Bräuche, Feiern und Figuren längst verloren haben.

*20
Peter Püschmann aus
Thalheim ist heute noch
mit seinem „Buckel-
bergwerk" unterwegs.*

# Buckelbergwerk

*Hier ist zu sehen das Bargwark zu Freibarg.
Ein Rad greift in das andere.
Hier steigen die Leute herauf,
Und hier steigen sie hinunter.
Und wenn sie fünf Stunden gearbeitet ham,
Könne se ihr Stück trocken Brot essen.*

Aus dem Begleittext zur Vorführung eines
Buckelbergwerks (Jahr unbekannt)[53]

Buckelbergwerke wurden auf dem Rücken
(erzgebirgisch „Buckel") getragen. Es handelt
sich um in tragbare Kästen eingebaute →Berg-

werksmodelle mit realistischer Darstellung eines Grubenbetriebes, zumeist mechanisch
durch eine Handkurbel angetrieben, oft auch
mit zusätzlichen akustischen Effekten wie dem
rhythmischen Klopfen des Pochwerks und
dem Schlag der Grubenglocke (→Glocken-
engel, →Glockenspiel) ausgestattet, meistens
gekennzeichnet durch eine bizarre Detail-
fülle.[54]

„Im 19. Jahrhundert verbesserten ,Bergferti-
ge' – invalide Bergleute – ihre missliche soziale
Lage, indem sie mit ihrem ,Buckelbergwerk'
zu Jahrmärkten und Volksfesten zogen und
mit einem Sprüchlein dem schaulustigen Volk
den Bergwerksbetrieb am beweglichen Modell
erklärten."[55] Ein im Stadt- und Bergbaumuseum Freiberg erhaltenes Buckelbergwerk soll
zu Beginn des vorigen Jahrhunderts durch den
Freiberger Bergmann Scheunert erbaut worden sein, der diesen Typ seit 1880 für Schau-
steller herstellte und samt seiner Tochter mit
einem dieser Bergwerke auf den Jahrmärkten
umherzog.[56]

Nicht nur Bergbauinvaliden besserten mit
Buckelbergwerken ihr karges Einkommen auf.
Andere Fahrende wie „Arzeneihändler", die
mit Kräuterextrakten aus dem Erzgebirge (so
genannten Olitäten) durch die Lande zogen,
führten gleichzeitig ein Bergwerk vor. Noch
bis 1958 fuhr Richard Meier aus Zöblitz mit einem umfangreichen Bergwerksmodell in einem Möbelwagen nicht nur durch das Erzgebirge, sondern auf nord- und süddeutsche
Märkte und Messen.[57]

Die Tradition ist bis heute nicht erloschen. Peter Püschmann (*1957) in Thalheim, der sich
selbst Straßenkünstler nennt, ist gelernter Gal-
vaniseur und Berufsfeuerwehrmann. Er durfte
letztere Tätigkeit aber zu DDR-Zeiten nicht
ausüben und konnte nach langem Hin und Her
mit den Behörden sein Hobby – das Vorführen
eines Buckelbergwerks – als Beruf anmelden,
den er heute noch ausübt. Daneben betreibt er
ein kleines privates Museum.[58]

# Christbaum

*Dort aus der klenn Stube –
dos sieht schiene aus –
do funkelt durchs Fanster
e Christbaamel raus.*

Max Tandler (1895–1933)[59]

Im Erzgebirge sind beide Bezeichnungen gebräuchlich: Christ- oder Weihnachts-, gelegentlich auch Tannen- oder Lichterbaum. Er gehört – wie überall sonst in Deutschland – seit dem 19. Jahrhundert einfach „dazu", steht aber hinter der Bedeutung der →Pyramiden, →Weihnachtskrippen und →Weihnachts- und Heimatberge zurück.

Eine erzgebirgische Besonderheit waren Ehrengärten für den Christbaum, die „geschnitzt, bemalt oder sonst wie hergerichtet wurden", wie sie E. Preusche aus Zinnwald 1936 als „früher üblich" erwähnt.[60] Hier mag eine Verwandtschaft zum →Paradiesgarten bestehen.

Die Umzäunungen wurden auch für →Pyramiden geliefert. Schließlich gab es den Christbaumhalter für diese Gärten auch lose für alle, die sich den Weihnachtsgarten selbst erbauten. Die Firma Carl Ludwig Flemming in Globenstein bot um 1900 Weihnachts-Gärten als „herrli-

*21
Schwebeengel.
Gabenbringer um
1930.
Die Engel werden noch
heute in ähnlicher
Form hergestellt.
Fa. Blank,
Grünhainichen.*

che Neuheit" an.[61] Es handelte sich dabei um Christbaumumzäunungen mit Baumhalter als Christbaumfuß, die auch als Paradiesgarten oder als Pyramidenumzäunung geeignet waren. Wer sich seinen Weihnachts-Garten selbst erbauen wollte, konnte einen „Christbaum-Halter lose mit Schrauben zum Selbstanbringen an allen ähnlichen Gärten" erwerben.

Auch zur →Pyramide führt eine Linie. Im Anfang des 19. Jahrhunderts wurden – wie Abbildungen belegen – die Weihnachtsbaumäste ausgeholzt und Querstangen als Lichterträger eingepflockt oder es wurden zu diesem Zweck Holzreifen an ihnen befestigt. Oder der kerzenlose Tannenbaum wurde durch einfache Stabpyramiden eingerahmt. Diese Stabpyramide – offensichtlich in Deutschland mit Ausnahme des damaligen West- und Ostpreußens überall verbreitet, erfuhr im Erzgebirge durch die Verwendung von Flügelrädern eine eigene Weiterentwicklung.[62]

Im Erzgebirge wurde es früher als eine Art Gewohnheitsrecht geübt, sich den Weihnachtsbaum einfach aus dem Wald zu holen. In den letzten Jahren hat es sich in der Region, aber auch anderswo eingebürgert, ein meist eigens für diesen Zweck vor dem Haus gepflanztes Bäumchen elektrisch zu beleuchten.[63] Damit wird die Tradition des „Weihnachtsbaums für alle" fortgeführt, wie er schon in der „Gartenlaube" von 1871 belegt ist, sich nach 1919 überall verbreitete und so populär war, dass der

*22
Tannenbaum,
Fuß mit Umzäunung.
Historische Postkarte.*

23

*23*
*Christbaumschmuck*
*aus Holz. Einige*
*Motive gehen auf*
*→WHW-Abzeichen*
*zurück, z. B. der*
*Kreiselkasper.*
*Original-Schachtel*
*um 1960.*
*Apfel Ø 3 cm.*

Reichspropagandaminister Joseph Goebbels (1897–1945) einen vor seinem Ministerium in Berlin aufstellen ließ, wobei es natürlich alljährlich die größte Tanne sein musste.[64]

„Volkstumswarte" reklamierten in diesen Jahren den Weihnachtsbaum als „germanischen Lebensbaum". Sie forderten: „Jeder Ort stellt nur einen Baum auf, unter dem die WHW-Feier stattfindet … Auf keinen Fall dürfte der Weihnachtsbaum von Geschäften zu Werbezwecken verwendet werden!"[65]

Gerade wo der christliche Charakter des Weihnachtsfestes infrage gestellt oder zurückgedrängt wird, bedarf es einer anderen Symbolik, weil das Fest so tief verwurzelt ist. Vielleicht ist es daher zu erklären, dass in den Jahren nach 1945 der „Weihnachtsbaum für alle" zum Vorbild für die zahlreichen, im Erzgebirge verbreiteten →Ortspyramiden und sonstigen, in der Vorweihnachtszeit aufgestellten Großfiguren wurde, die sich der Förderung des neuen Staates z. B. im Rahmen des „Nationalen Aufbauwerks" erfreuten.

Ob es mit dem eher unchristlichen Charakter des Weihnachtsbaumes zusammenhängt, dass er heute als Vorgartenschmuck so beliebt ist? Vom jeweiligen Zeitgeschmack beeinflusst zeigt sich auch der Christbaumschmuck. Nach Ernst John dienten dazu zu Beginn des vorigen Jahrhunderts im Erzgebirge „Lichter, Zuckerwerk, Glassachen, Äpfel, Nüsse und Flittergold".[66] Vor allem die im Dritten Reich in Millionen verbreiteten, im Erzgebirge produzierten →WHW-Abzeichen trugen dazu bei, dass erzgebirgische Holzarbeiten überall als Christbaumschmuck verwendet wurden. Auch das →Olbernhauer Reiterlein ist in dieser Rolle anzutreffen.

Christbaumschmuck wurde auch aus Zinn hergestellt, zum Beispiel in der Fabrik von Clemens Keitel in Pegau/Sachsen.[67] Die erzgebirgische Zinngießerei Barthel-Zinn in Brand-Erbisdorf stellt traditionell Erzgebirgsmotive sowie Sterne aus Zinn in Handarbeit her (→Weihnachtszinn). Die Firma produziert auch Glas-/→Zinnkugeln als Baumschmuck.[68] In Mauersberg wird Weihnachtsbaumschmuck geklöppelt.

*24*
*Mehrere Serien von*
*→WHW-Abzeichen im*
*Dritten Reich waren als*
*Christbaumschmuck*
*verwendbar. Solche*
*Figuren sind in den*
*Familien z. T. noch*
*bis heute in Gebrauch.*
*Engel Höhe: 3,5 cm.*

# Deckenleuchter

*Fix, ne Kronelechter ro,*
*den ich zsamgebitzelt ho*
*und vergoldt su machtig,*
*Gott die golding Engele*
*Zwischen Straichle wadeln se*
*– ach, dos sieht su prachtig!*

Christian Gottlob Wild (1785–1839)[69]

Decken- oder Hängeleuchter, →Pyramiden und →Schwibbogen bilden als vielflammige Lichterträger eine eigene Dreiheit im erzgebirgischen Weihnachtskosmos. Allerdings: „Erst im Laufe der zweiten Hälfte des 19. Jahrhunderts wurde eine wirkliche ‚Lichterweihnacht' möglich, nachdem das künstliche Stearin (1818), das billige Paraffin (1830) und der gedrehte Docht erfunden worden waren."[70] Aus der Fülle der im Erzgebirge anzutreffenden Deckenleuchtergestaltungen schälen sich drei Grundformen mit verschiedener Geschichte heraus: die Spinnenleuchter, die Kettenleuchter und die Laufdrehleuchter.
Die Spinnenleuchter,

auch Bergspinnen genannt, haben ihren Ursprung im „Zechenleuchter" des Bergmannes. Das waren „senkrecht an der Stollendecke aufgehängte Holzstämme bis zu 60 cm Länge mit seitlich eingesteckten Holzarmen als Lichterhalter."[71] Die aus diesem Vorbild hervorgegangenen Spinnenleuchter tragen an einer gedrechselten Mittelspindel sechs oder achtarmig geschwungene Lichterarme aus Holz oder Draht. Sie ähneln Spinnenbeinen. Es gibt diese Leuchterform in den verschiedensten Varianten.
Die Kettenleuchter gehen auf Vorbilder aus Glas, Bronze, Messing oder Zinn in Kirchen und Schlössern zurück, die in Holz nachgebildet wurden, wie Johannes Eichhorn (1904–1993) überzeugend am Beispiel der Glashängeleuchter aus der Glashütte Heidelbach bei Seiffen nachgewiesen hat.[72] Sie haben keine Mittel-

25
*Ein Briefmarken-Sechsersatz der Post der DDR aus dem Jahre 1989 zeigte verschiedene Leuchterspinnen, darunter einen Laufleuchter (Mitte oben) und einen Kronenleuchter (Mitte unten). Die charakteristischen „Baameln" sind gut zu erkennen (→Glaskunst).*

*26*
*Deckenleuchter in der Form eines Spinnen-leuchters mit reichem Figurenschmuck und hölzernen Glocken anstelle der oft üblichen Tropfen (→„Baumeln" oder „Baameln"). Die zentrale Rolle der Spindel, die die Lichter-arme trägt, kommt deutlich heraus. Holz, gedrechselt, Leuchterarme und Tiere ausgesägt. Span-bäume, Brotteig-figuren, Holz-glöckchen, Rübölleuch-ter aus Messing. Höhe: 60 cm, 4. Viertel 19. Jh.*

*27*
*Der Kettenleuchter oh-ne Mittelspindel ist die zweite Hauptform der Deckenleuchter, hier reich geschmückt mit Holzperlenketten, „Baumeln" in Blüten- und nachempfundener Prismenform. Holz, gedrechselt und ausgesägt. Höhe: 63 cm, um 1920.*

spindel, sondern werden aus mehreckigen Holzkränzen verschiedenen Durchmessers gebildet, die durch Kettengehänge aus Hun-derten gedrechselter Holzkugeln miteinander verbunden sind, zusätzlich meist verziert mit Glöckchen, Sternen und „Baumeln" oder „Baameln" (Tropfen) usw. „Kettenleuchter entstanden in zahlreichen Abarten und Varian-ten auch als Kronleuchter, Laufleuchter, Schwebeengel-Leuchter sowie auch als Misch-formen mit dem Spinnenleuchter."[73]
Als dritte Form gesellen sich dazu Lauf- oder Deckenlaufleuchter. Sie „stellen eine glückliche Verbindung von Hängeleuchter und Pyramide dar" und sind vor allem aus dem Seiffener Ge-biet überliefert. Kombiniert hinwiederum mit der Spinnenform ergeben sich die Drehspinnen, die ein Flügelrad tragen.[74]

Charakteristisch für das Erzgebirge ist die Variationsbreite der volkskünstlerischen Erzeugnisse und die unerschöpfliche Phantasie, mit der verschiedene Typen und Gestaltungsformen miteinander kombiniert werden. So gibt es auch Kettenleuchter, die wie die Spinnenleuchter eine Mittelspindel aufweisen. Ihre Kugelketten bilden im geschwungenen Bogen die Form einer Königskrone nach und heißen deshalb Kronenleuchter oder Perlen-Kronenleuchter.[75]

Für viele Erzgebirger, die die DDR verließen und die einen Spinnen- oder Kettenleuchter mitnehmen oder ihn aus Exportware der DDR erwerben konnten, war er der Mittelpunkt des nach traditionellem Ritus gefeierten Festes. So erzählt Herbert Clauß 1980 von seiner nach Westdeutschland mitgenommenen Spinne. Er hatte sie aus der Hand des Glauchauer Volkskünstlers Albert Franke (1898–1982)[76] erworben, der wegen seiner Spezialisierung „Spinnen-Franke" genannt wurde.[77] Von der Heimatsehnsucht der in Westdeutschland lebenden Erzgebirger spricht auch die geradezu rührende Bauanleitung für zwei verschiedene Formen der Leuchterspinne in dem in Frankfurt erschienenen „Erzgebirgischen Weihnachtsbüchlein" von 1975. Darin heißt es: „Mit etwas Geduld und Formgefühl kann man sich die Docke mit Stemmeisen, Raspel, Feile

und Sandpapier selbst gestalten. Ein Stück Kiefern- oder Fichtenstamm dafür treibt man leicht auf. Die einzelnen Gliederabschnitte werden mit einer Feinsäge vorher rundum in das Stammstück eingesägt. Wem die Arbeit zu mühselig ist, der muss sich einen der selten gewordenen Drechsler suchen. Anstelle der Glocken eignen sich auch die Zapfen von Kiefern, die man des größeren Lichteffektes wegen bronzieren kann." Die Anleitung schließt wie folgt: „Zwischen 1. Advent und →Hohneujahr gibt es nur wenige Tage, an denen die Kerzen unseres Deckenleuchters nicht brennen. Beide hier aufgezeigten Formen sind leichter zu bauen, als es den Anschein hat. Wer wagt es?"[78]

**Der besondere Tipp:**

*Spinnen-, Ketten- und Drehleuchter sind in zahlreichen erzgebirgischen Heimatmuseen in all ihrer Vielgestaltigkeit zu bewundern, aber auch in Volkskunstläden oder direkt bei den Herstellern käuflich zu erwerben.*

*In ortsalphabetischer Folge finden sich Hinweise und Abbildungen in:*

*Deckenleuchter und Schwibbogen im sächsischen Erzgebirge. Schriftenreihe „Erzgebirgische Volkskunst" der Berufsfachschule für Tourismus, Chemnitz, Heft 6. Husum: Husum Verlag 1997.*

*29*
*Die gedrechselte „Docke" in ihrer jeweils unterschiedlichen Gliederung ist das Ausgangsprodukt für Lichterengel und -bergleute.*

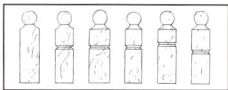

*30*
*Eine der wichtigsten Entdeckungen der letzten Jahre ist ein großer Lichterengel von Karl Louis Härtel aus Schlettau um 1880/1890. Es handelt sich dabei vermutlich um ein Gegenstück zu dem Bergmann aus dem Bestand des Museums für Sächsische Volkskunst in Dresden. Die gedrechselte und reich beschnitzte Figur steht zusammen mit einem kleinen Weihnachtsberg in einem Garten, umgeben von einem typisch erzgebirgischen grünweißen Zaun. Dargestellt wird eine Verkündigungsszene: neben dem Engel kniet ein Hirte auf dem Berg inmitten seiner Herde. Der Engel trägt in seiner linken Hand eine 5-armige Leuchterspinne, die mit Glaskugeln, gedrechselten Eicheln und Blüten aus Holz und Papier bestückt wurde. Weitere Blüten liegen nur noch als Fragmente vor.*
*Höhe 57 cm, Grundplatte 16 x 24 cm.*

# Engel

*Bargma, Engel trogn Licht*
*in de Winternacht.*
*Guck, mei Gungel, guck e wing:*
*Peremett gieht ümering,*
*Flammle knistern sacht.*

Edmut Kluge (*1933)[79]

„Auf den irdischen Spuren eines himmlischen Phänomens" charakterisierte im Advent 2000 das Altonaer Museum in Hamburg im Untertitel seine Ausstellung „Alle Engel dieser Erde" und folgte damit einem seit Ausgang des 20. Jahrhunderts zu beobachtenden allgemeinen „Engel-Boom".[80]

Im Erzgebirge sind Engel schon seit Jahrhunderten allgegenwärtig. Der Maler Hans Hesse (1491–1521) brachte in seinem Annaberger Bergaltar einen Engel in unmittelbare Verbindung zum Bergbau und prägte damit die Vorstellungen der Erzgebirger nachdrücklich (→Bergbau; →Bergmann; →Schutzheilige).

Obwohl hier das Luthertum früh und kräftige Wurzeln schlug, ist die Region nicht nur „zu einer protestantischen Krippenlandschaft geworden, die nicht ihresgleichen hat."[81] Vielmehr gibt es hier so viele Engel wie wohl in keinem anderen Gebiet Deutschlands. Deshalb sind sie in diesem Buch und seinen Parallelbänden in verschiedenen Kapiteln zu finden: →Engelmusikant, →Engelschar, →Glocken- und Pyramidenengel, →Jochengel, →Schwebeengel.

In der volkstümlichen Dichtung (siehe Spruch oben) und im allgemeinen Bewusstsein sind Engel und Bergmann als Lichterträger Zwillinge; sie haben aber ihre jeweils eigene Geschichte (→Leuchterpaar Engel und Bergmann).

Grundform des Leuchterengels (wie auch des Bergmanns) ist die Docke (→Puppe). Übrigens: steht die Engeldocke auf Füßen, so spricht man vom Fußengel.[82]

„Bei allen Figuren fällt die tiefe Taillenschnürung auf, die an anatomisch richtiger Stelle sitzt, wie es in der Zeit des Biedermeier

31
Engel mit Krone, die
Flügel sind – was selten
ist – verschiedenfarbig
bemalt. Unter dem
walzenförmigen Kleid
schauen beinahe kokett
die Fußspitzen hervor –
eine sehr seltene Form
der Gestaltung.
Holz, gedrechselt,
Arme und Applika-
tionen aus Teig.
Höhe: 38 cm,
Familie Timmel,
Kühnheide.

32
Engel mit Kopf-
bedeckung, die dem
Schachthut des Berg-
mannes ähnelt.
Pappflügel, Arme und
Applikation aus Teig,
Höhe: 22 cm.

33
Fußengel, Familie Tim-
mel, Marienberg-Ge-
birge, mit Schachthut
und Andeutung einer
Krone.
Holz, gedrechselt,
Arme, Füße und
Applikation aus Teig.
Höhe: 31 cm, um 1920.

um 1825 üblich wird. Dünne Taille und Voll-
busigkeit sind Merkmale der Lichterengel bis
auf unsere Zeit geblieben. Das zunächst mo-
disch kurz getragene Kleid wird wieder länger
und berührt den Boden – unverändert bis hinein in das 20. Jahrhundert. Wir werden deshalb
die fußfreien Stücke früher zu datieren haben
als die mit bodenlangem Kleide, dessen glatte
Röhrenform vom Drechsler gut als Walze zu
gestalten war."[83]
Eine ausführliche, gut bebilderte Anleitung
zum Selberdrechseln eines Lichterengels findet sich in Rolf Kunzes „Schnitzen und Drechseln wie im Erzgebirge", einem Werkstattbuch
mit Anleitungen und Vorlagen.[84]

**Der besondere Tipp:**

Joachim Riebel, Der
Männelmacher Karl
Louis Härtel aus Schlet-
tau. Husum Verlag, 2007.

Joacheim Riebel, Weih-
nachtsfiguren des alten
Erzgebirges. Die Män-
nelmacherfamilie Tim-
mel in Kühnhaide und
Marienberg/Gebirge.
Husum Verlag, 2011.

# Geduldflasche

*Bergwerk will haben Verstand und eine getreue Hand.*

Alter Bergmannsspruch[85]

*34
Bewegungsprinzip beim Schlegler in einer mechanisch bewegten Geduldflasche, wie sie für das Erzgebirge charakteristisch sind. Funktionszeichnung von Claus Leichsenring.*

*35
Wilhelm Krause, Geduldflasche mit Bergwerk. Holz, geschnitzt, bemalt, Papier, Draht und Glimmer. Höhe: 40,5 cm, 1864 Dresden, Museum für Sächsische Volkskunst.*

„Als Eingerichte (Geduldflaschen) bezeichnet man Erzeugnisse der Volkskunst, bei denen themenbezogene Schnitzereien in das Innere von – zuletzt kunstvoll und irreversibel verschlossenen – Glasflaschen eingebracht werden." So die fachmännische Definition.[86] Solche Geduldflaschen sind weder auf das Gebiet des Bergbaus noch auf eine Region beschränkt. Bekanntestes Beispiel dieser Gattung sind die in Norddeutschland an der Küste verbreiteten „Buddelschiffe".

Das Erzgebirge aber hat eine besondere Tradition in Bergbauflaschen. Für sie wird der Begriff Geduldflaschen in eingeengter Bedeutung verwendet. Eine erste ausführliche Baubeschreibung dieses Typs finden wir in J. D. Merkels „Erdbeschreibung von Kursachsen" im Jahre 1804, die dazu feststellt: „Letztere Art von Spiel-

werk verlangt ganz eigene Kunstgriffe und Fertigkeiten."[87]
Es erfordert in der Tat außerordentliches Geschick, die Einzelteile der Bergwerke – die möglicherweise außerhalb der Flasche schon einmal probeweise zusammengesetzt worden sind – einzeln in die Flasche einzuführen und dort zu montieren und miteinander zu verleimen. Claus Leichsenring hat ermittelt, dass in den volkskundlichen Sammlungen sächsischer Museen kaum mehr als ein Dutzend solcher kleinen Kunstwerke erhalten sind.

„Der Grundaufbau besteht jeweils aus vier geschnitzten oder gedrechselten Ecksäulen. Auf eingesetzten Querriegeln liegen dünne Brettchen, die die Zwischenböden für die Stockwerke bilden. Die Säulen sind mit Silberpapier, Goldpapier, Mineralien oder auch Farbe verziert. Die reiche Ausstattung des Bergwerks mit verschiedenen Mineralien kennzeichnet den Realitätsbezug."[88]
Die erzgebirgischen Geduldflaschen unterscheiden sich in verschiedenen Merkmalen von denen anderer Gegenden. So ist der Flaschenquerschnitt quadratisch und der Flaschenhals kurz. Die Bergmannsfiguren sind schwarzweiß, ganz weiß oder ganz schwarz gekleidet und tragen häufig schwarze Schachthüte. Wie andere Bergbauflaschen auch enthalten sie mehrere Etagen. Aber nur im Erzge-

birge gibt es den mechanischen Typ, dessen Figuren, Pochwerke usw. durch Drehen einer Kurbel bewegt werden. Eine weitere erzgebirgische Besonderheit sind Flaschenpyramiden. Das Flügelrad kreist über der Flasche und setzt die Figuren in der Flasche in Gang (→Pyramide).[89]

In den letzten Jahrzehnten hat unter anderem Harry Schmidt (*1927) besonders schöne Stücke geschaffen. Eine seiner Arbeiten – im Museum für Volkskunst in Dresden ausgestellt – stellt auf der untersten Platte die Arbeit des Bergmanns vor Ort dar. Auf der zweiten Platte sitzt der Schnitzer mit seiner Frau am Tisch in einer niedrigen und gemütlichen Erzgebirgsstube. Der Mann schnitzt und die Frau arbeitet am Klöppelsack. Auf dem Tisch stehen Bergmann und Engel. Schließlich sind auch noch eine Wiege mit dem schlafenden Kind, Spielsachen und auf einem Stuhl die Katze in dieser Miniaturdarstellung untergebracht. Das oberste Stockwerk schließlich zeigt →Waldleute – nämlich Pilzsucher und Holzarbeiter sowie die Holzfrau mit vollem Reisigkorb. Die Flasche steht auf einem Untersatz mit vier Kerzenarmen, und die von den Kerzen aufsteigende warme Luft treibt nach dem üblichen Pyramidenprinzip das Flügelrad an und setzt die kleine Wunderwelt in Bewegung.[90]

Der Seiffener Volkskünstler Günther Zielke (*1950) stellt ebenfalls bergmännische Eingerichte her, die einen wendeltreppenartigen Aufbau mit drehbarer Achse aufweisen.[91] Zielke schuf auch eine Geduldflasche in der Form einer Flaschenhängepyramide,[92] also eine Kombination aus Hängeleuchter, Pyramide und Geduldflasche, wie überhaupt die Kombination der verschiedenen Techniken und gestalterischen Möglichkeiten die Arbeit der jetzigen Volkskünstlergeneration kennzeichnet. In deren besten Stücken gelingt es, Tradition, neue künstlerische Ideen und modernes Design miteinander in Einklang zu bringen.

# Glaskunst

Wer Glas erzeugen will, braucht Quarz oder Quarzsand, Pottasche, die durch Auslaugen von Holzasche entsteht, Holzkohle in großen Mengen und möglichst auch Wasserkraft.[93] Alle diese Voraussetzungen waren im Erzgebirge gegeben und so wurden vermutlich schon während der Erschließung des Gebietes durch die Zisterzienser Waldglashütten gegründet, aus denen sich eine Reihe von erfolgreichen Produktionsstätten entwickelten. Solche Glashütten befanden sich unter anderem in Reukersdorf, Marienberg, Jugel, Crottendorf, Burkhardsgrün, Schneeberg, Rübenau, Carlsfeld und in Wernesgrün im vogtländisch-erzgebirgischen Grenzraum.[94]

Zwei Glashütten zu Wernesgrün besaßen Brau- und Schankrecht. Aus ihnen gingen nach dem Ende der Glaserzeugung um 1800 die Erste Wernesgrüner Brauerei (vormals Männel) und die Bergbrauerei (vormals Günnel) hervor.[95]

Die Glashütten standen in engen wirtschaftlichen Beziehungen zum sächsischen Hof und belieferten diesen mit emailbemalten Trinkgefäßen.[96] Eine Besonderheit des Glashüttens

**Der besondere Tipp:**

*Eine umfassende Information über bergmännische „Eingerichte" aus dem Gebiet der ehemaligen österreichisch-ungarischen Monarchie und aus deutschen Bergbauregionen bietet:*

Otto Fitz/Peter Huber: Bergmännische Geduldflaschen. Mit einem Bestandskatalog. Wien: Selbstverlag des österreichischen Museums für Volkskunde 1995. 72 S. mit zahlreichen Abbildungen.
Die Broschüre dokumentiert als Ergebnis jahrzehntelanger Forschung an die 140 bergmännische Geduldflaschen.

*36*
*Hängeleuchter in Spinnenform mit reichem Behang an Glas- und Holzperlenschnüren sowie Glas- und Zinnanhängern, ferner zwei Glaskugeln, die mit leonischen Drähten umsponnen sind, Ø 60 cm, um 1860.*

37
*Glaskettenleuchter
mit acht Kerzentüllen,
reich geschmückt mit
Glasperlenschnüren in
Form von Blüten.
Höhe: ca. 70 cm,
Ende 19. Jh.
Heimatmuseum Geyer.*

38
*Alter Glashängeleuch-
ter in der Original-
Pappschachtel.
Nachdem die Kerzen-
leuchter abgenommen
worden sind, kann der
Leuchter flach zusam-
mengelegt werden.*

erzgebirgische Hängeleuchter – wurde (→Deckenleuchter). Auch Glasmalerei fand als Kopie Eingang in die Bemalung der gedrechselten Holzartikel."[98] Noch heute lebt also die alte erzgebirgische Glasmachertradition in erzgebirgischen Hängeleuchtern fort. Auch die nur an erzgebirgischen Advents- und Weihnachtsleuchtern vorkommenden tropfenförmigen hölzernen „Baumel" (erzgebirgisch „Baameln") sind ohne Vorbilder aus Glas kaum denkbar.

1996 wurde auf Schloss Purschenstein (Neuhausen) in einem Nebengebäude, der ehemaligen „Fronfeste", ein Museum eröffnet, das die Glasherstellungskunst des Erzgebirges anschaulich darstellt. Hauptattraktion im Museum ist eine rekonstruierte Glashütte aus der Zeit von Georg Agricola (1494–1556) mit einem Brennofen, der originalgetreu nach Agricolas Beschreibung erbaut wurde.[99] Es handelt sich um das einzige Museum im Erzgebirge, das die alte Glasmacherkunst dokumentiert.

war, dass es von einigen wenigen auf das Gewerbe spezialisierten Familien wie den Preißlers, den Wanders, den Schürers und den Glasers oder Gläsers betrieben wurde.[97]

Am Beispiel der 1827 stillgelegten „unteren Heidelbachhütte" am Glashüttenweg in Seiffen zeigt sich der Einfluss der Glaskunst auf die heimische Holz- und Spielzeugindustrie. In der Seiffener Kirche hängt ein Glashängeleuchter in Spinnenform aus dem Jahr 1670 aus der Heidelbacher Hütte, der für die vormalige Bergkapelle geschaffen worden war und seit 1779 seinen Platz in der neuen Seiffener Kirche im Altarraum hat. „Er wurde zum Modell, weil er das Vorbild für die heimischen Drechsler, für das Gestalten von Spinnen aus Holz –

# Glockenengel und -bergmann

Für den Typ des Pyramidenengels sind verschiedene Bezeichnungen wie Glocken-, Ping- oder Bing- (erzgebirgische Aussprache) -engel gebräuchlich. Dasselbe gilt für die verschwisterte Bergmannsfigur (→Bergmann). Erfindungsreiche erzgebirgische Tüftler kamen auf die Idee, die Figuren des →Leuchterpaares Engel und Bergmann mit einer Pyramide und einem Glöckchen zu kombinieren. Ein solches Bergglöckchen ist in der Regel aus Blech und gibt keinen besonderen Klang. Geeigneter sind Messing- und Bronzeglocken, die einen wesentlich besseren Klang haben, aber teurer sind und weniger verwendet werden.[100]

Die Kombination von Lichterträger und Flügelrad bereitet allerdings technische Probleme. Christian Kott (*1930) hat eine Lösung in der Form gefunden, dass Engel und Bergmann das Flügelrad gemeinsam halten. Unter dem Flügelrad hat er eine Miniaturdarstellung mit einem Jäger angebracht, der die Büchse auf ein Reh anlegt.

In der Ausstellung „Alle Engel dieser Erde" in Hamburg 2000 wurde ein „Pyramiden-Leuchterengel mit zweifachem Klingspiel" aus dem Jahre 1890 gezeigt, bei dem das Problem durch eine Querstange gelöst ist (Abb. 39).[101]

Das regelmäßige „Ping" der Pyramidenengel und –bergleute ist ein Nachklang der Kunst- oder Bergglöckchen, deren regelmäßiger heller Ton anzeigte, dass die Wasserhaltung in Ordnung war (→Glockenspiel).[102]

**Der besondere Tipp:**

*Zu der Ausstellung „Alle Engel dieser Erde" ist im Husum Verlag ein gleichnamiges Buch erschienen. Diese kleine Kulturgeschichte des Phänomens Engel spannt einen weiten Bogen von Glaubensvorstellungen des alten Orients und des Christentums über die hohe Kunst bis hin zum Kitsch. Der reich bebilderte Band zeigt zahlreiche Engel aus der historischen und heutigen Produktion des Erzgebirges.*

Torkild Hinrichsen: Alle Engel dieser Erde, Hrsg. von Gerhard Kaufmann und Torkild Hinrichsen für das Altonaer Museum in Hamburg – Norddeutsches Landesmuseum, Husum: Husum Verlag 2000.

*39*
*Dieser Glockenengel trägt zwei Flügelräder, deren Schlägel jeweils die Glocken bzw. Schellen anschlagen. Eine Besonderheit der Figur liegt darin, dass es sich um einen so genannten „Fußengel" handelt, während die Mehrzahl der Lichterengel mit ihrem walzenförmigen Kleid unmittelbar auf einem Brettchen oder dem Boden stehen. Holz, gedrechselt, Arme, Füße und Schärpe aus Teig, Glanzbilder, Höhe: ca. 40 cm, um 1890.*

# Glockenspiel

40
*Glockenengel.*
*Eine kleine Glaskugel*
*schlägt die Schelle an.*
*Auch beim Glocken-*
*engel spricht man vom*
*„Glockenspiel".*
*Holz, gedrechselt,*
*Arme und Applikation*
*aus Teig, Glanzbilder.*
*Höhe: 38 cm,*
*Seiffen um 1920.*

41
*Glockenbergmann.*
*Am Unterboden der*
*kleinen Scheibe, die*
*vom Flügelrad bei auf-*
*steigender Wärme*
*bewegt wird, sitzt ein*
*Holzklötzchen, das den*
*Schlägel bewegt, der*
*die Schelle anschlägt.*
*Holz, gedrechselt,*
*Höhe: 37 cm,*
*Erzgebirgisches Spiel-*
*zeugmuseum Seiffen,*
*1957.*

*Du drehst dich wieder, schönste Pyramide,*
*in deinem Schrein, in dem ich dich einst sah,*
*und neben dir vom Meißner Glockenspiele*
*ein altes Lied der Weihnacht klingend ...*

Olga Klitsch (1981)[103]

Pünktlicher gemeinsamer Arbeitsbeginn war im Bergbau unerlässlich. Da in den Haushalten kaum Uhren vorhanden waren, wurde der Schichtbeginn in den Bergorten öffentlich bekannt gemacht. Das geschah durch Ausrufen, das im „Auf! Auf!"-Rufen vor Beginn der →Christmette weiterlebt. Später kamen im Erzgebirge Schichtglocken in Gebrauch, während in anderen Bergbaugebieten auch so genannte Klopfbretter benutzt wurden.[104] Die alte Freiberger Schichtglocke von St. Petri trägt seit dem Umguss von 1756 den Spruch: „Auf, auf! zur Grube ruf ich euch / ich die ich oben steh. / So oft ihr in die Tiefe fahrt / so denket in die Höh."[105] Die Glocke wird noch immer täglich zweimal geläutet.

Die Schicht- oder Anläuteglocken hingen in Glockentürmen. Einer ist als ältestes Bauwerk des Ortes in Altenberg erhalten, er stammt aus dem späten 15. Jahrhundert.[106] Auch Bergkapellen wurden mit Schichtglocken ausgerüstet sowie die für das Erzgebirge charakteristischen Huthäuser mit ihren Dachreitern.

Das „Kunstglöckchen" schlug im Rhythmus des (Wasser-)Kunstgezeugs an. Während das Ausbleiben des Glöckchens Gefahr in der Wasserhaltung verkündete, bedeutete das „Wetterläuten" mit Donnerglocken vor allem im 15. und 16. Jahrhundert nicht nur im Erzgebirge drohendes Gewitter. Man glaubte, mit dem Wetterläuten Unwetter vertreiben zu können, bis es in der Reformation als Aberglaube bezeichnet und verboten wurde. Wetterläuten hielt sich aber als Warnung und als Ruf zum Gebet in der Kirche bis zum Ende des 18. Jahrhunderts nach der Einführung des Blitzableiters. Auch die Erinnerung daran vermag in den Glöckchen wenn nicht der Glockenspiele, so doch glockenläutender Erzgebirgsfiguren (→Glockenengel) mitschwingen.[107]

Auch hier entfaltete sich bergmännische Phantasie. Die Wassertreibemaschine des „Frisch Glück Stolln" in Johanngeorgenstadt wurde nicht „schlechthin mit einem Klöppel, sondern vom Hammer eines holzgeschnitzten Bergmanns in Paradetracht angeschlagen."[108]

An diese Tradition erinnern die zahlreichen →Glockenengel und -bergleute sowie die Glöckchen so manches →Buckel- oder Schaubergwerks, →Weihnachts- und Heimatberges oder so mancher →Pyramide.

Auch einige Glockenspiele erinnern an das bergmännische Läuten. Lößnitz ist stolz auf das seine aus Bronze, das 1939 eingeweiht wurde und vom Turm der heutigen Hauptkirche Sankt Johannis ertönt. Im Krieg verstummte es und wurde vergessen, spielt aber seit 1959 in der Adventszeit wieder weihnachtliche Weisen.[109]

42
*Diese kleine Pyramide von Wendt & Kühn trägt zwei Glocken, die von darunter vorbeigleitenden Engeln angeschlagen werden, auch dies ein kleines Glockenspiel.*
*Höhe: 31 cm, nach 1945.*

Ein besonderes Schicksal erlitt das Meißner Glockenspiel von Schwarzenberg. Auf Initiative von Friedrich Emil Krauß (1895–1977) wurde 1937 ein von der Meissner Porzellanmanufaktur angefertigter Glockenturm mit 28 weißen Porzellanglocken als Leihgabe aufgestellt, der bei einem Bombenangriff 1944 stark beschädigt wurde. Nach dem Krieg erwarb einen Teil der Glocken Karl Süß (1910–1983) in Raschau und baute daraus ein Reiseglockenspiel, das heute im Besitz seiner Nachkommen in der Raschauer Mühle ist.[110] Aus den Resten des Glockenspiels entstand ein neuer Glockenturm, den die Stadt Schwarzenberg 1994

*43*
*Anton Günther in der für ihn charakteristischen Tracht, dem grünen Lodenanzug, in dem er auch auf der Bühne auftrat.*

in einem Turmhäuschen aufstellte, das aber immer wieder beschädigt wurde. Erst 1994 erklang es wieder an seinem neuen Standort in der Altstadt.[111]

In diesem Glockenspiel symbolisiert sich auch die enge Verbindung des Erzgebirges mit der Herstellung des Meissner Porzellans, für dessen weltberühmtes Blau das im Erzgebirge gewonnene Kobalt unerlässliche Ausgangsbasis war. Christoph Schürer entdeckte um 1540 bei der Verarbeitung von Schneeberger Erzen das Kobaltoxid als blaue Farbe.[112] Blaufarbenwerke befanden sich in Schneeberg (vor 1573), Niederpfannenstiel (1635), Jugel (1640), Oberschlema (1644), Sehma (1644; 1683/1687 Zschopenthal) und Albernau (Schindlers Werk; 1649). 1951 werden die verbliebenen Werke Oberschlema und Niederpfannenstiel zum VEB Nickelhütte Aue vereinigt, der ab 1956 durch den Bau zahlreicher neuer technischer Anlagen modernisiert wurde.[113] Ins weihnachtliche Geschehen tritt die Blaufarbenerzeugung in Gestalt von Blaufarbenwerkern, die als geschnitzte oder gedrechselte Figuren Kerzen tragen oder in Bergparaden mitmarschieren oder als Nussknacker auftreten.

In Burkersdorf bei Frauenstein erklingt seit 1998 ein Glockenspiel aus dem Modell der Ortskirche, das in der Adventszeit als Ortspyramide aufgestellt wird[114] (→Miniatur in der Nussschale).

Wie immer im Erzgebirge wird das Kleine ins Große und das Große ins Kleine transportiert. So haben die großen Glockenspiele ihre kleineren Geschwister in Pyramiden, die beim Umlauf kleine Glocken anschlagen. Der Seiffener →Männelmacher Walter Werner hat seine bekannte Göpelpyramide mit zwei solcher Glöckchen bzw. Schellen ausgestattet (→Pyramide). Zum Weihnachtsgeschehen im Erzgebirge gehören eben alle Sinne, zum Sehen treten das Hören, Riechen und Schmecken sowie das Haptische des Gestaltens.

# Günther-Anton

*Su aafach, wie mei Haamit is,*
*su aafach is mei Gemüt,*
*su aafach, wie ich denken on reden tu,*
*su aafach klingt mei Lied!*

Anton Günther (1876–1937)[115]

„Er dichtete und sang, wie es ihm ums Herz war. Seine naturhafte Begabung ließ ihn fast immer die richtigen Worte und Töne finden,

44
*Anton Günthers
Geburtsort und
Lebensheimat, Gottes-
gab im Böhmischen
Erzgebirge (heute
Bozidar), über 1000 m
hoch gelegen; winter-
liche Aufnahme aus
Anton Günthers Zeit
(historische Postkarte).*

die die inneren Saiten der Erzgebirger zum Klingen bringen und die ausdrücken, was sie empfinden."[116]

Anton Günther ist eine der großen Symbolgestalten des Erzgebirges.[117] Er steht für die gegenseitige Befruchtung von protestantischem Norden und katholischem Süden der Region. Er steht für Dichtung, →Mundartdichtung und Musikalität der Erzgebirger, für ihre Heimat- und Familienverbundenheit und das bescheidene Leben der „kleinen Leute" in dieser gebirgigen Gegend.

Geboren in Gottesgab (jetzt tschechisch Bozidar), das sich gern die höchstgelegene Stadt Mitteleuropas nannte (1017 m ü. d. M.), stammt er aus einer alten Bergmannsfamilie. Die Bergbausiedlung lag zunächst im Bereich der sächsischen Herrschaft Schwarzenberg, fiel aber nach dem Schmalkaldischen Krieg (1546/47) an die böhmische Krone.[118]

Das erzgebirgische Grenzland war seine Heimat und sein Schicksal. Es prägte sein oft betontes Deutschtum. „... aber es gibt keine Wendung gegen die Tschechen, denn die Symbiose der beiden Volksbereiche im böhmischen Raum war für ihn ebenso eine geschichtlich gültige Gegebenheit wie die sprachlich-geistige Gemeinschaft der Deutschen beiderseits der Grenzlinie."[119]

In der alten Donaumonarchie zu Hause, erlebte er nach Kriegsdienst und Verwundung im österreichischen Heer deren Zusammenbruch und die Gründung der Tschechoslowakei. Die „Sudetendeutschen", wie sie sich erst nach der Jahrhundertwende nannten[120], wurden zur Minderheit im neuen Staat. Der Nationalsozialismus fasste unter ihnen schnell Fuß. „Anton Günther stand ihm zwiespältig gegenüber."[121] Jedenfalls verschwand nach 1933 die alte Freizügigkeit an der deutsch-böhmischen Grenze – früher deutsch-österreichisch, jetzt deutsch-tschechisch. Für ihn hatte das erhebliche wirtschaftliche Folgen, denn er lebte von seinen Auftritten, vom Verkauf seiner Liedpostkarten und Gedichte im deutschsprachigen Raum, vor allem nördlich dieser Grenze.

37

Zunächst Selbstverleger, brachte er seit 1917 seine Lieder in dem angesehenen Leipziger Musikverlag Friedrich Hofmeister heraus. In den zwanziger Jahren wurden sie auch auf Schallplatten und durch Rundfunksendungen der MIRAG (Mitteldeutsche Rundfunk A.G.) verbreitet.[122] Auch heute noch sind Tonträger mit seinen Liedern im Handel, auch von ihm selbst gesungen (s. Der besondere Tipp).[123]
Sein 60. Geburtstag 1936 wurde als großes Fest begangen. Ihm schlug „eine Welle der herzlichen Zuneigung und Verehrung entgegen, die man ihm südlich und nördlich der Grenze zollte ... Er wurde gefeiert und geehrt."[124] Aber sein Gemüt verdüsterte sich. Er schied 1937 freiwillig aus dem Leben. Das Geheimnis seines Todes ist bis heute nicht völlig aufgeklärt.
Ein Aufstieg aus einfachsten Verhältnissen zur Prominenz, wie man heute sagen würde, zumindest im erzgebirgischen Raum, lag hinter ihm. Der Vater war Bergmann, Sticker und Musterzeichner, im Nebenberuf Musikant, also eine der typischen erzgebirgischen Doppel- und Vielbegabungen. In Gottesgab geboren, war er als Kind mit seinen Eltern nach Joachimsthal (jetzt tschechisch Jachymow) ge-

gangen und später aus dem „Tal" in den Geburtsort zurückgekehrt. Hier gab es viele Günthers. Zur Unterscheidung trug er wie viele Erzgebirger einen Übernamen und hieß „Toler-Hans", Hans aus dem Tal. Sein Sohn war demzufolge der Toler-Hans-Tonel.
Nach der Lithographenlehre (→Liedpostkarte) in Buchholz (heute Annaberg-Buchholz) ging Anton Günther 1895 nach Prag, um in seinem Beruf Geld zu verdienen und seine Familie zu unterstützen. Hier trug er auf einem landsmannschaftlichen Treffen zur Gitarre sein erstes selbst geschaffenes Lied vor. Es hieß „Derham is derham". Es gefiel auf Anhieb: „Jedem sollte ich das Lied abschreiben. Das war mir aber zu viel. Ich habe es autographiert im Postkartenformat und ließ hundert Stück drucken, die wir dann meist in die Heimat schickten. Alles war erfreut darüber, und als ich zu Weihnachten auf Urlaub zu Hause war, musste ich überall das Lied singen. Im Konzert des Gottesgaber Gesangvereins am 1. Weihnachtsfeiertag wurde es mit einer solchen Begeisterung aufgenommen, dass ich darüber tief gerührt war. Alle verlangten das Lied und alle sangen es bald mit."[125] Anton Günther kommt

auf den Gedanken, weitere Liedpostkarten drucken zu lassen und seinem Vater und Bruder als zusätzliche Verdienstmöglichkeit für den Hausierhandel zu übergeben.

Dies wird zum Ausgangspunkt seines umfangreichen mundartlich-dichterischen und musikalischen Schaffens. Er setzt es fort, als er 1901 nach dem Tod des Vaters in die Heimat zurückkehrt und die kleine erzgebirgische Häuslerwirtschaft übernimmt. Seine Liedpostkarten verlegt und vertreibt er selbst, und er und so genannte „Schrammelkapellen" verbreiten seine Lieder rasch. Diese von den Brüdern Hans (eigentlich Johann, 1850–1893) und Josef (1852–1895) Schrammel in Wien ab 1877 begründete Trio- und Quartettmusik hat sich rasch auf die übrige Donaumonarchie und von da aus auf das sächsische Erzgebirge übertragen. Es war die Zeit, da volkskünstlerische Aktivitäten beachtet und gefördert wurden, Anton Günther insbesondere vom →Erzgebirgsverein und →Landesverein Sächsischer Heimatschutz.[126]

Der grüne Lodenanzug, in dem er auftritt, wird zum Markenzeichen. Andere Volkssänger tragen auf der Bühne blaue Schürze und buntes Halstuch (→Waldleute). Zeitlebens ist er stolz darauf, vor dem sächsischen König Friedrich August III. (1865–1932) und dem österreichischen Erzherzog Karl Franz Josef gesungen zu haben.[127]

Anton Günthers Lieder sind über die Jahrzehnte hinweg lebendig geblieben und zu echten „Gemeinschaftsliedern" geworden.[128] In der DDR blieb er populär, obwohl es ideologische Einwände gegen ihn gab: „Wenn es überhaupt einen Maßstab gibt, nach dem wir urteilen können, dann ist es der des Klassenstandpunktes und des gesunden Menschenverstandes – damit wird deutlich: Vieles, was Anton Günther schrieb, gehört nicht nur der Vergangenheit an, es ist wert, es zu vergessen. Und auch das wird deutlich: Eben weil wir kritisch werten und auslesen, wird manches Lied weiterhin in unseren Liederbüchern und Reper-

toires zu finden sein, wird es da und dort in geselliger Runde erklingen." Der Hauptvorwurf war, dass Günther sich „längst der breiten, ums Dasein kämpfenden Erzgebirgsbevölkerung überhoben und gar nicht mehr in der Lage ist, wie sie zu fühlen und zu denken oder aus ihrer Position zu ‚reflektieren'."[129] Ob etwas weiterlebt oder überholt ist, darüber entscheiden wohl weniger Klassenstandpunkte und Ideologie, sondern diejenigen, die Lieder weitertragen und weitersingen oder untergehen lassen.

Vor allem Gerhard Heilfurth ist es zu verdanken, dass Anton Günthers Werk erschlossen, dokumentiert und veröffentlicht worden ist. Die Ende 1937 erschienene Gesamtausgabe wurde sofort zum Erfolg und erschien schon 1938 im 18. Tausend. Sie wurde, zum Teil mit Veränderungen, mehrfach wieder aufgelegt. Da ihr keine Melodien beigegeben waren, veröffentlichte Heilfurth in Zusammenarbeit mit der Musikwissenschaftlerin Isolde Maria Weineck „100 Lieder mit Melodien" im Jahre 1983. Nach den Worten der beiden Herausgeber handelt es sich dabei um „eine Auswahl des Wesentlichen".[130]

Anton Günther schrieb seine Lieder und Gedichte in einer Gottesgaber Variante des Westerzgebirgischen (→Mundart). Die von Heilfurth publizierten Texte weichen unter anderem deshalb zum Teil von den Texten auf den →Liedpostkarten ab, weil er sich 1937 an die gerade im Heimatwerk Sachsen – Heilfurth selbst spricht vom Germanistischen Institut der Universität Leipzig – erarbeiteten „Richtlinien zur erzgebirgischen Mundartschreibung" hielt.[131]

Zum weihnachtlichen Liedgut trug Anton Günther unter anderem mit „De →Uf'nbank" (1899), dem „Hutzenlied" (1902), „O selige Weihnachtszeit" (1907), „Weihnachten in Fald" (1914), „Loßt ons wieder Weihnachten feiern" (1918) und „Derham im Stübel" (1927) bei. Damit gehört er untrennbar zum erzgebirgischen Weihnachtsmythos.

**Der besondere Tipp:**

*Von Anton Günther sind Originalaufnahmen aus den Jahren 1921 bis 1931 erhalten. Sie wurden von Schellack-Platten im No-Noise-verfahren auf CD überspielt. Eingestreut zwischen elf von Anton Günther gesungene Lieder sind Texte des Erzgebirgssängers, dargeboten von Mundartsprecher Erwin Günther (ca. 1970). Den Abschluss bildet ein instrumentales Anton-Günther-Potpourri.*

Anton Günther, Sänger des Erzgebirges. Originalaufnahme 1921–1931. CD. Verlag Friedrich Hofmeister, Hofheim/Leipzig, und Beta Music, Berlin, 1995.

*Im Internet-Lexikon „Wikipedia" sind ein Werkverzeichnis, ein Verzeichnis der Liedpostkarten und der Tonträger mit Liedern von Anton Günther zu finden.*

# Handarbeit

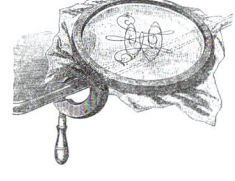

Unter dem Begriff Handarbeit wird körperliche Arbeit, zum Teil in Abgrenzung zur geistigen Arbeit verstanden. Es ist aber auch die „zusammenfassende Bezeichnung für die nahezu ausschließlich von Frauen handwerklich hergestellten Stickereiarbeiten, Strickarbeiten, Häkelarbeiten, Filetarbeiten und Knüpfarbeiten sowie Durchbrucharbeiten, Applikationen und Spitzen. Schließlich versteht man unter Handarbeit auch Gebrauchsgegenstände, vor allem kunstgewerblicher Art, die mit der Hand einzeln gefertigt werden."[133] Handarbeit im Sinne der Textilgestaltung spielte und spielt neben dem vom westlichen Erzgebirge ausgehenden Spitzenklöppeln vor allem im Eibenstocker Raum eine Rolle. Hier begründete im Jahre 1775 die aus Bialystok stammende, 1754 geborene und nach 1809 gestorbene Clara Angermann die Tambourstickerei (= mit

dem Stickrahmen), hier lebte sie zunächst bei ihrem Onkel, dem Eibenstocker Förster, und sie heiratete den Förster Johann Christoph Nollain (gest. um 1809).[134] Clara Angermann wurde für die Tambourstickerei und den Eibenstocker Raum ebenso wichtig wie über 200 Jahre vor ihr Barbara →Uthmann (1514–1576), von der man annimmt, dass sie im Erzgebirge ab 1561 das Klöppeln mit dem Klöppelsack als Unternehmerin einführte oder förderte.

Aus der Heimarbeit entwickelte sich eine umfangreiche Industrie. Zunächst gaben rund hundert „Faktore" die Arbeit an die „Nähmädchen" aus. „1850 trafen die ersten Stickmaschinen ein. Viele ‚Lohnsticker' stellten in ihren eigenen Häuschen solche auf, und ‚Fabriksticker' arbeiteten in verschiedenen neuen Fabriken." Einzelne Dörfer stellten sich auf bestimmte Techniken ein. Strick- und Nähschulen wurden auch von Frauenvereinen betrieben, so zum Beispiel in Bermsgrün.[135]

„1884 waren in 121 Orten um Eibenstock und Schneeberg und bis ins Vogtland hinaus 4715 Stickmaschinen in Gang." Mit Einführung der automatischen Stickmaschine seit 1898 kam es zu einem Umbruch in der Industrie und zur Umstellung auf 400 automatische Stickmaschinen in 34 großen Fabriken um 1900. Nach

49
*Bauernstube im Erzgebirge (alte Postkarte). Hier stehen Kachelofen und →Uf'nbank, hier trifft man sich im Familien- und Freundeskreis zum Hutzen, Handarbeiten und Klöppeln: Mutter mit Kind und Klöppelsack, der Vater in der typischen blauen Schürze (→Waldleute) und mit der Pfeife, der Großvater mit der Zeitung oder dem →Volkskalender und die Großmutter mit einem Milchkännchen. Die Stube ist mit Stroh ausgelegt (→Heilig-Abend-Stroh).*

dem Zweiten Weltkrieg begannen wieder rund 15 000 Menschen mit Stickarbeit.[136]

In Eibenstock führen eine Reihe von Firmen das Gewerbe fort und das Stickereimuseum Eibenstock dokumentiert diesen heimischen Erwerbszweig. Der Ortsschwibbogen von Eibenstock, der jeweils in der Adventszeit aufgestellt wird, zeigt neben einem Bergmann nicht wie sonst üblich eine Klöpplerin, sondern eine Stickerin als Vertreterin einer für Eibenstock bedeutsamen historischen Entwicklungsetappe. Dieser Schwibbogen wurde 1975 als Kollektivarbeit des örtlichen →Schnitzvereins geschaffen.[137]

Grundlage der Stickarbeit sind Stickmusterbücher, „ein in der deutschen Volkskunde bisher wenig bearbeitetes Sachgut, die auch in der volkskünstlerischen Schmuckgestaltung als Arbeitsvorlagen dienten und dienen."[138] Das erste Buch dieses Typus erschien 1523 in Augsburg und schon ein Jahr später in Zwickau.[139]

Die weihnachtliche Motivik des Erzgebirges bietet reichlich Anregungen für Stickereiarbeiten. Weihnachtliche Deckchen kann man zum Beispiel während der „Eibenstocker Märchenweihnacht" am 1. Adventswochenende in der Funke Stickerei GmbH erwerben.[140] Wer dieses – nicht nur in Bezug auf Musterbücher – von der Volkskunde eher vernachlässigte Gebiet näher kennen lernen will, besuche die „Kommode" im Kunsthandwerkerhof „Goldener Adler" in Freiberg. Die ehemalige Kostümbildnerin Helga Ficker stellt hier Sammelstücke aus der Zeit von etwa 1870 bis 1930 aus: Weißwäsche mit Stickereien und weitere Erzeugnisse um Wäsche- und Küchenschrank herum.[141] Im gleichen Haus bietet Martina Seiffert heutige textile sächsische Volkskunst an. Oskar Seyffert (1862–1940) lobte 1924 die in seinem Museum ausgestellten Stücke: „Einige Stickereien beweisen, dass man auch mit der Nadel dichten kann." [142]

**Der besondere Tipp:**

STICKEREI-MUSEUM EIBENSTOCK
Bürgermeister-Hesse-Str. 7–9,
08390 Eibenstock.

# Jahresendfigur

Auch die Volkskunde kann sich dem Zeitgeist nicht entziehen. So ist es der später so verdienstvolle Karl Ewald Fritzsch (1894–1974), der in der Rubrik „Für den Volkstumswart" der Mitteldeutschen Blätter im Jahr 1937 den Weihnachtsbaum als germanischen Lebensbaum bezeichnet, den Begriff →„Christbaum" als nicht richtig zurückweist und zum Lichterengel anmerkt: „Zwar kommt der →Engel (durch die Weihnachtsspiele) aus der christlichen Vorstellungswelt, doch kennen wir ebenso die weiblichen Lichtgestalten und Lichtträger aus der germanischen Mythologie: Perchta ist gleich die Glänzende, wie auch heute die Lucienbraut."[143]

So mag es nicht verwundern, wenn nach 1945 aus anderer Richtung Umdeutungen stattfanden. Immer wieder ist von der DDR-Sprachschöpfung „Jahresendfigur" anstelle vom „Lichterengel" die Rede. Legende oder Wirklichkeit? Kaum ein anderer Begriff aus der spezifischen Sprache der DDR hat nach der Wende eine so lebhafte Diskussion ausgelöst wie dieses „Wortmysterium". „Ein Beweis für die reale Existenz ist noch immer nicht erbracht. Möglich, dass er irgendwo in einem Archiv oder einer privaten Sammlung schlummert" (Bodo Mrozek). Mrozek hat Zeitzeugen befragt, die zu der Behauptung standen, dass das Wort in der offiziellen DDR-Sprache verwendet wurde. Auch dem Autor dieses Buches sind solche Personen bekannt. Anfragen nach Belegstücken bei verschiedenen Museen zur Alltagskultur der DDR blieben jedoch ohne Ergebnis. In der Tat findet sich die Bezeichnung „Jahresendfigur mit/oder ohne Flügel" in der Nomenklatur der TGL (Technischen Güte- und Lieferbedingungen), die – aus den sowjetischen GOST-Normen abgeleitet – in ihrer Wertigkeit etwa den bundesdeutschen DIN entsprachen, die wiederum auf Vorläufer seit dem Jahre 1917 zurückgehen.

Mit dem Begriff „Jahresendfigur" wurden in den TGL alle Artikel bezeichnet, die zu Weihnachten in den Handel kamen, z. B. auch Schokoladenweihnachtsmänner. Die Bezeichnung gelangte u. a. 1971 in einen Angebotskatalog der DEWAG-Werbung mit „WtB" (Waren täglicher Bedarf)[144].

Belegt ist der Begriff allerdings in dem Buch „Wörtliche Betäubung – Neudeutscher Mindestwortschatz" 1986 (1989) des „Eulenspiegel"-Autors Ernst Röhl (* 1937), der darin bürokratische Auswüchse der DDR-Sprache satirisch auf's Korn genommen hat. Röhl hat Mrozek gegenüber behauptet, das Wort nicht erfunden, sondern tatsächlich an einem Verkaufsstand gesehen zu haben. Röhl schrieb im „Eulenspiegel" 53/1988, der satirischen Zeitschrift der DDR, die bei aller Aufmüpfigkeit letzten Endes die Linientreue nicht verließ: „Im traditionellen Land des Festes der Freude und des Friedens schmücken volkstümliche Schnitzereien – Jahresendlichthalter mit Flügeln, Jahresendfachmann für Bergbautechnik sowie der dekorativ gestaltete Lichthalbkreis – die Fenster. In den Stuben trifft man allüberall auf Jahresendrauchspender und Jahresendhartschalenfruchtzertrümmerer, drehen sich majestätisch Figuren-Karusselle. Unter der Zimmerdecke leuchtet der sternförmige Jahresendlichtgeber … Es ist schon ein Erlebnis im Erzgebirge – das Fest des Friedens und der Freude, des Lichtes und der Kinder, der Geschenke und der Familie."[145]

Dieser satirische Beitrag ist es wohl, der zur Legendenbildung geführt hat, es sei in der DDR von „Jahresendlichterhaltern mit Flügeln", von „Figuren-Karussells" für Weihnachtspyramiden usw. die Rede gewesen, wie dies z. B. in einem Beitrag der „Leipziger Volkszeitung" als „authentisch" berichtet wurde.[146]

# Jochengel und -bergmann

Karl Ewald Fritzsch (1894–1974) fand in einem Spielzeugmusterbuch von etwa 1830 einen Nürnberger Rauschgoldengel, der eine Girlande trägt. Ein offensichtlich von einer solchen Vorlage angeregter Engel mit Lichterbogen um 1850 ist in Schneeberg erhalten.[147] Engel und Bergmann in dieser Gestaltung werden noch heute angefertigt.

Neben oder aus dem Girlandenengel entstanden die eigentlichen Jochengel, wie sie zum Beispiel der Bauer und Volkskünstler Carl Gottlieb Timmel (1830–1919) in Kühnheide bevorzugt geschaffen hat.[148] Auch diese Form wird paarweise bis heute hergestellt.[149]

Christian Kott (*1930) hat mit Johannes Eichhorn (1904–1993) einen Briefwechsel über die Bezeichnung dieses Engels geführt, der in der Kott'schen Familientradition „Kleiderbügelengel" hieß. Eichhorn sprach vom „Lichterjoch" und verwies auf den ebenfalls gebräuchlichen drastischen Namen „Geweihengel".[150]

Statt eines stark gebogenen Joches kann eine solche Figur auch ein waagerechtes oder schwächer gebogenes Brett als Lichterträger aufweisen. Kott stellt solche Figuren her und bezeichnet sie als Kippenengel, weil das lichtertragende Brett sozusagen „auf der Kippe" stehe.[151] Ein Bergmannsleuchter dieses Typus befindet sich im Erzgebirgischen Spielzeugmuseum Seiffen. Neuere Figuren in dieser Form kommen von Walter König aus Annaberg-Buchholz, der sie in seiner Werkstatt in dritter Generation als Nachbildung eines Kirchberger Lichterengels mit Joch produziert.[152]

*51*
*Jochengel mit Spruchband, das ebenfalls für das erzgebirgische Weihnachtsgeschehen, z. B. auch als Transparent, charakteristisch ist. Im Volksmund ist die drastische Bezeichnung „Geweihengel" anzutreffen.*
*Holz, gedrechselt und gesägt, Arme und Applikationen aus Teig.*
*Höhe: 47 cm,*
*Familie Timmel, Kühnhaide, um 1900.*

43

52
*Dieser Lichterengel*
*trägt eine Krone, die*
*nach oben spindel-*
*förmig verlängert ist*
*und an der die Arme*
*einer vierflammigen*
*Leuchterspinne*
*befestigt sind.*
*Holz, gedrechselt,*
*Höhe: 47 cm, Günter*
*Reichel, Pobershau*
*(Gestaltung nach einer*
*alten Figur).*

Inzwischen gibt es neuere Gestaltungen, bei denen aus der ursprünglichen Girlande ein Schwibbogen geworden ist. Solche fertigt z. B. Wolfgang Braun in Deutschneudorf an. Seine Engel haben die Besonderheit, dass sie keine Flügel tragen.[153]

Jochengel und -bergmann verbinden die Idee des Lichter- oder Schwibbogens mit der der kerzentragenden Dockenfigur. Diese Motivverknüpfung ist typisch für das Erzgebirge, und so lag es nahe, auch die Leuchterspinne mit Engelsfiguren zu vereinigen. Ein →Schwebeengel aus der zweiten Hälfte des 19. Jahrhunderts im Dresdner Museum für Sächsische Volkskunst hält in der rechten Hand eine solche Bergspinne mit fünf Armen aus Messingdraht und in der anderen Hand als Gegengewicht einen geschnitzten Blumenkorb.[154]

Günter Reichel in Pobershau schuf in unseren Tagen einen Lichterengel, der eine Spinne – mit glockenförmigen „Baumeln" – auf der Krone trägt als Nachbildung einer alten Figur aus dem Museum für Sächsische Volkskunst (s. Abb. 52).

# Kranz- und Kronenengel

Der paarweise mit dem Bergmann auftretende Lichterengel trägt üblicherweise eine Krone, die dem bergmännischen Schachthut angepasst ist (→Leuchterpaar Engel und Bergmann). Einzeln auftretende Engel, vor allem aus dem 19. Jahrhundert, tragen „echte" Kronen, wie zum Beispiel ein Girlandenengel aus Schneeberg von etwa 1850 (→Jochengel) oder ein Lichterengel vom Ende des 19. Jahrhunderts, der im Museum für Sächsische Volkskunst in Dresden zu bewundern ist. Die Krone ist hier durch Einkerbungen angedeutet und auf ihr trägt der Engel einen zusätzlichen Lichterkranz mit zwölf Kerzen, sodass auch von einem Kranzengel gesprochen werden kann.[155] Karl Ewald Fritzsch (1894–1974) veröffentlichte das Foto dieses oder eines nahezu identischen Engels mit dem Hinweis, er sei in Ober-

wiesenthal angeblich von der Hand eines Waldarbeiters entstanden, gibt allerdings den Standort dieses Engels nicht an.[156]
Die Vorbilder wirken lange nach. So schuf Elke Bullert (1991) einen kranztragenden Engel als Illustration für Manfred Pollmers Lesebuch „Wenn hubn bei uns Weihnachten is", der diesen Engeln ähnelt, aber weniger Kerzen auf seinem Kranz trägt.[157]
Die Krone hat sich beim so genannten Jöhstädter Lichterengel erhalten, der allerdings ohne Lichterbogen auftritt, aber mit seiner deutlich herausgearbeiteten offenen Krone einen anderen Charakter hat als die Engel mit dem „Schachthut". Auch sonst weist der Jöhstädter Lichterengel einige Besonderheiten auf. Seine Flügel sind nach unten gerichtet. Dazu kommen Blattmetallvergoldung und die Beimischung von Quark zu den Farbpigmenten (sog. Kassimpera). Bei Kerzenschein ergibt sich ein warmer, anheimelnder Eindruck.[158]

*53*
*Vermutlich einmalig ist der →Kranzengel wie hier abgebildet (Zeichnung von Paul Ernst Rattelmüller), der die Idee des Lichterengels mit der des Adventskranzes verbindet. Dieser Engel steht als „Fußengel" auf einem abgestuften Podest und nicht walzenförmig auf dem Boden.*
*Mit dem →Jochengel besteht eine enge Verwandtschaft.*

*54*
*Engel mit offener Krone und reich dekorierter Kleidung (teilweise neu bemalt); mit Bergmann als Paar aufgestellt. Solche offenen Kronen tragen auch die Jöhstädter Lichterengel (s. Text).*
*Holz, gedrechselt, Arme, Füße und Haare aus Teig.*
*Höhe: 31 cm.*

*55*
*Kronenengel und Bergmann von Louis Gläßer, Seiffen, Holz, gedrechselt, Füße Teig, um 1930.*

45

# Leuchterpaar Engel und Bergmann

*Iech sah an Fansterbraatel
ne grußen Lichterbugn.
Der Bargma un der Engel
sei aah miet aufgezugn.*

Manfred Pollmer ([\*]1922)[159]

Die Verbindung von Engel und Bergmann ist ebenso alt wie der Bergbau im Erzgebirge. Wer

56
*Engel mit „gezackter" Krone als Kopfbedeckung; zum Vergleich Bergmann mit Schachthut. Familie Timmel, Kühnhaide, Holz, gedrechselt, Arme, Füße und Applikationen aus Teig. Engel Höhe: 40 cm, um 1900.*

46

sich das Gemälde von Hans Hesse (1491–1521) auf dem Knappschaftsaltar in der Sankt Annen Kirche zu Annaberg näher betrachtet, entdeckt darauf u. a. die Danielslegende als Bildgeschichte. Gezeigt wird, wie Daniel auf einer Leiter steht und vergeblich in den Zweigen eines Baumes nach dem Nest mit den silbernen Eiern sucht, von dem er geträumt hat. Dieser Traum ist am Bildrand im oberen linken Teil dargestellt. Ein geflügelter Engel spricht zu Daniel und weist auf einen Baum. Hier soll er fündig werden. Dem vergeblich suchenden Daniel nähert sich abermals ein Engel. Er schwebt von rechts oben heran und weist mit dem rechten Zeigefinger auf den Fuß des Baumes. Dort beginnt der Knappe als Gehilfe Daniels das Erdreich aufzuhacken und wird fündig.

Auch die Verkündigung des Engels nach Lukas 2, 10 „Siehe, ich verkündige euch große Freude" wurde im Bergbau seit jeher in Verbindung mit der Verkündigung neuen „Bergsegens" gebracht. Diese Überlieferung ist in der Bergbauregion immer lebendig gewesen,[160] sodass sich die Verbindung der beiden Lichterträger zu einem Figurenpaar offensichtlich beinahe wie von selbst ergab.

Engel und Bergmann wurden möglicherweise nicht von Anfang an paarweise hergestellt, sondern nebeneinander aufgestellt und erst später paarweise produziert. Dabei wurde die Krone des Engels dem bergmännischen Schachthut – wohl aus Vereinfachungsgründen – angeglichen. Mit dem steigenden Bedarf an Lichterträgern für die immer mehr an Bedeutung gewinnenden häuslichen Weihnachtsfeiern entwickelte sich in Seiffen eine Massenproduktion.[161]

Offensichtlich ließen sich Seiffener Drechsler von den Nürnberger

Rauschgoldengeln anregen, die sie mit der Puppendocke zu einer neuen Figur verschmolzen.[162] Rauschgold ist die Bezeichnung für dünne Folien, die durch Hämmern aus gewalztem Messingblech hergestellt werden.[163] Manche der Rauschgoldengel trugen bereits eine walzenförmige Krone und eine Girlande.

Die Technik der Herstellung wurde immer mehr verfeinert. Teigarme und -füße wurden vom Holz abgelöst. Die figürliche Darstellung und ornamentierende Bemalung veränderten sich mit der Zeit und mit den Moden. Im 20. Jahrhundert wurden neue, klare Stilelemente charakteristisch, wobei sich in Seiffen Entwürfe der Fachschule auswirkten.[164]

Verschiedentlich haben Autoren die Engelsfigur als „Bergmannsfrau" gedeutet. Dabei mögen ideologische Gründe eine Rolle gespielt haben. Dass in den Jahren der DDR der Engel völlig zur neutralen →„Jahresendfigur" umgedeutet werden sollte, dafür finden sich in der Fachliteratur keine Belege. Die sorgfältige Analyse von Fritzsch, die ja in der DDR veröffentlicht wurde und deren Folgerungen von anderen Autoren übernommen wurden, spricht eher dagegen.

Weil Fritzsch sich in einem ersten Aufsatz[165] auf die Figur des Bergmanns als Lichterträger konzentriert hatte, veröffentlichte er etwas später einen weiteren Aufsatz „Zur Entwicklungsgeschichte des Lichterengels" mit wichtigen Ergänzungen zum Thema. In seinem zweiten Aufsatz relativiert Fritzsch seinen Hinweis auf den Rauschgoldengel als unmittelbares Vorbild und verweist auf die Mode des Biedermeiers, deren Taillenschnitt und walzenförmige Form der langen Kleider „den Drechsler zur Nachgestaltung reizten."[166]

Nach Gerhard Heilfurth (*1909) bleiben im erzgebirgischen Engel von der „himmlischen Erscheinung" nur die Flügel übrig und er wird „vor allem durch die aufgemalte Schürze" zur „irdischen Jungfrau". Damit verliert er „noch immer nicht den transzendenten Schein" ... „und in seinem Glanz steht auf der anderen Seite auch die Arbeitergestalt des Bergmanns."[167]

Zu den schlichten geschnitzten oder gedrechselten Engeln und Bergmännern, die ein oder zwei Kerzen tragen, haben sich zahlreiche Sonderformen herausgebildet, und zwar sowohl für Engel wie für Bergleute. Zunehmend treten diese Figuren paarweise auf (→Bergmann, →Glockenengel und -bergmann, →Jochengel, →Steiger). Eine eigene Geschichte haben die →Schwebeengel, aber auch die →Engelmusikanten und parallel zu diesen die →Bergparaden mit der →Bergmusik.

57
*Engel und Bergmänner wurden oft in gleicher Gestaltung, aber in mehreren Größen angefertigt. Hier ein Paar in mittlerer Größe, links daneben ein kleiner Engel in ganz ähnlicher Bemalung.*
*Typisch für die frühen Stücke sind die noch sehr unterschiedlich gedrechselten Kerzentüllen.*
*Familie Timme, Kühnhaide, Holz, gedrechselt, Arme und Füße Teig. Engel in der Mitte: Höhe: 31 cm, um 1900.*

47

# Lichterhäuschen

*Ich waß e klaas Haisel
do drubn of der Höh,
do drubn of der Höh.
Do liegt immer in Winter
ne gruße Windweh,
ne gruße Windweh, of der Höh.*

Anton Günther (1876 – 1937)[168]

Ernst John beschreibt 1909 die erzgebirgische Weihnachtsstube wie folgt: „Hoch über dem Ganzen schwebt an der Decke der holzge-schnitzte Weihnachtsengel mit Spruchband, vergoldeter Schärpe und goldenen Flügeln, der ringsum mit Dillen tragenden Drähten umgeben ist oder auch nur zwei Lichter in den Händen trägt. Zur Erhöhung des Lichterglanzes werden Engel mit Lichtern an die Fenster gestellt, auf die Schränke Lichterhäuschen, auf die Fensterstöcke Lichter tragende Figuren oder auch nur Lichter, die mit ihrem Schein das nächtliche Dunkel erhellen und so dem ganzen Dörfchen ein festliches Gepräge geben. Die kleinen aus Papier gefertigten Lichterhäuschen, deren Fensteröffnungen mit buntem Seidenpapier verklebt sind, hängt man auch an die Decke und erfreut sich dann abends an den verschiedenen Licht- und Schattenwirkungen, die die um sich selbst drehenden und im Innern erleuchteten Gebilde geben."[169]

Solche Lichterhäuschen sind noch heute im Erzgebirge weit verbreitet und haben unter anderem ihren Platz auf dem →Fensterbrettl gefunden. In der Literatur zum erzgebirgischen Weihnachtsfest kommen sie allerdings nur am Rande vor. Umso verdienstvoller, dass Helmut Flade in Olbernhau den Spuren der Herstellung der Lichterhäuser nachgegangen ist und ihnen zwei Seiten in seinem großen Buch „Olbernhau" widmet. Die ersten kleinen Produktionsstätten sind danach von 1898 an nachweisbar. Begonnen wurde mit relativ kleinen Papphäuschen, aus denen größere Häuser entwickelt wurden, in die

*58*
*Die Oberneuschönberger Kirche als Lichterhaus mit Kurrende (rechts vorn), ein Modell der Firma Birgit Uhlig, Olbernhau, das im Handel zu haben ist. Die 1695 eingeweihte Barockkirche der böhmischen Exulantengemeinde zeichnet sich durch ihre klare Architektur aus. Eindrucksvoll steht sie bei Olbernhau auf einem Felssporn über dem Flöhatal. Sie diente und dient verschiedenen „Häuselmachern" als Vorbild für kleinere und größere Gestaltungen.*

48

man zur Beleuchtung eine Wachskerze stellen konnte. Auch gab es Kirchen und Kapellen zum Beleuchten. Der letzte der kleinen Betriebe stellte 1964 seine Produktion ein, aber sie wurde in der Olbernhauer Wachsblumenfabrik im späteren Stammhaus des VERO-Betriebsverbandes ab 1965 weitergeführt und Lichterhäuschen wurden auch zum beliebten Exportartikel. Dazu beigetragen hat sicher die um 1970 entstandene Seiffener Kirche als Lichterhaus mit elektrischer Beleuchtung. [170]

Drei kleine, nach der Wende neu gegründete Werkstätten führen die Tradition fort. In liebevoller Handarbeit werden die Häuser noch heute traditionell aus Pappe hergestellt. Neuerdings gibt es auch Lichterhäuschen, zum Beispiel in Form der Seiffener Kirche, in der Mitte eines mit elektrischen Kerzen besteckten Schwibbogens, die damit einen doppelten Lichteffekt erzielen.

Anleitungen zum Bau eines Lichthäuschens finden sich im Weihnachtsheft der Arbeitsschule vom Dezember 1929. Darin wird ausdrücklich darauf hingewiesen, dass die Kinder im Erzgebirge solche Häuschen anfertigten und über ein brennendes Lichtchen eine kleine Glühbirne setzten oder ein glimmendes →Räucherkerzchen stellten (→Räucherfrau – Räuchermann – Räucherhaus). Empfohlen wird für diesen Zweck die Verwendung von Halbkarton, Pappe oder Holz. [171]

Im gleichen Heft berichtet ein Lehrer aus Falkenstein im Vogtland aus seiner Kindheit im Erzgebirge, wie er und andere Buben es gewohnt waren, schon am Heiligen Abend die Dorfstraße zu durchstreifen und ausfindig zu machen, wo „es am schönsten brannte". Dabei hatten es ihnen Lichterhäusel und Drehhäusel besonders angetan. In dem Bericht gibt er Anweisungen zur Herstellung dieser Häuser aus Pappe und liefert gleich die Vorlage mit (Abb. 61). Im Drehhäusel verbindet sich die Idee des Lichterhauses mit der der →Pyramide. [172]

Beim Lichterhäuschen handelt es sich um eine Spielart der – neben der „Männelmacherei" im Erzgebirge schon immer heimischen – „Häuselmacherei". Neben billiger Massenware entstanden immer wieder detailgerecht gestaltete kostbare Einzelstücke, entweder als größere, zum Teil beleuchtbare Modelle, wie auch als naturgetreues kleines Bauern- oder →Bergmannshaus (→Häuselmacher). Eine eigene Lichterhaus-Tradition hat Wolkenstein. Das dortige Museum verfügt über mehrere große Stücke aus Holz aus der 2. Hälfte des 19. Jahrhunderts.

In den heutigen Lichterhäusern lebt unter anderem die Tradition der Adventskirchen fort, wie sie E. Preusche für den Raum Zinnwald 1936 belegt. [173]

Eine weitere Verbindungslinie führt von der Häuselmacherei zur Herstellung von Modellhäusern für Eisenbahnanlagen, wie sie bei der VERO zum Beispiel Manfred Seidel und Gerhard Weiß entwarfen (→Eisenbahn). [174]

**Fig.1**

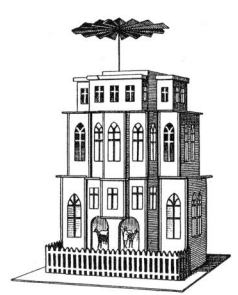

**Fig.2**

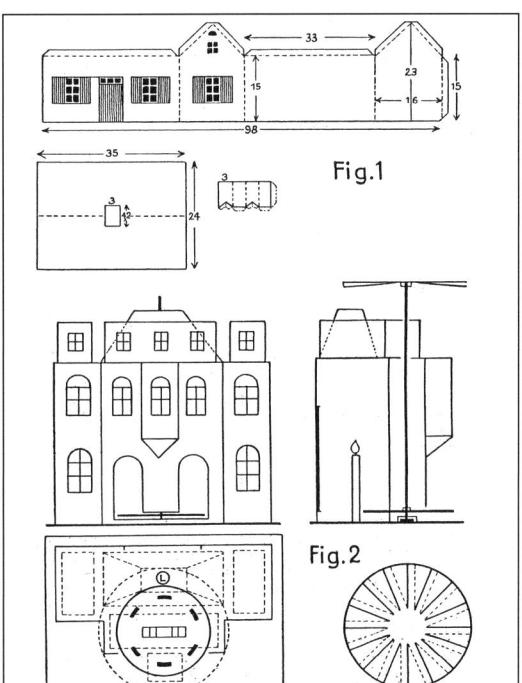

59–61
*Ein Lichter- und ein Drehhäuschen zum Selberbauen aus dem Weihnachtsheft der „Arbeitsschule" um 1929. Wer die Häuschen nachbauen will, braucht sich nur unsere Abbildung als Vorlage vergrößert herauszukopieren.*

# Liedpostkarte

Die Verbreitung erzgebirgischer Volks- und Weihnachtslieder ist unter anderem der für die Region typischen Liedpostkarte zu verdanken, deren Form auf zwei erzgebirgische Volkssänger zurückgeht, die von ihrem erlernten Beruf her die Voraussetzungen dafür mitbrachten, die Karten bildnerisch selbst zu gestalten. Hans Soph (1869–1954) war gelernter Porzellanmaler, Anton →Günther gelernter Lithograph, war also darin ausgebildet, ein Sujet auf einen Lithographiestein als Druckträger zu bringen (→Mundartdichtung).

Notenschrift, Text und Bild verschmelzen auf diesen Karten zu einer Einheit. Die Rückseite ist nach den amtlichen Vorschriften als Postkarte gestaltet. Ansichtskarten waren seit 1890 zum Postversand zugelassen und Anton Günther begann wohl um 1895 seine Lieder – zunächst für sich – aufzuzeichnen. Von seinen 130 Liedern in erzgebirgischer Mundart erschienen lediglich acht nicht auf Postkarten.

Liedpostkarten erinnern an die Liedflugblätter, die zumeist mit sangbarer revolutionärer Lyrik zuerst in der Reformationszeit, später auch in anderen Epochen der publizistischen und öffentlichen Auseinandersetzung dienten.[176]

Die Anzahl der Liedpostkarten wird auf 500 bis 600 Titel, die Gesamtauflage auf cirka 200 000 Exemplare geschätzt. Sie erschienen in einem Zeitraum von rund 50 Jahren. 90 % von ihnen entfielen auf das Erzgebirge, 10 % auf Karten in vogtländischer Mundart. Eine kleine Liedpostkartenproduktion gab es in der Lausitz (→Nachbarregionen). Die Karten wurden teils im Selbstverlag der Autoren herausgegeben, von denen einige – wie Hans Soph und Anton Günther – ihre eigenen Komponisten waren, teils bei Hofmeister in Leipzig, Wilhelm Vogel in Schwarzenberg und in ande-

*62*
*Der Text des Liedes, entstanden um 1907, stammt ebenso wie die Melodie von Anton Günther*

50

ren Postkarten- oder Eigenverlagen. Durch dieses Medium verbreiteten sich auch die Winter- und Weihnachtslieder der Volkssänger schnell. Die Blütezeit der Liedpostkarten waren die ersten Jahrzehnte des 20. Jahrhunderts.

Die meisten Liedpostkarten erschienen mehrfarbig, also als Chromolithographie, und sind heute begehrte Sammelstücke. Einige Motive liegen in Reprints vor, in einigen Fällen ohne als solche gekennzeichnet zu sein.[177] Die erste Veröffentlichung zum Thema ist Manfred Blechschmidt zu danken. Er brachte das Ergebnis seiner Untersuchungen im Jahre 1980 in Ostberlin heraus.[178] Darauf fußend erschien zwei Jahre später in einer westdeutschen Fachzeitschrift ein entsprechender Aufsatz. Auch in der DDR blieb die Liedpostkartentradition erhalten und es erschienen eine Reihe von Liedmappen.[179]

Der als „Pflegestätte obererzgebirgischer Volkslieder" bezeichnete Berggasthof „Neues Haus" in Oberwiesenthal hat eine klingende Ansichtskarte mit Erzgebirgsliedern herausgebracht. →Anton Günther trat wie schon sein Vater in diesem Haus auf.

63
*Liedpostkarte mit dem beliebten und bekannten Rachermannel-Lied des Olbernhauer Lehrers, Kantors und Organisten Erich Lang (→Räucherfrau – Räuchermann – Räucherhaus), eines der späteren Beispiele dieser Gattung. Das Lied wurde 1937 uraufgeführt.*

# Mauersberg

**Der besondere Tipp:**

Jürgen Helfricht:
Dresdner Kreuzchor und
Kreuzkirche.
Eine Chronik von
1206 bis heute.
Husum:
Husum Verlag 2004.

*Suchst du deiner Kindheit Wunderland,
das dir unterging in harten Jahren,
musst ins Erzgebirge du
zur lichterfrohen Weihnacht fahren.*

Heinrich Anacker (1860–?), zitiert nach dem
Programm der Gesamt-Uraufführung des
Chorzyklus u. „Erzgebirge".[180]

Es sprengte den Rahmen dieses Buches, sollten
all die vielen Städte und Gemeinden ein eigenes
Stichwort erhalten, in denen erzgebirgische
Weihnachtstradition lebendig ist. Für die kleine Gemeinde Mauersberg darf eine Ausnahme
gelten. Ihren Namen tragen zwei ihrer Söhne,
die für die eigenständige Musikalität des Erzgebirges stehen, weltweit wirkten und sich in
ihrer Arbeit immer wieder auf ihre Heimat
und deren Tradition bezogen: die Brüder Rudolf (1889–1971) und Erhard (1903–1982)
Mauersberger.
Rudolf Mauersberger amtierte von 1930 bis zu
seinem Tode im Jahre 1971 als 25. Kreuzkantor
in Dresden, sein Bruder von 1950 bis 1960 als
Direktor der Thüringer Kirchenmusikschule
in Eisenach und von 1961 bis 1972 als Thomas-
kantor in Leipzig.
Besonders eng verbunden blieb Rudolf Mauersberger mit seinem Geburtsort und mit der
Volkskunst des Erzgebirges. Sein Leben lang
sammelte er entsprechende Stücke. Er bastelte
als echter Erzgebirger auch selbst, wobei ihm
originalgetreue Nachbildungen alter Gebäude
am liebsten waren. „Sein Glanzstück aber war
das Heimatdorf, in vielen Jahren – von Kirche
und Schule ausgehend – zum vollen Umfang
von 15 qm angewachsen"[181], das heute im Muse-

um Mauersberg steht. Kreuzschüler haben anschaulich berichtet, welche Auszeichnung es für
sie war, am Entstehen seiner Bastelwerke in seiner Dresdner Wohnung mitwirken zu dürfen.[182]
Mauersberger konnte seine Sammlung und die
eigenen Basteleien vor der Zerstörung am
13. Februar 1945 in Dresden retten, weil er sie
buchstäblich in letzter Minute auf dem Land
bei Verwandten und Kruzianereltern in Sicher-
heit gebracht hatte. Später schuf er sich in Dres-
den-Oberloschwitz ein Häuschen mit einem
privaten Heimatmuseum. Den ihm 1955 verlie-
henen Nationalpreis der DDR verwendete er
dazu, in seinem Geburtsort eine Kapelle im Stil
der alten Wehrgangskirche zu errichten, die
1890 einem neugotischen Bau weichen musste.

64
*Der Kreuzkantor
sammelte sein Leben
lang erzgebirgische
Weihnachtskunst und
bastelte selbst leiden-
schaftlich gern.
→Pyramide von 1893
aus der Erzgebirgs-
sammlung Rudolf
Mauersbergers.
Mauersberger
Museum, Mauersberg.*

Die Erzgebirgssammlung von Rudolf Mauersberger hat ihren Platz in dem alten Vereinslokal gefunden, in dem der Vater Oswald der Brüder Mauersberger als Mauersberger Kantor bis 1930 seine Chorproben abhielt. Das Gebäude gehört heute der Gemeinde und das Museum wird von einem Freundeskreis unterstützt.[183] Mittelpunkt der Sammlung sind die erwähnte große Bastelarbeit „Mauersberg im Winter" und ein Modell der von ihm wiedererrichteten Kirche in der „Pfefferkuchenstube". Beim Aufbau des Museums wirkte die Schnitzergruppe der Gemeinde Mauersberg tatkräftig mit.[184]

Die heimatliche musikalische Tradition Mauersbergers hat Eingang gefunden in seine Arbeit mit dem Kreuzchor, in seinen →„Weihnachtszyklus der Kruzianer" nach Texten von Kurt Arnold Findeisen (1883–1963) und in den Chorzyklus „Erzgebirge", der Lyrisches und Mundartliches u. a. aus der Zeitschrift „Glückauf" des →Erzgebirgsvereins verbindet (→Quempas – Verkündigung – Weissagung).

65
*„In dieser Kirche war mein Vater Kantor", erklärt Professor Mauersberger. – Kruzianer halfen dem Kreuzkantor, nach alt-erzgebirgischem Brauch sein selbstgeschaffenes Miniatur-Heimatdorf in seinem Dresdner Dienstzimmer aufzubauen.*

Gelegentlich wirkten die Brüder zusammen, so bei einem Kirchenkonzert zum 450. Jubiläum der Stadt Annaberg im Jahre 1946. Rudolf dirigierte den Kreuzchor, sein Bruder Erhard saß an der Orgel.[185]

Rudolf Mauersberger liegt in seinem Heimatort Mauersberg begraben; dort steht für ihn ein Gedenkstein an der Kirchenmauer. Sein Bruder Erhard Mauersberger liegt auf dem Leipziger Südfriedhof.

Eine Besonderheit in Mauersberg ist das Bornkinnel. Es ist freilich erst 1990 entstanden. Die Kirche von Mauersberg besaß eine der schönsten Figuren dieser Art. Sie wurde beim Abbruch der alten Kirche im Jahre 1889 versteigert und gelangte später in das Erzgebirgsmuseum von Annaberg. Rudolf Mauersberger holte sie in seinen Heimatort zurück. Aus der hauptsächlich für kirchenmusikalische Veranstaltungen vorgesehenen, von Mauersberger errichteten Kreuzkapelle wurde sie 1971 gestohlen. Sie trug in der rechten Hand einen Palmzweig, in der linken die Weltkugel mit dem Kreuz. Karl-Heinz Schaarschmidt (*1940) schuf nach einem Foto der gestohlenen Figur 1990 ein neues Bornkindel, ganz dem alten nachempfunden, das Antlitz aber nach eigener Empfindung gestaltet. Die Figur ist mit einem weißen Hemdlein unter einem roten Mantel bekleidet und wurde von Manfred Nestler aus Mildenau bemalt. Sie grüßt von einer Konsole gegenüber der Kanzel.[186]

53

# Moosmann

*Bergmoa, Muesmoa, Raachermoa,*
*ach, wie gern schau iech eich oa,*
*wall ihr Haamet mir bedatt,*
*horch, de Glock Weihnachten latt.*

Aus einem vogtländischen Weihnachtslied[187]

66
*Mit dem umgehängten Gewehr erinnert diese vogtländische Moosmannfigur an den sächsischen Volkshelden →Stülpner-Karl, Holz, geschnitzt, Pappe, Knöpfe, Zapfen, Moos. Höhe: 52 cm.*

54

Der Moosmann ist im benachbarten Vogtland (→Nachbarregionen) und nicht im Erzgebirge zu Hause. Aber das hindert ihn nicht, über die Grenze zu kommen. So gab es Einzelstücke in Eibenstock und bei Bockau.[188] Einer der Moosmänner hält eine Pyramide, die mit Seiffener Spielzeug – darunter der Seiffener Kirche – bestückt ist.[189] Im Erzgebirgsmuseum Annaberg-Buchholz steht eine Geduldflasche mit einer Bergwerksdarstellung, die über drei Etagen geht. In der Mitte der mittleren Ebene ist ebenfalls ein Moosmann zu entdecken. Diese Geduldflasche, ganz erzgebirgischen Charakters, kommt aus Gottesberg im Vogtland, also aus dem Grenzgebiet zwischen den beiden sächsischen Regionen. Die Figur wurde 1869 geschaffen.[190]

Wer aber ist nun dieser Moosmann? Manfred Blechschmidt nennt ihn einen „Vetter" des erzgebirgischen Lichterbergmanns.[191] In der Tat tritt er in der Regel als Lichterträger auf, entweder mit einer Kerze oder einem „Drehturm", wie im östlichen Vogtland die →Pyramiden heißen. Aber es gibt auch Moosmännel ohne Licht und – um die Verwirrung zu steigern – Moosfrauen oder Moosweibel. Ihren Ursprung haben diese Figuren im vogtländischen Sagengut. Als Weihnachtsfigur tritt ein Moosmann zum ersten Mal 1840 in einem volkstümlichen Gedicht von Friedrich Eimert aus Falkenstein auf. Als erster geht Ernst Köhler 1867 der Figur volkskundlich nach.[192] Technisch gesehen, gibt es gebastelte und geschnitzte Moosmannfiguren. Die gebastelten beruhten auf dem so genannten

„Bankert", einem einfachen Holzskelett, das mit Pappe umkleidet wurde. Darauf wurde frisches Waldmoos aufgeleimt.[193] Solche Figuren trugen manchmal einen Puppenkopf aus Porzellan oder Zelluloid. Geschnitzte Moosmänner erinnern von Ferne an die lichttragenden Bergleute aus dem Erzgebirge.

Eine Besonderheit sind vergoldetes Laub oder vergoldete Zapfen, die den Figuren beigegeben sind, und drei Kreuze, die in den Sockel der Figur oder eine daneben stehende Baumwurzel eingeschnitten wurden. Hier tritt die Sagenherkunft deutlich zu Tage: Moosmännel und Moosweibel belohnen arme vogtländische →Waldleute mit Gaben, die sich zu Hause auf wundersame Weise in Gold verwandeln. Nach der Sage stellt der Wilde Jäger den hilfreichen Figuren aus der Waldeinsamkeit nach, wie dies zum Beispiel Heinz Leonhardt in Ellefeld 1963 in einer Figurengruppe dargestellt hat. Ein Baum mit drei Kreuzen beschützt die beschenkte Holzsammlerin. Die Schnitzerei ist im Museum Falkenstein zu sehen.[194]

Als Altmeister vogtländischer Moosmannschnitzerei gilt Louis Bley (1881– 1971), der unter anderem Moosmänner mit Drehtürmen schuf.[195]

Eine gewisse Verwandtschaft besteht zum Pflaumentoffel, denn Köhler (s. o.) berichtet, dass arme Kinder in Reichenbach Moosmänner bastelten, um sie auf dem Christmarkt feilzubieten (→Pflaumentoffel; →Striezelmarktkinder).[196]

Enger verwandt als mit dem Lichterbergmann scheint das Moosmännel mit dem Tannenzapfenmännel aus der Flöhaer Gegend zu sein, das ebenfalls als Lichterträger diente[197] (→Wurzel- und Zapfenmännchen).

67
*Vogtländischer Moosmann mit Puppenkopf und Hut, am Drehturm stehend.*
*Hersteller unbekannt, Figurenhöhe: 65 cm, Staatliche Kunstsammlungen Dresden, Museum für Sächsische Volkskunst.*
*Aquarell Franz Franke, Katalog zur Ausstellung „Deutsche Volkskunst", Dresden 1952.*

# Mothsgung

**Der besondere Tipp:**

*Mothgungel auf Bestellung liefert der 1961 in Annaberg geborene freischaffende Künstler Ray Kunzmann. Die Figuren werden nach alter Tradition gefertigt.*

Ray Kunzmann
Elterleiner Str. 12
Waldhaus
09481 Scheibenberg

*Dem geheimen Wunsch des einfachen Mannes aus dem Volke, daheim in seiner Stube auch ein solches „Weihnachtskind" zu haben, konnte mit der „Erfindung des Mothsgungels" Rechnung getragen werden.*

Fritz Josiger, einst Kantor in Markersbach in der Wochenzeitung „Der Sonntag", Weihnachtsausgabe, um 1980.

Mothsgungen sind eine Besonderheit der Bergstadt Scheibenberg und sonst im Erzgebirge nicht anzutreffen. Ihre Geschichte ist erst seit jüngstem erforscht, und zwar durch Claus Leichsenring, auf dessen Ausführungen sich dieses Stichwort weitgehend stützt.[198]
Ein Mothsgungel ist „eine an die Bornkinnel-Figuren erinnernde Knabengestalt, schwarzhaarig, mit einer goldenen Schärpe um die Lenden, in beiden Händen grüne Lichtertüllen haltend und auf einem grünen Sockel stehend. Die Figur konnte man in drei verschiedenen Größen erwerben, die größte auch als Schwebeengel gestaltet". So Leichsenring. Nach Ray Kunzmann (s. u.) waren die Mothsgungl zunächst hautfarben mit blauer Schürze, ehe sie mehr und mehr in Weiß dargestellt wurden, wohl unter Einfluss von →Bornkindlfiguren.
Es wird vermutet, dass Putten – also kleine Schwebeengel in Kindergestalt – bei dieser Figur Pate gestanden haben. Diese Putten entstanden in Italien in Anlehnung an die gotischen Kinderengel, waren ein Lieblingsmotiv der Renaissance und fanden weitere Ausbreitung im Barock und Rokoko.[199] In diesen im Freiberger Dom und erzgebirgischen Dorfkirchen anzutreffenden Engeln ist ja wohl auch der Ursprung der von Grete Kühn geschaffenen →Engelmusikanten zu sehen. Die Vorbilder für die Mothsgungel werden auch im Böhmischen vermutet, zumal die Bezeichnung „Prager Engel" dafür anscheinend verbreitet war. Solche Figuren sollen schon um 1780 im Böhmerwald (aus Holz, primitiv geformt), im Raum Pilsen (Egerland, aus Pappmaché) und in Prag (aus Ton geformt) anzutreffen gewesen sein. Als erstes Christkind überhaupt werden Mothsgungel ab 1818 in Scheibenberg in Serie gefertigt.[200] Die Figuren wurden nicht nur zur Weihnachtszeit verehrt, sondern galten das ganze Jahr als Glücksbringer.
Fabrikationsort war die 1814 gegründete Scheibenberger Tonofen- und Tongefäßfabrik. In ihr produzierte der aus der schlesischen Töpferstadt Waldenburg stammende Otto (?)

*68*
*Großer stehender Mothgung aus Papiermaché, Privatbesitz. Höhe: 50 cm, 19. Jh.*

Kuntze oder Kunze Figuren aus Papiermaché. Die Fabrikation umfasste Tierfiguren, zu denen später auch Massefiguren für Christusgeburten, Weihnachtsberge und Pyramiden traten.

Kuntze verließ 1840 Sachsen. Der Schuhmachergeselle Friedrich Gottlieb Mothes führte ab 1848 die Figurenherstellung in dem Zechenhaus der Grube „Beständige Einheit Fundgrube" fort. Seine Erzeugnisse verkaufte er im eigenen Haus, aber auch auf dem Chemnitzer Niklasmarkt, den er mit dem Schiebbock aufsuchte und wo er einen eigenen Stand unterhielt. Die Figurenherstellung wurde von seinem zweiten Sohn, dem Posamentiermeister Karl Mothes, als Nebenerwerb fortgeführt und dessen Sohn betrieb sie bis 1949 weiter. Die Produktion durch die Familie Mothes war so populär, dass sich ihr Name auf die Figur übertrug. Die einfache und gewiss seinerzeit preiswerte Pappmaché-Figur wurde nicht sakral verwendet, sondern diente dem Privatgebrauch.[201]

Als Karl Mothes 1952 starb, wurden die etwa 60 vorhandenen Formen vom Erbverwalter zerschlagen, weil das Familiengeheimnis der Figurenherstellung nicht preisgegeben werden sollte. Glück im Unglück: Werner Dorias, ein entfernter Nachfahre der Mothes-Familie, kaufte das historische Zechenhaus und fand darin einen Pappkarton mit ausgesonderten Gipsformen. Es gelang ihm, damit wieder Mothsgungl herzustellen.

Inzwischen hat Ray Kunzmann die gewerbliche Produktion dieser Figuren aufgenommen. Jedes Mothsgungel wird von ihm auch heute noch einzeln von Hand gefertigt, und zwar auf Bestellung entweder nach der Original- oder einer modifizierten, im Gewicht leichteren Rezeptur.

An diesem Beispiel zeigt sich eine Eigenart des Erzgebirges: Traditionen können eine Zeit lang im Vergessenheit geraten, sind aber so verwurzelt, dass sich immer wieder Menschen finden, die sie aufgreifen und neu beleben.

# Mundart

*Weil's Vögele singt, wie sei Schnabele stieht,*
*nooch seiner Art e jeds Blümele blüht,*
*will ich aah singe, weils an besten e su gieht,*
*wie mir der Schnabel halt stieht.*

Anton Günther (1876–1937)[202]

Es gibt keine „erzgebirgische" Mundart. Der unterschiedlichen historischen, sozialen, ökonomischen und kulturellen Entwicklung entsprechend umfasst das Erzgebirge drei eigenständige Mundartlandschaften: Westerzgebirgisch, Westliches Osterzgebirgisch, Östliches Osterzgebirgisch, dazu kommen das Vorerzgebirgisch im Chemnitzer Raum sowie das Süd- und Ostmeißnische in den angrenzenden Räumen, die z. T. noch zum Erzgebirge zählen (siehe Karte).

Diese dialektgeografische Gliederung geht auf die „Sächsische Mundartenkunde" von Horst Becker zurück, der auch die Karte entnommen ist.[203] Allerdings: Wörter halten sich nicht an fest umrissene Grenzen, und so können die geografischen Angaben lediglich die Zentren der Verbreitung beschreiben.[204]

69
*Wenn diese beiden Figuren sprechen könnten, dann gewiss in einer der erzgebirgischen Mundarten: Mädchen mit Puppe, Mädchen mit Teller, dazu Blumen mit Schmetterling, Erzeugnisse der Firma Wendt & Kühn.*

Gegen Süden verlief die Dialektgrenze bis 1945 nicht entlang der Staatsgrenze zur Tschechoslowakei, sondern endete dort, „wo ehedem die Bergleute auf die schon früher sesshaften Bauern des deutschen Egerlandes gestoßen waren."[205]

In der Gliederung der Dialektlandschaften bildet sich die Siedlungsgeschichte des Erzgebirges vom 11. bis 13. Jahrhundert ab: mit einem mitteldeutschen (thüringischen) sowie einem main-fränkischen Hauptstrang von West nach Ost und dann jeweils in die Flusstäler ausstrahlend, ergänzt durch einen Siedlungsstrang aus dem nordbayerischen Raum in Süd-Nord-Richtung.[206] Dazu kamen im 15. und 16. Jahrhundert Zuwanderer aus Franken sowie Ober- und Niedersachsen, vor allem dem Harz, die der Silberbergbau ins Land lockte. Auf diese Weise entstanden die Dialektlandschaften mit Mischmundarten, wobei nicht vergessen werden darf, dass das Gebiet vor der deutschen Besiedelung – soweit erschlossen – von slawischen Sorben (Wenden) bewohnt war.[207] Betrachtet man die Siedlungsgeschichte noch differenzierter, so ergeben sich – abgesehen von der slawischen Bewohnerschaft – fünf eigenständige Siedlungsepochen.

Jeder Erzgebirger weist es weit von sich, wenn jemand von ihm behauptet, er spreche Sächsisch. Mit dieser Zurückweisung hat er recht, denn Sachsen ist „keine in sich geschlossene sprachliche Kernlandschaft", auch wenn das von Außenstehenden anders empfunden wird.[208] In Sachsen und den angrenzenden südlichen Gebieten von Sachsen-Anhalt verzeichnet die Wissenschaft insgesamt 21 Mundartlandschaften, auch dies eine Folge der Besiedlungsgeschichte (s. Karte).

Was das Erzgebirge betrifft, so stellt sich wie überall bei Mundarten die Frage der schriftlichen Wiedergabe. Vom Heimatwerk Sachsen (→Landesverein Sächsischer Heimatschutz) wurden dazu in der zweiten Hälfte der dreißiger Jahre „Richtlinien zur erzgebirgischen Mundartschreibung" aufgestellt.[209] Dennoch haben die Mundartdichter in der Regel nicht nur so gesprochen und gesungen, sondern auch geschrieben, wie ihnen der Schnabel gewachsen ist. Im vorliegenden Buch werden mundartliche Texte so wiedergegeben, wie sie die jeweilige Quelle verzeichnet.

Die erwähnten Richtlinien wurden 1938 im „Erzgebirgischen Haus- und Heimat-Kalender" veröffentlicht. Mitten im zweiten Weltkrieg erschien 1942 ein noch umfassenderes Werk unter dem Titel „Die Mundartschreibung in Sachsen". Offensichtlich gab das Germanistische Institut der Universität Leipzig unter dem angesehenen Sprachwissenschaftler Theodor Frings (1886–1968) seinen wissenschaftlichen „Segen" dazu.

Auch in der DDR wurden die Bemühungen um eine einheitliche Mundartschreibung fortgesetzt. Manfred Blechschmidt zeichnete für die 1966 publizierten „Richtlinien für die Schreibung der westerzgebirgischen Mundart" verantwortlich. Dennoch gibt es bis heute keinen erzgebirgischen „Duden".[210]

Die erste Aufzeichnung erzgebirgischer Mundart, die uns überliefert ist, stammt aus der Feder des langjährigen Scheibenberger Pfarrers Christian Lehmann (1611–1688). Als Beleg für die im Erzgebirge gesprochene Mundart hat Lehmann ein typisches Gespräch zwischen Erzgebirgsbewohnern aufgezeichnet. Zugänglich ist dieser Text in einer weit verbreiteten Mundartanthologie.[211]

Im 19. Jahrhundert entwickelte sich eine schriftlich aufgezeichnete Mundartdichtung. Eine deutliche Aufwertung des Dialekts als Sprache „des unverbildeten Volkes" und der „jeweiligen Heimat" wurde von Johann Gottfried von Herder (1744–1803) ausgelöst und von den Bildungsschichten vorangetragen, im Erzgebirge insbesondere repräsentiert durch den →Erzgebirgsverein, der zum Beispiel Anton →Günther (1876–1937) zu seiner großen Popularität verhalf.[212]

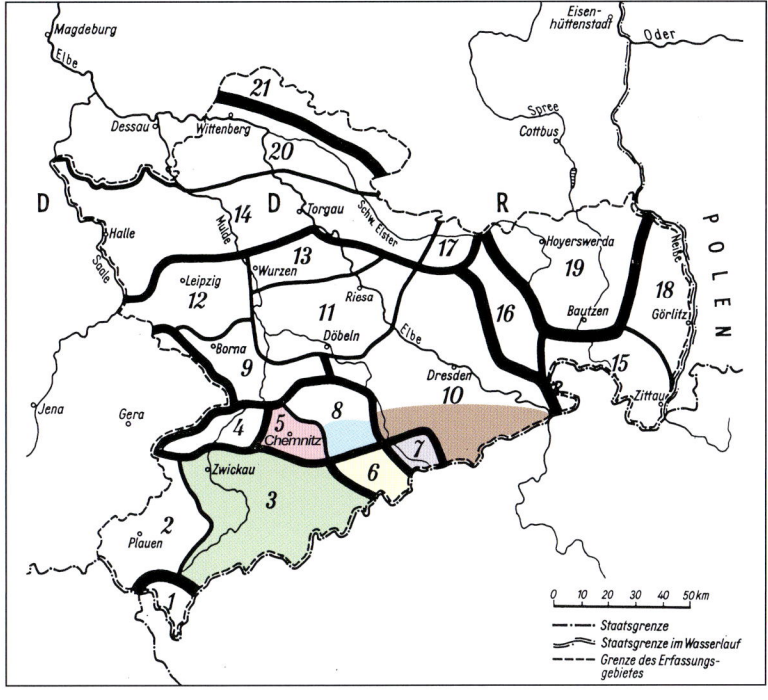

1 Nordbairisch
2 Vogtländisch
3 Westererzgebirgisch
4 Vorvogtländisch
5 Vorerzgebirgisch
6 Westl. Osterzgebirgisch
7 Östl. Osterzgebirgisch
8 Südmeißnisch
9 Westmeißnisch
10 Ostmeißnisch
11 Nordmeißnisch
12 Südwestosterländisch
13 Südostosterländisch
14 Nordosterländisch
15 Oberlausitzisch
16 Westlausitzisch
17 Schradengebiet
18 Ostlausitzisch
19 Neulausitzisch
20 Elbe-Elster-Gebiet
21 Südmärkisch

70
*Die Mundartlandschaften im obersächsischen Raum (nach Horst Becker).*

*Ein von dem 1996 verstorbenen Mundartsammler Alfred Hellmich angelegtes Mundartarchiv von ca. 40 000 niedergeschriebenen Begriffen ist noch nicht erschlossen.[216]*

In den zwanziger und dreißiger Jahren des vergangenen Jahrhunderts wurde der Begriff Mundart mit dem der Volksgemeinschaft verknüpft: „Mundart, grch. Dialekt, Benennung der Sprache einer Volksgemeinschaft im Gegensatz zur Schrift- und Hochsprache dieser Gemeinschaft."[213]

Die bewusste Pflege der Mundart hielt bis in die DDR hinein an: „Die Mundart ist die Sprache des Herzens. Wer sie spricht, schämt sich ihrer nicht. ... Die Mundart ist die Sprache der Heimat. Wer die Heimat liebt, liebt auch die Mundart und wie die Liebe zum großen deutschen Vaterland von der Heimat im sozialistischen Sinne ausgeht, so erwächst die Achtung vor der alle Deutschen in Ost und West umschließenden Hochsprache aus der Liebe zur heimischen Mundart, der Sprache der Väter, der werktätigen Menschen."[214]

„Die Mundart ist urwüchsiger, oft treffender, zuweilen gemüt- und humorvoll."[215] Das Erzgebirgische in seinen verschiedenen Ausprägungen zeichnet sich durch besondere Bildhaftigkeit aus und in ihr tritt der erzgebirgische Humor besonders deutlich zutage, zum Beispiel wenn das halbrund geschnittene Leder, das den Bergleuten zum Schutz diente und nach hinten um die Hüfte geschnallt getragen wurde, „Arschleder" heißt und dann noch diese Bezeichnung auf ein Muster beim →Spitzenklöppeln übertragen wird. Oder wenn der →Jochengel drastisch „Geweihengel" genannt wird.

Die bergbaulichen Einflüsse tragen zur Bildhaftigkeit des Erzgebirgischen wesentlich bei. Für den bildhaften Humor weihnachtlichen Singguts steht in allererster Linie das →Heilig-Ohmd-Lied, aber auch Kurt Arnold Findeisens (1883–1963) „Das lustige Weihnachtslied" (→Pfefferkuchenfrau), das freilich hochdeutsch geschrieben wurde.

59

# Nachbarregionen

So eigenständig und eigenwillig sich das Erzgebirge gibt und sich in seiner weihnachtlichen Volkskunst zeigt, so ist es ohne Bezug zu seinen Nachbarlandschaften gar nicht vorstellbar. Die gegenseitigen Einflüsse gehen hin und her, zumal sich Verwaltungsgrenzen ändern, Dialektgrenzen Übergänge bieten, Menschen in benachbarte Regionen ziehen oder aus benachbarten oder ferneren Regionen kommen und im Erzgebirge heimisch werden, wie zum Beispiel die böhmischen Exulanten im 16. und 17. Jahrhundert oder Flüchtlinge aus der Tschechoslowakei und den ehemals ostdeutschen Provinzen nach dem Zweiten Weltkrieg. Es finden sich vielerlei Bräuche, Figuren, volkstümliche Darstellungen und Lichterträger – bis hin zur als typisch erzgebirgisch geltenden →Pyramide – deshalb nicht nur in den engeren Nachbarregionen, sondern oftmals in ganz Sachsen und – wie das Beispiel der weit verbreiteten →Schwibbogen oder der →Ortspyramiden zeigt – bis weit hinein in andere Länder der Bundesrepublik.

Historisch gesehen ist es vor allem das benachbarte Böhmen, das in der Schnitz- und Krippenkunst deutlich Einfluss ausübt. Über Böhmen kommen aber auch sonstige südliche Einflüsse zur Geltung.[217] Der Zusammenhang des böhmischen und des sächsischen Teiles des Erzgebirges „wurde durch das Band der ethnisch-sprachlichen Gemeinsamkeit bis zu den zerstörerischen einschneidenden und weit tragenden Folgen der Hitler-Diktatur bewahrt. Ja, es ergab sich im Ganzen eine durchaus fruchtbare Spannungssituation in vielen Teilbereichen der erzgebirgischen Volkskultur."[218] Vergessen wir nicht, dass man auf der österreichischen Seite noch bis in die zwanziger Jahre hinein einfach vom „Erzgebirge" sprach, wenn man den südlich des sächsischen Erzgebirges liegenden Landesteil meinte.[219] Erst später ist ausdrücklich vom „böhmischen" Erzgebirge die Rede.[220]

Böhmen, Mähren und das ehemals österreichische Schlesien stellten eine eigene differenzierte und besonders fruchtbare Krippengegend dar.[221] Das Dresdner Museum für Sächsische Volkskunst hat dies 1995/96 in einer groß angelegten Ausstellung dokumentiert.[222]

Weihnachten wurde im alten Böhmen ganz ähnlich gefeiert wie im Erzgebirge.[223] Allerdings fand die →Christmette nach katholischem Ritus zur Mitternacht statt und nicht – wie im Erzgebirge – in den frühen Morgenstunden.[224]

Anton →Günther (1876–1937) als bedeutendster Mundartdichter und Volkssänger des Erzgebirges war in Gottesgab (jetzt tschechisch Bozidar) bei Joachimsthal (jetzt Jachimow) geboren und lebte dort bis zu seinem Tode, abgesehen von einigen Jahren in Prag. Den Einfluss der böhmischen Musikanten hat schon Johann Traugott Lindner (1848) wie folgt beschrieben: „Böhmen ist das Land der Musik und sie hat sich an allen Grenzorten, wo sonst reger Bergbau war, in eben dem Maßstabe erweitert und vervollkommnet, wie jener

*71*
*Von der Nachbarregion Böhmen, dem nördlichen Teil des heutigen Tschechiens, gingen wesentliche Impulse auf die Krippenkunst in der Oberlausitz und im Erzgebirge aus. Hier: Einzelfiguren aus einer Grulich-Krippe, Adlergebirge (Teil der hauptsächlich tschechischen Mittelsudeten). Höhe: ca. 10 cm, um 1900.*

72
*Wie im Erzgebirge waren böhmische Krippen oft im sogenannten „orientalischen" Stil gehalten (→Weihnachts- und Heimatberge, →Weihnachtskrippen). Krippenbild Grulich (Adlergebirge), Orientalische Stadt. Türme Holz, gedrechselt, Figuren Holz, geschnitzt, Pappe, Papier, Moos, Glimmer. Höhe: 48 cm, Breite: 69 cm, Ende des 19. Jh.*

zum Sinken kam. Pressnitz, Platten und andere Orte entsenden ganze Schaaren Musiker in fremde Länder, die oft in einem Jahre nur einmal heimkehren, um die Angehörigen zu sehen und mit Geldmitteln zu versorgen. Dieser Sinn für Musik hat sich auch weit über die Grenze nach Sachsen herein verbreitet und zur Nachahmung aufgefordert, sich den Unterhalt durch Geigen, Blasen und Pfeifen zu verschaffen"[225] (→Berglied und Bergmusik).

Die Vertreibung der Deutschen aus dem böhmischen Erzgebirge und die Abgrenzung nach 1945 war eine unmittelbare Folge des Zweiten Weltkriegs. Nach dem Zusammenbruch des Ostblocks wurde die „Euroregion Erzgebirge" gebildet. Ein sichtbares Zeichen der Zusammenarbeit in den Jahren des bevorstehenden Beitritts Tschechiens zur EG ist

zum Beispiel das Verzeichnis „Museen in der Euroregion Erzgebirge", das den Besucher grenzüberschreitend führt.[226]

Die Sächsische Schweiz schließt sich unmittelbar ans Osterzgebirge an. Grenzfluss ist die Gottleuba, die ein Gebiet durchfließt, das um 1600 durch Eisenerzgewinnung, Hammerwerke und Kunstguss bedeutend war (Berggießhübel).[227] Es gibt sogar eine Quelle, die die ursprüngliche Bezeichnung des Erzgebirges „Mirkwidi" nur auf das nordöstliche Waldgebiet des Erzgebirges, die Gegend um Gottleuba bezieht.[228] Am östlichen Rand der Sächsischen Schweiz und ebenfalls in Grenzlage zu Tschechien hat Sebnitz eine eigene weihnachtliche Volkskunst entwickelt. Von hier kommen Flachstern (→Adventsstern), Hirtenhaus und seit der Biedermeierzeit das Schattenspiel. Alle

**73**
*Sebnitzer Hirtenhaus. Sebnitz am Rande der Sächsischen Schweiz und in Nachbarschaft zu Böhmen und der Oberlausitz ist Heimat des Hirtenhauses, das sich von den Krippenhäusern herleitet, wie sie im benachbarten nordböhmischen Niederland üblich waren. Zur Biedermeierzeit entstand das bewegliche Schattenspiel (s. u.)*

**74**
*Zur Sebnitzer Weihnachtstradition gehört das Schattenspiel, eine Sonderform der →Pyramide. Gerüst von dem Sebnitzer Weber Fritz Gohmann. Die Bilder, Ornamente und Figurenstreifen zeichnete und schnitt der Sebnitzer LaienKünstler Adolf Tannert (1839–1913). Höhe: 86 cm, um 1880.*

drei „sind papierne Gehäuse mit filigran ausgeschnittenen Durchbrüchen in den Wänden. Von innen erleuchtet, zeigen sie bizarre Schatten und strahlende Bilder."[229] Ein erstes leuchtendes Transparent ist schon 1739 nachweisbar. Volkskundler betrachten das Schattenspiel als Sonderform der Weihnachtspyramide.[230] Ein Meister der Kunst der Schattenspiele und des Scherenschnitts war Adolf Tannert (1839–1913), der aus Bad Schandau an der Elbe, also mitten aus der Sächsischen Schweiz stammte. Ein „Großes Schattenspiel" nach Motiven dieses Künstlers steht seit 1986 zur Weihnachtszeit in Sebnitz auf dem Markt.

Aus Sebnitz kamen aber vermutlich auch Pflaumentoffel (hier Pflaumenrupprichte genannt) für den Dresdner Striezelmarkt sowie nach 1945

Zapfenmännchen aus ortsansässigen Kunstblumenfabriken. Sebnitz liegt an der Grenze zur Oberlausitz. Diese sächsische Region ist die einzige in Sachsen, in der sich über tausend Jahre die Minderheit der Sorben ein eigenständiges Volkstum und die eigene Sprache bewahrt hat.[231] Die weihnachtliche Volkskunst verfügt in der Oberlausitz über eine eigene Tradition.[232] Nur noch aus der Literatur bekannt ist das verschollene Karl Jäger'sche Bethlehem im alten Bautzener Gewandhause, eine Darstellung des Lebens Jesu von der Geburt bis zur Verklärung, die alljährlich gezeigt wurde und an der sein Erbauer, von Hauptberuf Kassenbote, in der 1. Hälfte des 19. Jahrhunderts viele Jahre gebaut hatte.[233]

„Das ‚typische' Oberlausitzer ‚Weihnachtskrippel' mit orientalischem Charakter kommt aus der böhmischen Krippentradition", wobei Anregungen von Südtiroler Schnitzern ausgingen, die Anfang des 19. Jahrhunderts im nordböhmischen Schluckenau tätig waren. Neben der orientalischen Form wurden Krippen vor heimatlicher Kulisse gestaltet. Die Figuren trugen biedermeierliche Tracht und hießen „Hosenmannl". Gern pilgerten die Oberlausitzer über die Grenze ins nördliche Böhmen, wo mechanische Krippen zu sehen waren. Zum Teil statteten sie ihre eigenen Krippen mit gekauften böhmischen Figuren aus. Schöpfer der Krippen waren Leineweber, Handwerker, Waldarbeiter oder Steinmetzen ohne künstlerische Ausbildung. In Schirgiswalde, das sich „Oberlausitzer Krippenstadt" nennt, ist in den letzten Jahren ein Krippenverein entstanden, der die Tradition pflegt.[234]

Verhältnismäßig früh ist der →Christbaum in der Oberlausitz nachgewiesen, so im Jahre 1737 in einer begüterten Familie und um 1820 in einem Dorfhaus. Ein öffentlicher Verkauf auf dem Markt in Löbau fand schon 1863 statt. Neben den grünen – so genannten Reis'chbeemen – waren „Holzchristbeeme" üblich, Dauerchristbäume, wie sie auch im Erzgebirge als Vorläufer der →Pyramiden bekannt sind. Solche Lichterpyramiden werden beim „Cunewalder Lichterzug" – nachgewiesen seit 1817 – von Konfirmanden durch die Dorfkirche getragen.[235] Drehbare Pyramiden kamen zunächst in wohlhabenden Familien auf. Sie heißen in der Oberlausitz Leierchristboom, Leierboom, Dräherch oder Drähchristboom.[236] „Der ‚Dräherch' besteht immer aus mehreren ‚Etagen' und erreicht nicht selten eine Höhe von über einem Meter. Die Grundplatte ist von einem grünen Holzzäunchen umgeben und umschließt das so genannte →‚Paradiesgaartl', in dem sich hölzerne Tiere (nur Tiere!) als Anklang an biblische Paradiesschilderungen tummeln." Diese Pyramiden werden mit böhmischen Glaskugeln geschmückt, wie sie auch für die Christbäume Verwendung fanden.[237]

Auch sonst gibt es mancherlei Parallelen zur erzgebirgischen Weihnacht. Ein älterer Bericht stellt die leider nach 1945 verschollenen Zittauer Bornkinnl vor, kleine weiße Tonfiguren aus dem 16. Jahrhundert von 5 bis 8 cm Höhe, die im Stadtgebiet gefunden worden waren. Sie waren nicht frei modelliert, sondern aus zwei Halbformen zusammengebacken. Man hat sie auf Nürnberger Einflüsse, etwa auf eine Aquarellzeichnung von Albrecht Dürer (1471–1528) zurückgeführt. Ähnlich wie die viel späteren erzgebirgischen →Mothsgungel waren sie offensichtlich für den häuslichen Gebrauch bestimmt.

Solche Figuren waren in weiten Teilen des europäischen Binnenlandes verbreitet; aus Sachsen sind etwa 20 Exemplare bekannt.

Dem erzgebirgischen Bornkinnel entspricht ein stehendes Jesuskind von 59 cm Höhe aus dem 1. Viertel des 16. Jahrhunderts, das in der Zisterzienserinnenabtei St. Marienstern in der Oberlausitz aufbewahrt wird.[238]

Ebenso wie im Erzgebirge gibt es mundartliche Weihnachtsdichtung. So ein schon vor 1743 gesungenes, von Sternsängern aus dem grenznahen Böhmen herübergebrachtes „O Freede ieber Freede ihr Nubber (Nachbarn) kommt und hiert…" Alle bedeutenden Mund-

artdichter haben zur Oberlausitzer Weihnacht Lieder geschrieben, so Bihms Koarle (August Matthes, 1854–1937), Rudolf Gärtner (1875–1952), Herbert Andert (*1910), Artur Fröhlich (1909–1979) und andere.

Übrigens ist auch das Weihnachtslied „O Tannenbaum" in der Oberlausitz zu Hause. Seine Urform lautet: „Wenn andere feine Bäumelein in großen Trauren stehen, so grünst du uns den Winter, du edler Tannebaum" von Melchior Franck, der 1580 in Zittau geboren wurde.[239]

Der Rupprich heißt in der Oberlausitz „Ruperch". Es gibt Christkindel-Umgänge und Krippenspiele, Umgänge der Drei Heiligen

**Der besondere Tipp:**

In Pulsnitz stellt die Werkstatt des Holzspielzeugmachermeisters Gotthard Steglich (*1945) Holzfiguren her, die das Brauchtum der Lausitz in der Tradition erzgebirgischer Volkskunst darstellen. Eine Auswahl der Figuren ist in der Dresdner Verkaufsstelle des →Landesvereins Sächsischer Heimatschutz zu finden.

*75*
*Eine Lichterpyramide, wie sie beim „Cunewalder Lichterzug" traditionell von Konfirmanden in die Dorfkirche getragen wird. Diese Lichterpyramide weist große Ähnlichkeit mit dem schlesischen Lichtzepter auf, einem mit Figuren und Moos geschmückten Holzgestell. Vermutlich geht diese Pyramidenart, die nur aus Cunewalde bekannt ist, auf den Zuzug schlesischer Weber in der Vergangenheit zurück. Holz, Glasperlenketten und Zinnmontierungen, um 1880*

76
*Pulsnitzer Blaudruckdecke mit weihnachtlichen Motiven. Die „Stadt der Pfeffer-Küchler" ist auch für ihre Blaudrucke bekannt.*

77
*Die Oberlausitz ist über Pulsnitz hinaus traditionell die Region der Pfefferkuchen und des Weihnachtsgebäcks. Backmodel „Flucht nach Ägypten", vermutlich für Tragant, Marzipan und Zucker-guss, erworben in der Region um Bautzen. Sammlung Oscar Roesger (1868–1910). Maße: 13,8 x 12,5 x 1,7 cm. Stadt Museum Bautzen.*

64

Könige, Turmmusiken, das „Christbrot" als Weihnachtsgebäck und, wie im Erzgebirge, Liedpostkarten, die 1913 vom Humboldt-Verein Ebersbach im Selbstverlag herausgebracht wurden. Nicht zuletzt kommt der →Adventsstern aus Herrnhut in der Oberlausitz.

Typisch für die Oberlausitz sind Pulsnitzer Blaudruckdecken mit Winter- oder Weihnachtsmotiven.[240]

Wie im Erzgebirge hat sich die Erinnerung an den →Andreas- (30. November) und den →Barbaratag (4. Dezember) erhalten, indem ein Weihnachtsstrauß aus Zweigen der Kirsche oder der Forsythie geschnitten wird.

Siedlungsgeschichtlich von Main-Franken und Nordbayern geprägt, im „Tonfall" der Mundart vom Erzgebirgischen deutlich unterschieden und mit eigener Geschichte weist die Nachbarregion Vogtland dennoch viele Gemeinsamkeiten in der Weihnachtstradition auf. So hat Marktredwitz seine eigene Krippentradition und veranstaltet seit 1989 einen „Krippenweg", an dem Familien ihre Hauskrippe der Öffentlichkeit zugänglich machen. Die Krippen wurden im 19. und 20. Jahrhundert von örtlichen Töpfermeistern mit individuell angefertigten Figuren bestückt, z. B. mit lokalen Originalen.[241]

Neben Krippen sind im Vogtland Weihnachtspyramiden zu Haus, die dort als „Drehturm" bezeichnet werden. Bereits im 19. Jahrhundert sind in verschiedenen vogtländischen Orten einfache, unbewegliche Vier-Stab-Pyramiden, bewegliche Pyramiden, die „Peremettel" genannt wurden, sowie Drehtürme oder Drehhäuser nachgewiesen. Aus der einfachen Stabpyramide entwickelte sich die kunstvolle Stockwerkpyramide. Wurden zu Anfang des 20. Jahrhunderts Pyramiden nach Vorlagen in Laubsägearbeit hergestellt, so entwickelten sich individuelle Pyramidenformen zu Zeiten der DDR, wohl auch dadurch gefördert, dass Schnitzergemeinschaften innerhalb des Kulturbundes größere →Ortspyramiden errichte-

ten.[242] Es zeigt sich daran, dass das Vogtland Impulse aus dem benachbarten Erzgebirge aufgenommen hat. „Die vogtländischen Ortspyramiden lassen bei mancher Ähnlichkeit mit erzgebirgischen Vorbildern gestalterische Vielseitigkeit und häufig auch landschaftstypische Eigenheiten erkennen."[243]

Zu den vogtländischen Sonderformen gehört vor allem die Baumpyramide, auch als Walddrehturm bezeichnet.[244] Die vor allem im Westerzgebirge häufigen →Bornkinnel sind auch in einigen Orten des Vogtlandes sowie einigen fränkischen Orten zu Hause.[245] Schließlich ist der →Moosmann für das Vogtland typisch.

Früh wird im Vogtland als Gebäck ein spezielles „Weyhnacht brodt" erwähnt (1542 und 1545). Der Begriff →Stollen wird im Vogtland erst nach 1900 gebräuchlich. Die vogtländischen „Zuckermännle" kennt man dagegen im Erzgebirge nicht. Es handelt sich dabei um eine Art „Marzipan der armen Leute", nämlich aus gesüßtem Semmelmehl gebackene und grell gefärbte Gebilde, ursprünglich wahrscheinlich

Frauen- und Männerfiguren. Die Tradition lebt bis in die Gegenwart hinein fort. Nachgebildete Zuckermännlefiguren avancierten zu Elementen an einer Ortspyramide und einem Lichterbogen. Nicht selten wurden Zuckermännle mit „Reimlen" beklebt. Die blechernen Ausstechformen kamen meist vom örtlichen „Flaschner" (= Klempner). Eine Skisportveranstaltung heißt „Zuckermännle-Lauf".[246]

Zuckermännle wurden sowohl für den privaten Gebrauch wie für den Verkauf im Nebenerwerb hergestellt. Sie dienten auch zum Schmuck des Christbaumes.[247]

Friedrich Barthel (1903–1989) widmete dem Zuckermännle ein Gedicht, und auch andere vogtländische Heimatdichter nahmen sich weihnachtlicher Themen an, wie Max Schmerler (1873–1960) und Ilse Jahreis (*1921). Der sehr produktive Louis Riedel (1847–1919) schrieb unter anderem eine Erzählung „'s Bornkinnel".[248] Willy Rudert (1884–1949) machte den „Muosmah" zum Gegenstand eines Gedichtes.

Im Gegensatz zum Erzgebirge entwickelte sich im Vogtland Ende des 18. Jahrhunderts eine Tracht, die sich allerdings nur ein reichliches halbes Jahrhundert hielt „als Ausdruck des Standesbewusstseins der Landbevölkerung". Immerhin eine so interessante Erscheinung, dass die Tradition heute wieder aufgegriffen und fortgeführt wird.[249]

Bleibt nachzutragen, dass sich in der Person von Johann August Ernst Köhler (1829–1903), dem späteren Gründer des →Erzgebirgsvereins, Mitte des 19. Jahrhunderts ein Volkskundler fand, der ähnlich wie zur gleichen Zeit Moritz Spieß (*1820) im Erzgebirge Volksbrauch, Aberglauben, Sagen und andere Überlieferungen aufzeichnete und darin unter anderem vom weihnachtlichen →Neunerlei berichtete.[250]

# Nussknacker

*Zum frohen Fest ein starker Mann,*
*Der alle Nüsse knacken kann,*
*Ob Para, Hasel oder Wal –*
*Dem Knacker ist das ganz egal.*
*Aus harten Schalen holt er gern*
*Für Sie den süßen Knabberkern.*

Aus einem Neujahrsgruß der Firma Veith-Pirelli (1981)

So populär ist der erzgebirgische Nussknacker, dass ihm im eingangs zitierten Beispiel der Neujahrsgruß der Firma Pirelli – eines Herstellers für technische Dichtungen – „in den Mund gelegt" wurde![251] Schiffskapitänen soll er als Geschenk in Afrika gedient haben, die ihn als Götzenfigur verschenkten.[252] Aber ist er wirklich ein Kind des Erzgebirges? Die Fachleute sind sich weitgehend einig, dass seine Wiege woanders stand oder er jedenfalls viele Väter hat: „Schon 1735 ist in Sonneberg von ‚Nussbeißern' die Rede, die nach dem Prinzip arbeiteten, dass in einer kräftigen Gestalt mit großem Kopf der am Rücken bewegte zweiarmige Hebel die Nuss gegen den Oberkiefer drücken musste. Offenbar bestehen gestalterisch Beziehungen zu den Rhöner Wackelfiguren, Oberammergauer Hampelmännern und zu den Grödner Groteskfiguren, die alle mit beweglichem Unterkiefer ausgestattet sind."[253] Manfred Bachmann (1930–2001) sieht eine Verwandtschaft mit anderen großmäuligen Figuren in der Volkskunst, aber auch zu den im 18. Jahrhundert verbreiteten Automatenfiguren. Er verweist in diesem Zusammenhang auf E. T. A. Hoffmanns (1776–1822) Erzählung „Die Automate", in der den Erzähler eine solche Figur „lebhaft an einen überaus zierlichen

78
*Zuckermännle aus dem Vogtland .*

65

*79*
*Wilhelm Friedrich Füchtner (1844–1923) aus Seiffen gilt als „Vater" des erzgebirgischen Nussknackers. Hier in seiner Arbeits- und Wohnstube. Schon sein Großvater Gotthelf Friedrich Füchtner (1766–1844) verkaufte seine Erzeugnisse auf dem Dresdner →Striezelmarkt. Jetziger Inhaber des Familienunternehmens ist der 1951 geborene Volker Füchtner.*

Nussknacker erinnert, den mir einst ... ein Vetter zu Weihnachten verehrte."[254] Die 1814 zum ersten Mal auszugsweise veröffentlichte Erzählung geht vermutlich auf Musikautomaten zurück, die Hoffmann im Oktober 1813 in Dresden gesehen hatte.

Nach Sachsen führt eine weitere Spur. In Hoffmanns 1816 zuerst erschienenem Märchen „Nussknacker und Mausekönig" spielt ein Nussknacker eine wichtige Rolle, den der Autor so anschaulich beschreibt, dass wir in ihm alle späteren Nussknacker wieder erkennen. „Gegen seinen Wuchs wäre freilich vieles einzuwenden gewesen, denn abgesehen davon, dass der etwas lange, starke Oberleib nicht recht zu den kleinen dünnen Beinchen passen wollte, so schien auch der Kopf bei weitem zu groß. Vieles machte die propre Kleidung gut, welche auf einen Mann von Geschmack und Bildung schließen ließ. Er trug nämlich ein sehr schönes violettglänzendes Husarenjäckchen mit vielen weißen Schnüren und Knöpfchen, ebensolche Beinkleider und die schönsten Stiefelchen, die jemals an die Füße eines Studenten, ja wohl gar eines Offiziers gekommen sind. Sie saßen an den zierlichen Beinchen so knapp angegossen, als wären sie darauf gemalt. Komisch war es zwar, dass er zu dieser Kleidung sich hinten einen schmalen unbeholfenen Mantel, der recht aussah wie von Holz, angehängt und ein Bergmannsmützchen aufgesetzt hatte ..."[255] Wo mag E. T. A. Hoffmann seinen Nussknacker kennen gelernt haben und wo mag dieser entstanden sein? Der Autor lebt von April 1813 bis September 1814 als Kapellmeister der Theatertruppe von Joseph Seconda in Dresden und Leipzig. Dort entsteht auch sein berühmtes Märchen „Der goldene Topf", das in Dresden spielt.[256] In obigem Zitat finden wir ein weiteres Indiz für des Nussknackers erzgebirgische Herkunft. Er trägt ein „Bergmannsmützchen" – also eine Schachtkappe oder den randlosen Schachthut, der bis heute die Kopfbedeckung ungezählter Nussknacker darstellt. „Jedenfalls stammt die schwarze Bergmannstracht aus Sachsen, von wo sie sich über die Welt verbreitet hat."[257]

Auf dem Umweg über Alexandre Dumas (1802–1870) wanderte E. T. A. Hoffmanns Nussknacker in die Weltmusik. Dumas nämlich übernahm den Stoff für seine Erzählung „Casse Noisette", nach der Peter Tschaikowsky (1840–1893) seine 1892 uraufgeführte Ballettmusik schrieb (Opus 71).[258] Aus dieser entstand die konzertal verselbständigte Nussknackersuite (Opus 71 a).[259] Das Libretto für Tschaikowsky schrieb der Franzose Marius Petipas (1818–1910), als Tänzer und Choreograph Begründer des klassischen russischen Balletts.[260] Der Suite von Peter Tschaikowsky ist es zu verdanken, dass der Nussknacker in den USA besonders populär geworden ist und dass sich dort nicht nur Nussknacker-Sammlervereine gebildet haben, sondern Firmen entstanden sind, die Nussknacker in den USA produzieren.[261]

Karl Simrock (1802–1876) nahm in seine Sammlung „Kinderlieder, Reime, Sprüche und Abzählverse" eine Nussknackergeschichte auf mit Illustrationen von Franz Graf von Pocci (1807–1876) mit einem durch den langen Hebel etwas ungelenk wirkenden Nussknacker, der in diesem Märchen allerdings als Kinderschreck auftritt.[262]

Und das Husarenjäckchen? Das treffen wir bei einem anderen Nussknacker wieder an, den Heinrich Hoffmann (1809–1894) in seinem „Kindermährchen in Bildern" als „König Nussknacker und der arme Reinhold" auftreten lässt. 1845 ist der „Struwwelpeter" des Frankfurter Arztes im Druck erschienen, und mit dem neuen Buch knüpft er im Jahre 1851 an den Erfolg an. Der von ihm gezeichnete

80
Zwei Nussknacker aus der Produktion der Firma Franz Karl in Venusberg, heute zugehörig zur Firma Blank, Grünhainichen. Im Vordergrund sieht man die verschiedenen Einzelteile, aus denen solch eine Figur zusammengesetzt wird.

Nussknacker hat viel Ähnlichkeit mit dem von seinem Namensvetter beschriebenen, aber viel kräftigere Beine, die auf einem runden Brettchen stehen, von dem beim Vorgänger nicht die Rede ist. Jedoch trägt er ein rotes spitzes Mützchen mit einer goldenen Krone herum, was übrigens an Bergmannsmützen oder Fahrkappen erinnert, wie sie aus dem Fahrtuch oder der Kapuze entstanden und bei der Arbeit üblich waren, während schon 1678 der Aufzug Schneeberger Bergleute „in ihren neuen Grubenkleidern mit schwarzen, grünen und gelben Schachthütlein" belegt ist.[263]

Heinrich Hoffmanns Kindermärchen war überaus erfolgreich. Es wird vermutet, dass dieses Buch bei der Geburt des Seiffener Nussknackers Pate gestanden hat. Ein Katalog „Weihnachten im Erzgebirge" beschreibt den von Wilhelm Friedrich Füchtner (1844–1923) entworfenen Nussknackertyp so: „Neben der üblichen Husarenjacke ist der schwarze zy-

81
Welche Nüsse wohl wollten die erzgebirgischen Schöpfer solcher Figuren ihrer Obrigkeit zu knacken geben? Nussknacker aus Füchtnerscher Produktion. Holz, gedrechselt, Kaninchenfell. Links um 1920, Füße aus Teig, rechts um 1985. Höhe: 35 cm.

67

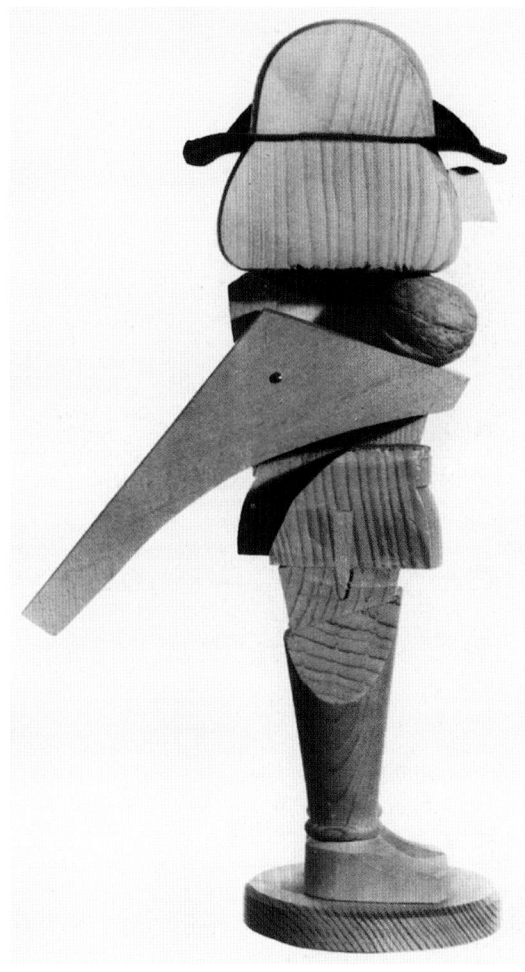

*82*
*Der Querschnitt zeigt,
wie ein Nussknacker
zusammengesetzt ist
und wie die Hebel-
wirkung auf die Nuss
entsteht. Es ist deutlich
zu erkennen, aus
welchen Teilstücken
der Nussknacker
besteht.
Funktionsmodell
(Längsschnitt) eines
Nussknackers.
Höhe: 29 cm.
Erzgebirgisches Spiel-
zeugmuseum Seiffen .*

ten Münchner Bilderbogen Nr. 226 und 227 von 1858 ist ein „Brüderpaar Nussknackius" zu finden, das die randlose Mütze – also den Schachthut – ohne Krone trägt. Vorwiegend waren es aber Vertreter der Obrigkeit, die in die Gestalt des Nussknackers verwandelt wurden, wie zum Beispiel Gendarmen und Förster. Ob es nur die Bärbeißigkeit des Nussknackers war, die dazu herausforderte, oder ob erzgebirgischer Volkshumor mit List der Obrigkeit, gegen die schwer aufzumucken war, Nüsse zu knacken geben wollte?[265]

Möglicherweise griff dieser Bilderbogen auf die Sammlung „Die schwarze Tante – Märchen und Geschichten für Kinder" aus dem Jahre 1848 zurück, die Xylographien nach Zeichnungen von Ludwig Richter (1803–1884) enthielt. Unter anderem zu der Geschichte „Nussknacker und Zuckerpüppchen". Der Nussknacker trägt die randlose Kappe und daran Schmuckfedern. Zeitlich geht er Heinrich Hoffmann voraus.[266]

Der Nussknacker als eine der beliebtesten Figuren des Erzgebirges wurde von vielen Produzenten aufgenommen und in zahlreiche Nussknackertypen entwickelt. Neben so vorbildlichen Nussknackersortimenten wie dem, das der Gestalter Hans Reichelt (*1922) für VERO Olbernhau entwarf, kamen im Erzgebirge, vor allem aber auch bei Billigproduzenten im Fernen Osten, verkitschte Figuren in den Handel. Hellmut Bilz (*1923), damals Direktor des Erzgebirgischen Spielzeugmuseums Seiffen, rügte 1989: „Was soll man zum Beispiel zu einer Gärtnerin mit blumengeschmücktem Strohhut oder zu einem Bayerndirndl als Nussknacker sagen? Solche Gestaltungen sind für die traditionellen erzgebirgischen Nussknacker das negative Gegenstück; sie sind Kitsch in höchster Vollendung!"[267]

Das mittlere Maß des gedrechselten Nussknackers beträgt 35 cm. Er entsteht in etwa 130 Arbeitsgängen aus einem Vierkantholz, das zur Walze gedreht wird und entsprechende

lindrische Hut, der dem Schachthut des Bergmanns entlehnt ist und mit einer aufgemalten Zackenkrone zur Königskrone wird, besonders charakteristisch."[264]

Nun sind – von E. T. A. Hoffmann über Heinrich Hoffmann zur Familie Füchtner – Husarenjacke, bergmännische Kopfbedeckung und Krone in einer Figur vereinigt, die einen Haupttypus des Nussknackers bis heute darstellt. Allerdings gibt es in dieser Überlieferung noch Zwischenglieder. In den von E. Ille gezeichne-

Einkerbungen enthält. Arme, Beine, Sockel werden in getrennten Arbeitsgängen gedreht, Füße und Nase geschnitzt, das Maul wird eingefräst. Bart und – falls vorhanden – Perücke werden aus Kaninchenfell angefertigt. Die Einzelteile werden zusammengesetzt, beschnitzt und farbig gefasst.[268]

1994 kam der Nussknacker in das Guinness-Buch der Rekorde. Nachdem Walter Tränkner aus Neuwernsdorf 1957 für den damaligen Eingangsraum des erzgebirgischen Spielzeugmuseums Seiffen einen Nussknacker von 2,30 m Höhe geschaffen hatte, bauten 1993 drei Mitglieder der Familie Löschner in Neuhausen einen funktionstüchtigen Nussknacker von 3,86 m Größe von der Sohle bis zur Krone und verbrauchten dafür 2,5 m³ Fichtenholz. Einer aus dem Team, der Maschinenbaumeister Jürgen Löschner, ersetzte diesen 1997 und 2008 durch Nachfolger in der Größe von 5,87 bzw. 10,10 m, die ihre Vorgänger jeweils aus dem Guiness-Buch der Rekorde verdrängten. Der Erbauer des Nussknackers eröffnete 1994 in Neuhausen das erste Nussknackermuseum Europas, in dem man heute die ganze Typenvielfalt der populären Figur an fast 5000 Beispielen studieren kann.[269]

Ein weiterer Riesennussknacker von über 3 m Höhe steht vor dem „Seiffener Nussknackerhaus", dem Geschäftsgebäude der Firma Otto Ulbricht, die nach dem Krieg enteignet wurde, ihren Betrieb ab 1951 in Lauingen an der Donau neu aufbaute und 1990 wiederum in Seiffen ansässig wurde.[270] In diesem Zusammenhang muss an die Firma Volker Matthes erinnert werden, die in der Bundesrepublik eine Produktion von übergroßen Bergmannsnussknackern aufnahm und diese nach den historischen Trachten der Berg- und Hüttenleute des Königreichs Sachsen gestaltete.[271] Die Firma produzierte vor der Wende in Affalterbach vornehmlich für den Export und bezeichnete sich deshalb auch als „Nutcracker-Factory".[272] Im „Zwickauer Stil" produzierte Lothar Jung-

**Der besondere Tipp:**

Nussknacker des Sächsischen Erzgebirges. Schriftenreihe Erzgebirgische Volkskunst der Berufsfachschule für Tourismus, Chemnitz, Heft 8. Husum: Husum Verlag 1998.

*Die Bestandsaufnahme zum Nussknacker als Symbolfigur der erzgebirgischen Volkskunst kommentiert die Geschichte der Werkzeuge zum Nüsseknacken ebenso wie Schnitzen und Drechseln im Erzgebirge, den Auftritt des Nussknackers in Literatur und Musik, seine Herstellung im Erzgebirge, erzgebirgische Holzkunsthandwerker und ihre Nussknacker heute sowie Museen und ständige Ausstellungen zum Thema.*

hänel (*1929) seit 1977 in Mannheim und seit 1981 in Mudau (Odenwald) ebenfalls geschnitzte und gedrechselte Nussknacker[273] (→Erzgebirgisches Handwerk anderswo). Geschnitzte Nussknacker stellte Hans Hänig (1912–1984) in Seiffen her und sein Sohn Jost Hänig (*1940) setzt diese Familientradition fort. Neuerungen der letzten Jahrzehnte sind gedrechselte Miniaturnussknacker. Aus naturbelassenen Hölzern oder leicht gebeizt gearbeitete Nussknacker aus verschiedenen Werkstätten, zum Beispiel aus dem Betrieb Richard Glässer und seiner Nachfolgeeinrichtung „Erzgebirgische Volkskunst", verbinden Tradition und modernes Design.[274]

**Der besondere Tipp:**

*Ein Terminkalender für das Pyramidenanschieben überall im Erzgebirge ist im Internet unter www.erzgebirge.de zu finden.*

# Ortspyramiden

Die Leidenschaft der Erzgebirger, Großes in Kleines zu verwandeln, geht einher mit ihrer Lust, Kleines wiederum ins Große zu versetzen (→Miniatur in der Nussschale). Sichtbar wird das in den Ortspyramiden, ohne die heute kein Ort im Erzgebirge mehr auskommt. Die Ortspyramiden sind zurückzuführen auf die im 19. Jahrhundert entstandene Idee des „Weihnachtsbaums für alle" (→Christbaum),

*84
Annaberger
Ortspyramide – mit
10,5 m Höhe eine der
größten frei stehenden
des Erzgebirges; mit
geschnitzten Figuren
zur Stadt- und
Regionalgeschichte.
Gestalterische
Konzeption von
Klaus Giese und
Volker Gräfensteiner.
Bj. 1992.*

die sich mit der Einführung des elektrischen Stroms in den ersten Jahrzehnten des 20. Jahrhunderts anscheinend weltweit durchsetzte. Der Brauch, elektrisch beleuchtete Lichterbäume auf öffentlichen Straßen und Plätzen aufzustellen, ist amerikanischen Ursprungs. Der erste Baum dieser Art wurde im Jahre 1912 auf dem Madison-Square in New York von einer Frau J. B. Herreshof errichtet.[275]

Die Idee, eine große Pyramide im Freien aufzustellen, ist auf den Schwarzenberger Fabrikanten Friedrich Emil Krauß (1895–1977) zurückzuführen, der sie im Jahre 1934 in die Tat umsetzte.[276] Die für Schwarzenberg geschaffene Pyramide wurde anlässlich der „Deutschen Krippenschau" (→Weihnachtsausstellung) im Advent des Jahres 1934 in Aue errichtet. Erst vom nächsten Jahr an stand sie in Schwarzenberg, während gleichzeitig eine weitere Pyramide ähnlicher Art – ebenfalls auf Anregung von F. E. Krauß – in Aue aufgestellt wurde.

Das wechselvolle Schicksal der Schwarzenberger „Ur-Pyramide" hat die Stadtverwaltung Schwarzenberg in einer Broschüre dokumentiert. Diese Pyramide ist nach wie vor Mittelpunkt der „Schwarzenberger Weihnacht". Das Erstgeburtsrecht steht allerdings Frohnau zu: Dort stand von 1933 bis 1935 die erste öffentliche Pyramide im Freien im Garten vor dem Gemeindeamt – mit einer Sammelbüchse für das „Winterhilfswerk" daneben (→Olbernhauer Reiterlein; →WHW-Abzeichen).[277]

Zu einer allgemeinen Verbreitung von Ortspyramiden kam es aber erst in den sechziger und siebziger Jahren des vorigen Jahrhunderts im Erzgebirge und einigen benachbarten Orten des Vogtlandes.[278] Gefördert wurde der Aufbau von Ortspyramiden durch das „Nationale Aufbauwerk" und im Wettbewerb „Schöner unsere Städte und Gemeinden – Mach mit!"[279] Eine erste Dokumentation mit einer sorgfältig erarbeiteten Liste aller damals vorhandenen Pyramiden brachte Claus Leichsenring 1980

heraus.[280] Leichsenring listete 65 Ortspyramiden auf. Ein aktualisiertes Verzeichnis von Ortspyramiden veröffentlichte er 1993 in seinem Buch „Erzgebirgische Weihnachtspyramiden".[281]

Nur wenige dieser Pyramiden stammen von Einzelkünstlern. Bei den meisten handelt es sich um Gemeinschaftsarbeiten der örtlichen →Schnitzvereine oder ähnlicher Gruppen. In der Motivik treten christliche Motive auffallend zurück. Es kommen sowohl Stockwerks- wie Stabpyramiden vor.

In Schwarzenberg kamen zur „Urpyramide" noch drei weitere in verschiedenen Stadtteilen hinzu. Inzwischen stehen rund 100 Pyramiden im gesamten Erzgebirge.[282] Im Rahmen von Partnerschaften sind Großpyramiden auch in westdeutsche Städte, wie zum Beispiel Wunsiedel[283] und Solingen[284], gewandert.

Schneeberg hatte seit 1966 eine 10,80 m hohe Großpyramide, die – wie viele andere Ortspyramiden auch – von Wind und Wetter angegriffen wurde und immer wieder erneuert werden musste. Im Jahre 2000 wurde deshalb mit einem Aufwand von rund 40 000 Mark eine völlig neue Marktpyramide geschaffen, auf der als Besonderheit die wichtigsten Persönlichkeiten aus der Stadtgeschichte als geschnitzte Figuren aufgestellt worden sind.[285]

In einigen Orten wie Breitenbrunn (Abb. 87) oder Frauenstein steht statt einer offenen Stockwerks- oder Stabpyramide ein Dreh-

85
*Ortspyramide in Oederan auf dem Marktplatz; geschaffen von der Schnitzgruppe der Volkskunstschule unter Leitung von Rolf Kunze.*

86
*Ortspyramide in Lichtenberg im Gimmlitztal. An diesem 5 m hohen einstöckigen Modell lässt sich der Aufbau einer typischen Stabpyramide gut erkennen.*

71

*87*
*Pyramide*
*in Breitenbrunn (Kreis*
*Aue-Schwarzenberg) in*
*Form eines →Lichter-*
*und Drehhauses.*

**Der besondere Tipp:**

*Ein Verzeichnis der*
*Ortspyramiden auf dem*
*jeweils neuesten Stand*
*ist im Internetlexikon*
*Wikipedia zu finden.*

*Literatur:*

Weihnachtspyramiden
im Sächsischen
Erzgebirge, Teil 1
Westerzgebirge.
Schriftenreihe
Erzgebirgische Volks-
kunst der Fachschule für
Tourismus, Chemnitz,
Heft 3. Husum:
Husum Verlag 1996.

Weihnachtspyramiden
im Sächsischen
Erzgebirge, Teil 2
Osterzgebirge.
Schriftenreihe
Erzgebirgische Volks-
kunst der Fachschule für
Tourismus, Chemnitz,
Heft 4. Husum:
Husum Verlag 1997.

oder Pyramidenhaus mit Flügelrad, ähnlich wie in Burkersdorf (→Miniatur in der Nussschale). Johanngeorgenstadt als Geburtsort des →Schwibbogens hat einen Ortsschwibbogen wie andere Orte auch, zum Beispiel das osterzgebirgische Sayda. In einigen Orten wie Hohndorf und Jahnsbach gibt es Kombinationen aus →Pyramide und →Schwibbogen.[286]

In Grünhainichen wird als Ortssymbol in der Adventszeit eine Groß-Spieldose aufgestellt, die auf ein Produkt der ortsansässigen Firma →Wendt & Kühn zurückgeht und von dieser für den Ort gespendet wurde.[287] Übrigens bezeichnete die Firma in ihrer Jubiläumsbroschüre den →Weihnachtsmann auf der Spieldose ausdrücklich als Knecht Ruprecht (→Rupprich) und bleibt damit der erzgebirgischen Tradition in der Bezeichnung dieser Figur treu. In Olbernhau stehen als Ortssymbole das Reiterlein, die →Pfefferkuchenfrau und ein →Nussknacker in der Adventszeit auf dem Markt (→Olbernhauer Reiterlein).

Eine aktuelle Bestandsaufnahme nicht nur der zahlreichen Ortspyramiden im West- und Osterzgebirge, sondern auch wichtiger Zeugnisse der Pyramidenbaukunst in Museen und Sammlungen wurde nach jeweils einjährigen gründlichen Recherchen und Besuchen vor Ort von der Berufsfachschule für Tourismus Chemnitz 1996 und 1997 in zwei Heften vorgelegt. Jeweils ortsalphabetisch geordnet geben sie dem Pyramidenfreund die Möglichkeit, sich eine eigene Pyramidenreise durch das Erzgebirge zusammenzustellen.[288]

Eine Tour zu Ortspyramiden entlang der Silberstraße von Aue bis Frauenstein empfiehlt der Tourismusverband Erzgebirge e. V. Diese Tour berührt auch Seiffen, wo es keine Ortspyramide, aber eine bereits 1936 errichtete Großpyramide gibt, die im erzgebirgischen Spielzeugmuseum steht.[289]

Kleinere Ortspyramiden sind z. B. in Schnitzerheimen zu finden. Die Orts-, Groß- oder Schaupyramiden werden – anders als ihre von

aufsteigender Kerzenwärme bewegten kleinen Stubenschwestern – mit einem Elektromotor betrieben und sind elektrisch beleuchtet. Nicht nur ihrer Größe wegen erfordern sie besonderes konstruktives und handwerkliches Geschick. Sie sind ja dem Wind, dem Schnee und dem Regen ausgesetzt, sodass sie alljährlich gründlich ausgebessert werden müssen. Auch diese Arbeiten werden oft gemeinschaftlich von →Schnitzvereinen oder anderen örtlichen Gruppen ausgeführt. So tragen Ortspyramiden zum Gemeinschaftsleben und zur Stärkung der Identität von Bewohnern und Ortschaft bei.

Nach Ermittlungen des Heimatforschers Claus Leichsenring wurden innerhalb der Grenzen des sächsischen Erzgebirges zwischen 1933 und 1939 acht örtliche Pyramiden errichtet, wovon noch zwei existieren. Zwischen 1949 und 1988 kamen 96 dazu. Nach der Öffnung der Mauer im November 1989 entstanden fast genau so viele wie zu Zeiten der DDR (93), während die Kurve sich mit vier Pyramiden seit dem Advent 2009 abflacht, weil es kaum noch Orte ohne eigene Weihnachtspyramide gibt. Gewohnheiten wie das Platzieren von Großpyramiden im Ortskern, aber auch private wie das Schmücken der Fenster mit Schwibbogen und das Aufstellen von Engelmusikanten, Nussknackern und Räuchermännern sind längst auch in anderen Regionen heimisch geworden.

# Paradiesgarten

Es ist ein kleins Gevierte,
nicht größer als ein Tisch,
doch meine Kunst verzierte
es bunt und himmelisch.

Fritz Thost (*1905)[290]

88
Paradiesgarten
als Leuchter. Die Palme
greift Gestaltungs-
formen aus dem
19. Jahrhundert auf.
Holz, gedrechselt,
geschnitzt, um 1990.

„Unter dem Apfelbaum stehen kerzengerade Adam und Eva. Die listige Schlange lugt halbversteckt unter den Blättern hervor. Die Gruppe schmückte wahrscheinlich ein Paradiesgärtlein, das unter der Weihnachtstanne aufgebaut wurde. Der Christbaum wächst aus dem Paradiese empor. Ist das nicht hübsch?"[291] So beschrieb Oskar Seyffert (1862–1940), der Gründer des jetzigen Museums für Sächsische Volkskunst in Dresden und Förderer erzgebirgischer Sächsische Volkskunst, eine naive Adam-und-Eva-Szene aus seinem Museum. Christoph Grauwiller, Hobby-Spielzeugforscher aus der Schweiz, fand im Jahr 1984 heraus, dass Emma Liesche (*1862) die Herstellerin dieses Paradiesbäumchens war, ein Seiffener Original, dort in den zwanziger und dreißiger Jahren des vorigen Jahrhunderts als Lieschen-Emmel oder auch „Lügen-Emmel" bekannt (s. Abb.).[292] Aber ganz so einfach, wie Oskar Seyffert das Paradiesgärtlein beschreibt, ist es mit dieser volkstümlichen Beson-

derheit nicht. Auch sie ist von einem „erzgebirgischen Geheimnis" umgeben, das noch nicht ganz gelüftet ist.

Von Adam gibt es einen Bezug zum Bergmannsleben. Was Gott im ersten Kapitel Mose 3,19 Adam ankündigt, war auch das Los des

89
Emma Liesche an
ihrem Arbeitsplatz
in Seiffen.
Hier entstanden die
hübschen Adam-Eva-
Bäumchen.

73

Bergmanns: „Im Schweiße deines Angesichts sollst du dein Brot essen, bis dass du wieder zu Erde werdest, davon du genommen bist." Wer konnte das besser nachfühlen als ein Bergmann? Und so heißt es 1587 in einem erzgebirgischen Bergreigen: „Gott schuf wohl Gold im Paradeis/Zur Stärk, Zier, Luft und sich zum Preis/Adam, der erste Bergmann gut/ wusch Gold, sucht' Eisen, bedurft' kein Rut!"[293]

Außerdem gibt es eine Verbindung von Adam und Eva zum Weihnachtsfest, denn sie werden beide am 24. Dezember als Heilige verehrt.[294] Es gibt Vermutungen, dass die Äpfel am Weihnachtsbaum und auf den Weihnachtstellern auf diesen Zusammenhang hinweisen.

Christus als zweiter Adam bringt der Menschheit wieder, was ihr durch den Sündenfall verloren ging.[295] Was aber hat es mit dem Paradiesgarten auf sich? Dort geschah ja nicht nur der Sündenfall, sondern dort ruhte der Löwe neben einem Lamm, lebten Tier und Mensch in einem schönen Garten friedlich miteinander. Diese und viele andere Szenen finden sich in den erhaltenen Paradiesgärten in Museen und im Privatbesitz und hier und da werden sie noch heute so gestaltet. Für die Volkskunde waren die erzgebirgischen Paradiesgärten lange ein „blinder Fleck". Die ersten Aufsätze zum Thema veröffentlichte 1964 und 1967 Siegfried Sieber (1885–1977).[296] Aber eine Reihe von Fragen blieben beim damaligen Forschungsstand offen.

90
*Paradiesgärten wurden und werden oft sehr eigenwillig und phantasievoll mit Figuren bestückt: hier mit Waldtieren, Schafen sowie Zwergen, die nach alten Sagen fündige Bergwerke bevölkern (→Bergwerksmodell). Ein ähnlicher Garten aus dem Besitz einer einfachen Arbeiterfamilie in Markneukirchen um 1930 wird in dem Buch „Paradiesgärten" von Uta Schnürer beschrieben. Größe: 69 x 52 cm, Höhe: 24 cm.*

Erst in jüngster Zeit hat Uta Schnürer auf der Grundlage einer Umfrage im Erzgebirge und Vogtland einige Lücken, die Sieber notgedrungen gelassen hatte, geschlossen und eine umfassende Darstellung vorgelegt.[297] Nach ihren Feststellungen gibt es in der Zeitspanne von 1870 bis 1940 im vorerzgebirgischen Raum um Chemnitz, in Chemnitz, im Erzgebirge und im Vogtland eine besondere Häufung von schriftlichen und bildlichen Belegen. 1993 hatte Claus Leichsenring die Verbindung der erzgebirgischen Pyramide zum Weihnachtsgarten aufgezeigt.[298] Auch Weihnachtsbäume wurden in Christgärten aufgestellt, die möglicherweise das Drehkreuz verdecken sollten. Solche Christgärten, die einen Christbaumständer umgaben, bot die Firma Carl Ludwig Flemming aus Globenstein um 1909 an[299] (→Christbaum). Und schließlich besteht eine Verwandtschaft zum →Fensterbrettl, das ja – mit Moos ausgepolstert wie viele Paradiesgärten – eine ähnliche Szenerie bietet.

Bei der Ausgestaltung der Paradiesgärten gab es offensichtlich keine Vorschriften und Regeln, und die Phantasie der Erzgebirger konnte sich regen. So entdeckte Uta Schnürer Paradiesgärten mit Figuren aus den heute bei Kindern so beliebten Schokolade-Überraschungseiern. Ihre Untersuchungen bestätigten die Vermutung, dass die Paradiesgärten Anfang bis Mitte des 19. Jahrhunderts einzeln oder im Zusammenhang mit dem Christbaum oder der Pyramide ins häusliche Weihnachtsbrauchtum kamen und damit in engem Zusammenhang mit der „Karriere" des Weihnachtsfests zum bürgerlichen Bescher- und Feierereignis standen. Regional und familiär sind die Bezeichnungen unter-

schiedlich und es ist vom Christgarten, Weihnachtsgarten, Moosgarten, Tiergarten usw. die Rede, auch von Christgeburten oder einfach vom „Garten".

Was allen gemeinsam ist: Paradiesgärten sind umzäunt, mit offenem Tor, wobei es zu Beginn des 20. Jahrhunderts doch eine Regel gab: grüne Zaunlatten mit weißen Spitzen waren obligatorisch.

Interessant ist, dass in manchen Familien der Paradiesgarten von der Adventszeit bis →Lichtmess stehen bleibt. In dem Ort Schöneck im Vogtland hat sich die Tradition besonders erhalten und wird durch eine alljährliche Ausstellung gefördert und gepflegt. Hier scheint die Nachbarschaft dieses vogtländischen „Zipfels" zur böhmischen Stadt Asch unmittelbar an der Konfessionsgrenze eine Rolle zu spielen, sodass an katholische Einflüsse zu denken ist. Pyramiden des Ascher Ländchens sind in der Ausgestaltung Schönecker Pyramiden eng verwandt.[300]

Keineswegs sind Paradiesgärten ein Ersatz für Berg oder Pyramide, sondern treten mit diesen zusammen auf.[301] Adam und Eva im Paradies fertigt unter anderem noch heute die Spielzeugmacherwerkstatt Manfred Auerbach in Seiffen an.[302]

*91*
*Friedlich liegen sie im Paradies beisammen, wie es zwar nicht bei Moses im 2. Kapitel steht, aber wie es Jesaja (11, 6–7) prophezeit hat, die Wölfe bei den Lämmern, die Parder (Leoparden) bei den Böcken. Kälber, junge Löwen und Mastvieh werden miteinander auf die Weide getrieben; Kühe und Bären liegen beieinander und Löwen essen Stroh wie die Ochsen. Deshalb wurden exotische Tiere – als Massefiguren aus der Spanschachtel – oft in Paradiesgärten mitten in die heimische Natur gesetzt.*
*Massetiere, zum Teil mit Füßen aus Holz, belegt mit Tuchstaub. Höhe des Kamels: 12,5 cm.*

**Der besondere Tipp:**

*Eine auf einer aktuellen Umfrage fußende Darstellung der bisher wenig untersuchten volkskünstlerischen Sonderform:*

Uta Schnürer: Paradiesgärten – Brauchtum und Weihnachtsschmuck. Marienberg: Druck- und Verlagsgesellschaft 2000 = Reihe WEISS-GRÜN 21

*92*
*Seit Kurt Arnold Findeisens fröhlichem Weihnachtslied ist die Pfefferkuchenfrau aus dem erzgebirgischen Weihnachtsgeschehen nicht mehr wegzudenken. Hier: Spieldose mit dem Pfefferkuchenmotiv.*
*Höhe: 18 cm, um 1980.*

# Pfefferkuchenfrau

*Die Pfefferkuchenfrau, die Pfefferkuchenfrau mit ihrem Mann aus Olbernhau; er knackt ihr eine Nuss, er knackt ihr einen Kern und hat sie, ach, zum Fressen gern.*

Kurt Arnold Findeisen (1883–1963)[303]

Es war einmal eine Volksweise, die dem Komponisten Carl Maria von Weber (1786–1826) so gut gefiel, dass er sie für den Brautchor in seiner Oper „Der Freischütz" benutzte. Oder gefiel die von Weber geschaffene Melodie dem Volke so, dass sie zur Volksweise wurde? Wie auch immer – der erzgebirgische Volksmund hat sich darauf zur Weihnachtszeit einen eigenen Text zurechtgesungen:

Wenn's Weihnachten ist, wenn's Weihnachten ist,
da kommt zu uns der heilige Christ.
Da bringt er eine Muh, da bringt er eine Mäh
und eine schöne Tsching-te-rä-te-tä.
Weihnacht, Weihnacht, Weihnacht ist ein
schönes Fest, ei ja!
Weihnacht, Weihnacht, Weihnacht ist ein
schönes Fest.

Es war einer der großen Würfe von Kurt Arnold Findeisen (1883–1963), dass er die im Volke gesungene erste Strophe aufgriff und durch drei weitere Strophen ergänzte. Mit der zweiten Strophe aber machte er „die Pfefferkuchenfrau mit ihrem Mann aus Olbernhau" unsterblich. Aber damit gab er der Heimatforschung eine Nuss zum Knacken auf: Wie kommt die Pfefferkuchenfrau ausgerechnet nach Olbernhau? Nur des Reimes wegen? Diese Frage ist bis heute unbeantwortet. Aber es lohnt sich, einen Blick zurück in die Geschichte des Pfefferkuchens zu werfen. Gesüßte, geformte Kuchen sind schon aus der Antike bekannt. Im 13. und 14. Jahrhundert nahmen sich die Klöster des Honig- oder Lebkuchens an. Jacob und Wilhelm Grimms sonst eher zurückhaltendes Wörterbuch nennt das Wort Lebkuchen eine „halbgelehrte Zusammensetzung", die auf Herkunft aus einer geistlichen Stätte deutet. *libum* ist das mittellateinische Wort für Fladen.[304] Ehe andere Gewürze aufkamen, wurde dem Honiggebäck eine Prise Pfeffer zugesetzt. So wurde aus dem stark gewürzten Honigkuchen ein Pfefferkuchen.[305] Die Volkskunde weiß von noch tieferen Zusammenhängen, denn sie kennt einen Pfefferleinstag (entweder St. Stephan; der Tag der unschuldigen Kindlein (→Spielzeugsoldat); Neujahr oder Dreikönig), an denen man einander mit der „Pfeffergerte frisch und gesund schlug". Die Pfeffergerte war ein Ebereschen- oder Wacholderzweig. Das Schlagen galt als Glück bringend. Der oder die Geschlagene bedankte sich mit Pfeffernüssen und Pfefferbranntwein.[306]

Kein Wunder also, dass Pfefferkuchen um die Weihnachtszeit als Gebäck eine besondere Rolle spielen, zumal es Backmodeln unter anderem mit dem Wickelkindmotiv gibt, das wiederum an den →Stollen erinnert, der ebenfalls auf das Jesuskind in der Krippe anspielt.[307] Die Pfefferkuchenbäcker schnitzten ihre Modeln selbst oder Pfefferküchlergesellen waren als Model-Formstecher unterwegs.[308]

Das bekannteste sächsische Pfefferkuchenzentrum war das in der Lausitz gelegene Pulsnitz.[309] Aber es gibt auch Belege für Pfefferküchlerei im Erzgebirge, z. B. hatte Wildenfels eigene Pfefferkuchenformen.[310] Eine weitere Spur führt nach Crottendorf, der Heimat der →Räucherkerzchen. „Räucherkerzeln" nannte Max Wenzel (1879–1946) seine Erzählungssammlung. Im Vorwort erwähnt er „Butterstolln, Pfaffernüssle un Cruttendörfer Pfefferkuchenmänner".[311] In Crottendorf wurden auch Ausstechformen hergestellt, und zwar auch spezielle für dicken Pfefferkuchenteig. Diese Produktion führte der VEB (K) Crottendorfer Metallwarenfabrik fort, der den Bedarf der DDR fast ausschließlich deckte.[312]

Es ist anzunehmen, dass die erzgebirgischen Bäcker allgemein in der Weihnachtszeit Pfefferkuchen buken, so wie es der langjährige Vorsitzende des Erzgebirgsvereins in der Bundesrepublik Deutschland, Gottfried Zeidler, aus seiner Kindheit in Neuhausen berichtet.[313] Bis 1978 bekam er aus der alten Heimat beim Thümmel-Bäck hergestellte Pfefferkuchen in

seine neue Heimat geschickt – übrigens aus jener Bäckerei, der der legendenumwobene Spion „A/54" Paul Thümmel (gest. 1945) entstammte.[314]

Bleibt nur noch die durch Kurt Arnold Findeisen (1883–1963) unsterblich gewordene Pfefferkuchenfrau. Sie kommt bei diesem Autor doppelt vor. Einmal im zitierten Lied, dessen Entstehung er ausführlich geschildert hat,[315] und zum anderen auch als quicklebendig herummarschierende „Pfefferkuchenkarline", die mit ihrem Spankorb herumzieht und Pfefferkuchen verkauft.[316] Von einer solchen Pfefferkuchenfrau erzählen auch Gottfried Zeidler und Olga Klitsch.[317] Und so selbstverständlich gehörte die Pfefferkuchenfrau zum Weihnachtsfest, dass ein erzgebirgisches Kind einen Brief an das →„Bornkinnel" schrieb mit der Bitte: „Bring mir doch eine große Pfefferkuchenfrau! Beim Rupprich gibt's keine mehr. Er ist ausverkauft. Vielleicht hast du im Himmel noch ein paar."[318] Walter Werner (*1931) hat in seine Gruppe erzgebirgischer Volksfiguren des 19. Jahrhunderts neben Spielzeughändler, Vogelhändler und Rastelbinder auch die Pfefferkuchenfrau aufgenommen (s. Abb.).[319]

93
*Sieht es nicht aus, als ob sie sich lebhaft unterhalten?
So zogen sie durch die Gebirgsorte: Pfefferkuchenfrauen. Erzgebirgische Volksfiguren von Walter Werner, Seiffen, aus dessen lesenswertem Buch „Gedrechselte Geschichte" von Walter Werner und Eberhard Wächtler. Dresden. Reihe Weiss-Grün 20, Sächsisches Druck- und Verlagshaus 2000.*

94
*Die Pfefferkuchenfrau auf dem Markt von Olbernhau neben Reiterlein und Nussknacker anstelle der andernorts üblichen Groß- oder →Ortspyramide.*

77

# Pflaumentoffel

*Wir pflaumen uns durchs Leben*
*und bringen Glück und machen reich.*
*Doch was ein feiner Mann ist – schrumm –*
*frisst uns nicht gleich!*
*Plumm – plumm.*

Kurt Arnold Findeisen (1883–1963)[320]

Wer wann und wo den ersten Pflaumentoffel schuf, ist bis heute unbekannt. Möglicherweise hat die Figur Bezug zu den „Geistern der Mitwinterzeit", wie die Volkskunde vermutet.[321] So wie er uns heute entgegentritt, wurde der Pflaumentoffel um 1925 geschaffen, als die Figur nach dem Ersten Weltkrieg wieder belebt wurde. Der Pflaumentoffel ist etwa 20 cm hoch. Er steht auf einem Brettchen, in dem zwei Holzstäbchen stecken, die am anderen Ende zusammenlaufen und durch ein kleineres Querstäbchen miteinander verbunden sind. Auf die Stäbchen sind Backpflaumen aufgereiht. Auf den zusammenlaufenden Stäbchen steckt ein papierner Kopf mit Zylinderhut. Um die Schultern trägt die Figur eine Art

*95*
*Hugo Bürkner (1818–1897),*
*Der Christmarkt.*
*Pflaumentoffel und Dresdner Striezelmarkt gehören zusammen. Hier ein Beleg aus dem Jahre 1851; das von Ludwig Richter später aufgegriffene Motiv der →Striezelmarktkinder klingt schon an.*

„Koller" (Umhang). Zur Ausstattung gehören außerdem Leiter und Rutenbesen.

Erst ein paar Worte zur mythischen Herkunft dieser Figur. Ein Bild von Lucas Arnold (1842) „Dresdner Striezelmarkt um 1840" zeigt Kinder als Pflaumentoffel-Verkäufer, die daneben auch eine heute ausgestorbene Figur, den „Pelzmärtel", anbieten. Wilhelm von Kügelgen (1802–1867) beschreibt in seinen „Jugenderinnerungen eines alten Mannes" einen Besuch auf dem → Striezelmarkt in Dresden, wo er neben „Schornsteinfegern von gebackenen Pflaumen" auch die „gespenstigen Knechte Rupprechts" zum Verkauf angeboten sieht. Der erste Erforscher des Pflaumentoffels, Ernst Uhle aus Annaberg, sah im Pflaumentoffel ein Abbild des Kinderschrecks Rupprecht (→Rupprich), der dem Kinderfreund →Nikolaus beigesellt ist. Den Kinderschreck Rupprecht setzt er dem österreichischen Krampus gleich, der „letztenendes auf den Teufel und den Gott Wotan zurückgeht". Die Rute beziehungsweise der Besen verbindet die beiden Figuren. Im Dresdner Raum ist auch die Bezeichnung Pflaumenrupprecht geläufig.[322]

Sieht man einmal von diesem möglichen mythischen Ursprung ab, so ist der Pflaumentoffel aus der Realität des Alltags genommen, denn er heißt genau wie der Schornsteinfeger auch Feuerrüpel. Um diese Herkunft zu klären, muss man ein wenig in die Geschichte dieses Berufsstandes zurückgehen. Mit den Häusern entwickelten sich die Feuerstätten. Seit dem 13. Jahrhundert kamen Rauchableitungskanäle auf, die von „Schlotfegern" gereinigt wurden – ein Beruf, den Bergleute, Köhler und Maurer ergriffen. Im Bild ist ein Schlotfeger zum ersten Mal in einem „Aufzug" zu Dresden im Jahr 1582 zu sehen.[323] 1635 erhielten Schlotfeger die Genehmigung, „einen Jungen, welcher die engen und hohen Feuer-Essen durch Kriechen kann, uff ihre Kosten zu halten."[324] Diese Knaben – vor allem Waisenjungen vom zehnten Lebensjahr an – wurden

Feuerrüpel genannt. Kinderarbeit im Schornsteinfegerberuf wurde 1877 abgeschafft und der Beginn der Lehrlingszeit auf das vierzehnte Lebensjahr festgesetzt.[325]

Was nun die diesen kindlichen Feuerrüpeln nachgebildeten Pflaumentoffel betrifft, so sind sie seit Anfang des 19. Jahrhunderts aus Lebenserinnerungen von Philipp Otto Runge (1777–1810) und Wilhelm von Kügelgen (s. oben) schriftlich nachgewiesen. Mehrere Künstler nahmen sich des Motivs der kindlichen Verkäufer an, die Pflaumentoffel feilbieten. So Lucas Arnold (s. oben), Julius Winkler (1850), Hugo Bürkner (1851), Arnold Neumann (1864), Paul Heydel (1879) und Oscar von Alvensleben (1887). Am bekanntesten aber wurde die Darstellung von Ludwig Richter (1803–1884) aus dem Jahre 1853, nach der Max Schanz (1895–1953) an der Spielzeugfachschule Seiffen die Figurengruppe entwarf, die Max Auerbach (*1920) gedrechselt und ausstaffiert hat – eine Ikone der erzgebirgischen Figurenwelt (→Striezelkinder).[326]

Der Landesverein Sächsischer Heimatschutz erkor sich den Pflaumentoffel zum Zeichen und nahm ihn Mitte der zwanziger Jahre in seinen Verkauf auf.[327] 1931 wurde der Pflaumentoffel zum Symbol des Dresdner Striezelmarktes erklärt.[328]

In den dreißiger und vierziger Jahren gewann der Pflaumentoffel große Popularität durch eine Reihe von Texten von Kurt Arnold Findeisen (1883–1963). Eines der Gedichte griff der Kreuzkantor Rudolf Mauersberger (1889–1971) auf und vertonte es innerhalb seines →„Weihnachtszyklus der Kruzianer."

Erst 1910 wurde der kindliche „Verkaufshandel" auf Antrag der Schulaufsichtsbehörde in Dresden untersagt, nachdem 1904 der Verkauf durch Kinder auf die Zeit vom 18. bis 24. Dezember und nur noch bis neun Uhr abends eingeschränkt worden war.[329] Kinderarbeit gehörte also zum Pflaumentoffel ebenso dazu wie die im Erzgebirge verbreitete Heimarbeit,

96
*Pflaumentoffel erfreuten sich seit der Entstehung einer Reihe von Texten von Kurt Arnold Findeisen großer Beliebtheit. Hier eine seltene Anfertigung als Kerzenträger.*

denn noch 1987 beschäftigte die HO Dresden-Stadt acht Rentnerinnen zwischen Heidenau und Hellerau, die ca. 30 000 Pflaumentoffel zusammensteckten und ca. 100 000 Bastelbeutel mit dem Zubehör zum jeweiligen Selberbauen von Pflaumentoffeln füllten.[330]

Heute zählt der Pflaumentoffel oder Feuerrüpel zu den Traditionsfiguren, die nicht nur auf dem Dresdner Striezelmarkt, sondern auch im Erzgebirge zu haben sind. Dabei soll nicht vergessen werden, dass die Produzenten von Räuchermännern das Motiv früh aufgriffen. Die Beliebtheit dieses Motivs ist wohl darin zu sehen, dass Schornsteinfeger bis heute als Glücksbringer gelten und als Symbol vornehmlich auf Neujahrsgrüßen auftreten.

# Pyramide (Peremett)

*Bringt in Gang die Pyramide,*
*bei den Nachbarn läuft sie schon.*
*Zu dem Heiligabendliede*
*Karl, gib an den ersten Ton.*
*Singt, dass Leben kommt ins Haus,*
*und lasst ja kein Versel aus!*

Kurt Arnold Findeisen (1883–1963)[331]

**Der besondere Tipp:**

Claus Leichsenring: Weihnachtspyramiden des Erzgebirges. Entwicklung – Gestaltung – Herstellung. Husum: Verlag der Kunst Dresden 2009. = WEISS-GRÜN 39

Tina Peschel u. a.: Weihnachtspyramiden zwischen Tradition und Moderne. Husum: Verlag der Kunst 2012 = Schriftenreihe des Museums für europäische Kulturen Bd. 12

97
*Eine typische Stockwerkspyramide von Bruno Hennig, Seiffen, Figuren von Karl Müller, Seiffen. Holz, gedrechselt. Höhe: 68 cm, um 1930.*

Pyramiden sind das Herzstück erzgebirgischer Weihnachtskunst, zumal sich in ihnen die Traditionszweige christlicher Überlieferung und Glaubenswelt, bergmännischer Arbeitswelt und der Spielzeugherstellung[332] vereinen.
Den besonderen Zauber erzgebirgischer Weihnachtspyramiden hat der Volkskundler und Spielzeugforscher Karl Ewald Fritzsch (1894–1974) in einem Satz zusammengefasst: „Mit dem lautlosen Kreisen der bunten Figuren, dem warmen Kerzenschein und dem Schattengewimmel ihres Flügelrades an Wand und Decke schmeichelt sie sich schon in den vorweihnachtlichen Dämmerstunden in das Gemüt von Kindern und Erwachsenen ein."
Nach Vorarbeiten von Adolf Spamer (1883–1953) veröffentlichte Fritzsch 1966 einen grundlegenden Aufsatz zur Geschichte der erzgebirgischen Weihnachtspyramide. Er schloss ihn mit folgendem Abschnitt: „Wer weiß es noch, dass einst das Stabgestell als Träger von Schmuck und Kerzen den grünen Tannenbaum ersetzte? Fast ausnahmslos nimmt er heute in den Weihnachtszimmern selbst den ersten Platz ein. Die Pyramide neben ihm vermehrt die Fülle des Lichts und schafft durch ihre ruhige feierliche Bewegung eine Stimmung eigener Art. Das ‚Wuwuln' ihrer Flügelschatten an Wand und Decke spinnt die Gedanken ein und leitet sie zur langen Reihe der Ahnen und Vorformen zurück, die Fleiß und Geschick unserer Bergleute und ihre ewige Sehnsucht nach Licht schufen – seit beinahe fünf Jahrhunderten!"[333]
In den Jahren 1993 und 2009 brachte der Volkskundler Claus Leichsenring zwei umfangreiche Monographien über die erzgebirgischen Weihnachtspyramiden heraus, die die Ergebnisse volkskundlicher Forschungen zusammenfasst und darüber hinaus eigene Quellenstudien anhand von Zeitungen, Wochenblättern und Verkaufsanzeigen aus dem erzgebirgischen Raum einfließen lässt. So steht heute jedem, der sich am Zauber erzgebirgischer Weihnachtspyramiden erfreut, eine wissenschaftlich fundierte, reich bebilderte und in jedem Detail belegte Darstellung zur Verfügung. Das vorliegende Stichwort kann nur in knappen Zügen die wichtigsten Inhalte andeuten und stützt sich weitgehend auf Leichsenring.[334]

Pyramidenförmig aufgebaute Lichter finden sich bereits im kirchlich-höfischen Brauch des 16. bis 18. Jahrhunderts. Die Tradition wurde auch in den weihnachtlich-kirchlichen Alltag übernommen. Der Schneeberger Chronist Christian Meltzer berichtet mit tadelndem Unterton 1716 von „Pyramiden von lauter Lichtern", die die „eitele und allerley Illuminationen liebende Jugend" in der St. Wolfgangs-kirche aufgebaut habe. Im 18. und 19. Jahrhundert kamen pyramidenförmige Lichtergestelle auf – mit immergrünen Zweigen oder buntem Papier umwickelt –, die aber vom →Christbaum verdrängt wurden.

Eine weitere Quelle des Pyramidenbaues ist die Verwendung berg- und hüttenmännischer Motive zunächst in der höfischen Kunst. Bergmännische „Schaustufen" oder „Handsteine", also besonders schöne Gesteinsstufen, waren ein Geschenk der Fürsten untereinander. Sie wurden oft mit religiösen oder bergmännischen Szenen bestückt, wofür wiederum Christian Meltzer in seiner Bergchronik Schneebergs Zeugnis ablegt. Er bezeichnet eine solche Schaustufe als „runde Pyramide". Für festliche Aufzüge kamen große, tragbare Schaubergwerke in Gebrauch.

Erste bewegliche Pyramiden erwähnt Christian Gottlob Wild (1785–1839), die aber vermutlich durch ein Kurbel- oder Uhrwerk in Bewegung gesetzt wurden. Dennoch liegt über dem Ursprung der wärmeluftbetriebenen Drehflügelpyramide das berühmte „erzgebirgische Geheimnis". Das Prinzip war zwar schon seit dem 17. Jahrhundert bekannt und wurde in Kaminen herrschaftlicher Großküchen für Bratenwendespieße genutzt. Wer aber setzte zum ersten Mal eine Weihnachtspyramide durch warme Luft und Flügelrad in Bewe-

98
*Reich verzierte Stock-werks- oder Stufen-pyramide von Albin Neubert, Dresden, Höhe: 90 cm, um 1950. Erzgebirgisches Spielzeugmuseum, Seiffen.*

gung? Verkaufsanzeigen aus dem Jahre 1803, 1811 und 1817 lassen darauf schließen, dass es sich bei den angebotenen Pyramiden tatsächlich um solche mit Warmluftantrieb handelte. 1819 und 1820 wurden schon Laufleuchter und Drehleuchter, ab 1821 Laufpyramiden angeboten. Parallel dazu gab es bergmännische Drehtürme mit Kurbelantrieb. Ein Modell dieser Art aus der Zeit von vermutlich um 1820 ist im Stadt- und Bergmuseum Freiberg zu besichtigen. Als älteste erhaltene Stufenpyramide gilt die so genannte „Lentzsche" im Erzgebirgsmuseum Annaberg. Dabei handelt es sich um eine Stufen- oder Stockwerkpyramide.

*98a Turmpyramide, einstöckig, Zeichnung von Claus Leichsenring.*

81

99

*Diese Pyramide des
Seiffener →Männel-
machers Walter Werner
ist dem pferdegetriebe-
nen Göpel, der wich-
tigsten bergmännischen
Förderanlage, nach-
gebildet. Zum Teil bis
ins Detail genau stellt
sie auf der unteren
Plattform die berg-
männische Arbeit unter
Tage dar, wie sie zuerst
von Georg Agricola
1556 beschrieben und
in Holzschnitten darge-
stellt worden ist. Rechts
und links des unteren
Randes der schindel-
gedeckten Turmspitze
sind zwei Schellen zu
erkennen, die von einer
an einem Faden
hängenden Holzkugel
angeschlagen werden
(→Glockenspiel).*

Die auf die eingangs beschriebenen Lichterpyramiden zurückgehenden Stabpyramiden entwickelten sich ebenfalls im 19. Jahrhundert,
aber frühe Stücke sind kaum erhalten, vor allem aber fehlen schriftliche Belege. Eine Stabpyramide im →Paradiesgarten zeigt das Museum für sächsische Volkskunst in Dresden. Sie
stammt aus der Mitte des 19. Jahrhunderts.
Leichsenring äußert wie andere Volkskundler
vor ihm die Vermutung, dass das Göpelwerk
Einfluss auf die Entwicklung der Drehpyrami-
de gehabt habe. Dabei handelt es sich um die
zumeist mit Pferdekraft betriebene wichtigste Förderanlage des Bergbaus, die in vielen
→Bergwerksmodellen nachgestaltet wurde.
Eine dieser Fördereinrichtung direkt nachgebildete Göpelpyramide wurde von Adolf Spa-

mer 1954 beschrieben, ist aber heute verschol-
len. Dagegen sind Göpelpyramiden aus der ersten Hälfte des 20. Jahrhunderts bekannt. Walter
Werner (*1931) schuf sein beliebtes, noch heute
produziertes Modell um 1970.[335] Diese Göpelpyramide schlägt mit einer kleinen, an einem
Faden am Flügelrad befestigten Holzkugel zwei
Glöckchen an und erinnert damit an das Bergglöckchen, dessen gleichmäßiges Ertönen dem
Bergmann signalisierte, dass die Grubenent-
wässerung ordnungsgemäß lief (→Glockenen-
gel, →Glockenspiel).[336]
In der zweiten Hälfte des 19. Jahrhunderts
blühte die Pyramidenkunst auf. Es kam zu
unzähligen individuellen Formen und zumeist für den häuslichen Gebrauch in Feier-
abendschnitzerei geschaffenen Variationen
und Varianten. Neben der Stufen-, Stab- und
Göpelpyramide entwickelten sich die technisch ganz unterschiedliche, auf dem Prinzip
der Hohlspindel beruhende Ständerpyramide, die Turmpyramide (Drehturm), das
Dreh- oder Pyramidenhaus sowie Hängepyramiden, frei hängend oder im Rahmen, ein-
facher gestaltet oder mit geschnitztem Ran-
kenwerk (→Decken- und Laufleuchter).
Aber nicht nur in gemütvoller Feierabend-
schnitzerei wurden Pyramiden und andere
Bergwerksdarstellungen angefertigt, sondern
als zum Lebensunterhalt bitter notwendiger
Nebenerwerb.
Schließlich kam es spätestens zu Beginn des
20. Jahrhunderts zur serienmäßigen Herstellung von Pyramiden in großen Stückzahlen.
Führend auf diesem Gebiet war die Holzwa-
ren-Fabrik Carl Ludwig Flemming in Globenstein, deren Namengeber von 1840 bis 1905
lebte und seine Firma 1864 errichtete. 5000 bis
6000 Pyramiden in der Saison kamen aus diesem Haus. Die Produktion endete 1948. Weitere Pyramidenhersteller sind in Geyer, Schneeberg und in Seiffen nachweisbar.
Nach einem Entwurf von Max Schanz (1895 –
1953) wurde in Seiffen seit 1943 eine kleine zer-

legbare Stabpyramide für den Versand an Soldaten an der Front produziert – eine kurze Episode in der Pyramidengeschichte, aber für alle, die damals die Pyramiden hergestellt, gekauft, verschickt oder an der Front empfangen haben, unvergesslich und noch heute bewegend.

In den Jahren der DDR waren Pyramiden aus den verschiedensten Werkstätten, volkseigenen Betrieben und Produktionsgenossenschaften ein wichtiger Exportartikel, wobei sich der VEB Erzgebirgische Volkskunst Kurort Seiffen (heute Erzgebirgische Volkskunst Richard Glässer GmbH) erfolgreich vor dem Landgericht München I gegen detailgetreu gefertigte Kopien einer westdeutschen Firma wehrte.

Wichtige Förderer der Pyramidenkunst waren die →Schnitz- und Bastelvereine, deren erster 1879 gegründet wurde. Leichsenring listet bis 1934 insgesamt 47 Gründungen auf.

Ein Beispiel individueller Pyramidengestaltung hat der Volkskundler Karl Ewald Fritzsch – damals noch unter dem Namen Ewald Fritzsch – im „Allgemeinen Sachsenkalender 1924" beschrieben.[337] Aus dem Erzgebirgsdorf Hallbach (→Arche Noah) nach Dresden gekommen, schuf er sich eine Pyramide mit der Kuppel der Frauenkirche als Kirchturmspitze, um so die Verbindung zwischen alter und neuer Heimat zu kennzeichnen. Dem Zeitgeist – neun Jahre vor Beginn des „Dritten Reiches" – entsprechend, kam auf die unterste Scheibe keine Christgeburt, sondern ein altgermanisches Julfest „mit Wotan, Freia und Baldur, dem Gott des Lichtes". Diese Pyramide gehört zur Sonderform der Architekturnachbildungen. Konrad Auerbach nennt diesen Pyramidentyp Turmpyramiden.[338]

In diesen Bereich gehören auch Modelle als →Laubsägearbeit. Weitere Sonderformen sind die oben erwähnten Hängepyramiden (→Decken- und Drehleuchter), →Schwibbogen mit Pyramide, →Moosmann mit Pyramide, Leuchterfiguren mit Pyramide (→Leuchterpaar Engel und Bergmann; →Glockenengel und -bergmann), Miniaturpyramiden in Nussschalen (→Miniatur in der Nussschale) und Flaschenpyramiden (→Geduldflasche) sowie Baumpyramiden, wie sie vor allem – auch als Walddrehturm bezeichnet – im Vogtland verbreitet sind (→Nachbarregionen).

Der besondere Tipp:

Frank Teller: Pferdegöpel in Johanngeorgenstadt. In: Mitteilungen des Landesvereins Sächsischer Heimatschutz 1994/2. S. 40 ff.

*Der altehrwürdige Pferdegöpel zu Johanngeorgenstadt wurde als technisches Denkmal für den dortigen Bergbau 1992/1993 durch einen Förderverein wieder aufgerichtet, nachdem er 1947/1948 durch den Uranabbau der SAG (Sowjetische Aktiengesellschaft) WISMUT abgerissen worden war.*

*Wer einmal einen Original-Pferdegöpel im Einsatz sehen will, findet ihn im Dorfmuseum Gahlenz, wo er freilich nicht bergmännischen, sondern landwirtschaftlichen Zwecken dient.[339]*

*100
Stufenpyramide im Paradiesgarten. Massefiguren, Luffabäume. Holz, gedrechselt und ausgesägt mit eingelassenem Spiegelglas. Höhe: ca. 125 cm, um 1910.*

83

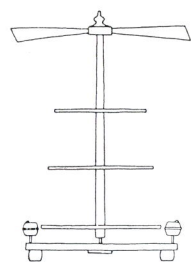

*101
Ständerpyramide, auf
dem Prinzip der Hohl-
spindel beruhend, in
der die das Flügelrad
drehende Achse läuft.
Zeichnung Claus
Leichsenring.*

*102
Kleine dreistöckige
Stabpyramide aus der
heutigen Produktion
der Seiffener Volks-
kunst eG, Seiffen.*

Schließlich wurden für die Serienfertigung auch Drahtpyramiden, Blechpyramiden, Zinnpyramiden und Papp-Pyramiden hergestellt.[340] Es gibt auch Kurioses: Der Sehmaer Bäcker Kurt Riegel bot 1936 einen aus Waffeln, Marzipan, Napfkuchen und Zuckerguss hergestellten Drehturm an.[341]

Als Licht- und Wärmequellen dienten weit bis in die zweite Hälfte des 19. Jahrhunderts hinein Öllämpchen und Talgkerzen, die schließlich von Kerzen aus synthetischen Wachsen abgelöst wurden. Nun kamen Lichtertüllen (erzgebirgisch „Dillen") aus Blech oder Holz auf.

Eine eigene Welt ist die der Pyramidenfiguren. Die Hauptmotivkreise sind der Erzbergbau und die christliche Weihnachtsgeschichte. Dazu kommt die heimatliche Umwelt als Motivquelle, vor allem →Waldleute oder Jagddarstellungen. Es wird vermutet, dass Letztere vor allem der Bewegung wegen in den Pyramidenbesatz kamen.[342]

Solange die Christgeburt eine mehr als dekorative Rolle spielte, war sie der ruhende Pol am Fuß der Pyramide, und nur die oberen Stockwerke drehten sich.[343]

Es ist gelegentlich versucht worden, für die Pyramidenbestückung Regeln aufzustellen, was auf welchen Teller (= Stockwerk) zu kommen habe. Aber dagegen hat sich immer wieder die Individualität der Pyramidenhersteller durchgesetzt, die sich jeweils ihre eigene Welt schufen. Krippenfiguren, geschnitzt, gedreht und vom Reifen gibt es bis heute. Im 18. Jahrhundert wurden Pyramiden vielerorts mit Masse- und Papiermachéfiguren (→Teigmännel) bestückt. Der Erzgebirger transponiert das Große gern ins Kleine, aber ebenso gern das Kleine ins Große. Davon zeugen die vielen →Ortspyramiden, aber auch die in Vorgärten neben oder anstelle von beleuchteten Weihnachtsbäumen aufgestellten Pyramiden, die oft zwei bis drei Meter hoch sind.

Wer sich Pyramidenfiguren selber schaffen will, findet eine kurze Anleitung dazu bei Rolf Kunze.[344] Wer eine Pyramide besitzt, muss mit deren „Tücken" rechnen. Man muss wissen, dass der Drehkörper durch einen Metallstift geführt wird, der in einem Glasnäpfchen ruht. Die metallene Spitze, die im Glaslager läuft, muss stets blank gehalten werden und bedarf des gelegentlichen Aufpolierens mit feinem Sandpapier. Auch sollte die Nadelspitze nicht elf Monate lang auf dem Glaslager stehen. Hebt man die Pyramide in der Originalverpackung auf, wird der Drehkörper mit einem Wellpappstreifen leicht angehoben. Hat sich der Schwerpunkt der Pyramide verlagert oder eine Bremsstelle ergeben, kann meist nur der Fachmann helfen.[345] Wie der Weihnachtsfrieden empfindlich gestört werden kann, wenn die Pyramide nicht in Gang kommt oder immer wieder stehen bleibt, das ist ein unerschöpfliches, humorvoll aufgefasstes Thema erzgebirgischer Mundartgedichte und -erzählungen (→Mundart- und Heimatdichtung).

84

# Rastelbinder

*Mausifalli, Rattifalli,*
*alles, was sie haben wollen,*
*Pfännle, Töpfle, Näpf' und Tiegel,*
*Stürzen, Löffel, Kleiderbügel.*
*Einzustricken Form und Fass.*
*Gute Mutter, kauf sie was!*

Kurt Arnold Findeisen (1883–1963)[346]

103
*Gefäße mit einem*
*dichten Gewebe aus*
*Metallfäden, vom*
*Rastelbinder*
*umflochten.*
*Österreichisches*
*Museum für Volks-*
*kunde, Wien.*

Mit dem erzgebirgischen „Rastel" für „kleiner Rest" (e Rastel Farb') hat der Begriff Rastelbinder nichts zu tun, obwohl sich dieser umherziehende Handwerker sehr wohl der Reste von zerbrochenem Geschirr und sonstiger Flickarbeit annahm. Wie dieser selbst kommt die Bezeichnung aus der ehemaligen Donaumonarchie. Rastel wird in Österreich für (Draht-)Gitter und das Drahtgeflecht um einen Topf herum verwendet und geht auf das lateinische rastellum zurück. Der Rastelbinder ist also ein Drahtbinder bzw. Kesselflicker.[347]

Das Handwerk soll vor mehr als 300 Jahren im Bereich von etwa zwanzig Dörfern in der Slowakei, im Norden der Zips und nördlich der Industriestadt Zilina entstanden sein. Fast alles Gerät und Geschirr war damals aus Holz – Steingut und Keramik seltene und teure Gebrauchsgegenstände. Wenn ein Gefäß zerbrach, wurde es vom Rastelbinder repariert, indem er die Bruchstücke durchbohrte, mit Draht vernähte und das ganze Gefäß mit einem dichten Gewebe aus Metallfäden umspann. Daraus entstand die Gewohnheit, neue, makellose Gefäße als Schlagschutz und Schmuck mit Draht zu umflechten, und schließlich ging daraus die eigene Drahtkunst hervor, die in der Slowakei noch immer ausgeübt wird.

Die slowakischen Drahtbinder zogen aus ihrer armen Heimat durch die Lande der Doppelmonarchie und kamen bald auch über die Grenze ins Erzgebirge. Unentbehrlich waren die von ihnen hergestellten Mausefallen. Ihr Gewerbe breitete sich so aus, dass sie Manufakturen in St. Petersburg, Budapest, Berlin, Wien und auch in Amerika eröffneten. Auf einen dieser slowakischen Drahtbinder in den

104
*Küchengeräte, von*
*Rastelbindern aus*
*Draht geflochten.*

105
*Rastelbinder als*
*Räuchermann – typisch*
*der kurzkrempige Hut,*
*die Haartracht und ein*
*drahtumflochtenes*
*Gefäß.*
*Klaus Merten, Seiffen,*
*Höhe: 20 cm, um 1990.*

USA gehen die uns so vertrauten rollenden Einkaufskörbe zurück.[348]

Das Drahtbinderhandwerk erlebte um 1900 seinen Höhepunkt, als in Europa und den USA etwa zehntausend Drahtbinder tätig waren.[349]

Gekleidet in die Tracht ihrer Heimat, mit einem originellen Hut (auf alten Darstellungen spitz oder rund, kurzkrempig) auf dem Kopf und behängt mit Drahtringen, Mausefallen und Taschen, wurden die Rastelbinder bald zu einem beliebten Motiv in Literatur, bildender Kunst – und als →Räuchermann im Erzgebirge, zum Beispiel aus der Seiffener Werkstatt von Wilhelm Füchtner (1844–1923).

Auf den Rastelbinder stoßen wir bei dem Romantiker Ludwig Tieck (1773–1853)[350], in einem Bänkelsängerlied von 1852[351], in einem Roman „Der Rastelbinder" von 1875 von Philipp Galen (eigentlich Ernst Philipp Karl Lange; 1813–1899) und in einer Operette von 1902 von Victor Léon (Text; 1858–1940) und Franz Lehár (Musik; 1870–1948).

„Der Hausiererhandel der slowakischen Drahtbinder unter besonderer Berücksichtigung des Königsreichs Sachsen" ist sogar einmal Thema einer Dissertation gewesen.[352]

Ihre Bewegungsfreiheit sollen die Rastelbinder einer kunstvoll gebauten Drahtwiege zu verdanken haben, die sie der Kaiserin Maria Theresia (1717–1780) zur Geburt ihres Sohnes Josef II. (1741–1790) schenkten – jenes Josef, der 1787 mit seinem Land in einen Türkenkrieg geriet, der wiederum einer der Anlässe zum Auftritt von Türken unter den erzgebirgischen Räuchermännern wurde.

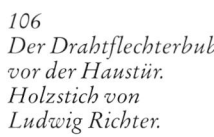

86

# Räucherfrau – Räuchermann – Räucherhaus

*Wenn es Raachermannel naabelt un es sogt kaa*
*Wort derzu*
*un der Raach steigt an der Decknauf, sei mer*
*allezamm su fruh.*
*Un schie ruhig is in Stübel, steigt der*
*Himmelsfrieden ro,*
*doch in Herzen lacht's un jubelt's: Ja,*
*de Weihnachtszeit is do!*

Erich Lang (1895–1940)[353]

Die Grundidee bei der Erfindung der Räuchermänner war, das bisher in kleinen Gefäßen oder Kesselchen abgebrannte Weihrauchkerzchen in eine Hohlform einzusetzen.[354] Dabei wurde die althergebrachte Art der Docke, also die Grundform der gedrechselten →Puppe verwendet und der Oberkörper zum Abnehmen gestaltet.

Mit einigem Humor beschreibt Oskar Seyffert (1862–1940) in seinem Führer durch das „Landesmuseum für Sächsische Volkskunst" aus dem Jahre 1924 diese Erzgebirgsfigur: „Ihr Oberkörper ist abzuheben, das wohlriechende Kerzchen wird hineingestellt, und sein Qualm dringt nun aus dem weitgeöffneten Mund des Rauchers. Auf diese Weise wird die dicke Luft der Erzgebirgsstuben, die ,man schneiden kann', um erheblich viele Grade dicker. Und dann fühlt man sich besonders wohl und gemütlich."[355]

Das Unterteil der Räucherfiguren besteht aus Sockel („Pritschel"), Beinen und einem

Brettchen, das eine kleine Metallscheibe als Untersetzer für das Räucherkerzchen trägt. Es ist an zwei Stellen durchbohrt, damit die Luft in den hohlen Leib einsteigen und zirkulieren kann. Der Kopf hat anstelle des Mundes ein Loch, aus dem der Rauch entweicht. Bei Räucherfrauen steigt der Rauch durch die Kloßschüssel auf. Übrigens soll es passiert sein, dass unbedarfte westdeutsche Empfänger von Räuchermännern aus DDR-Päckchen Unter- und Oberteil, die nach ihrer Ansicht „zerbrochen" eintrafen, aneinander geleimt haben. Räuchermänner kommen in jener Zeit auf, als das öffentliche Rauchen auf Straßen nicht mehr verboten ist – in Preußen ab 1848 – und kurioserweise gerade dann, als

*107*
*Räuchermänner. Wie diese alten Figuren zeigen, war das Bauprinzip von Anfang an das gleiche. Auf dem „Pritschel" stehen die Füße. Sie tragen ein Brettchen mit runder Metallscheibe als Untersetzer für die Räucherkerzchen. Der Leib der Figuren ist hohl. Durch ihn steigt der Rauch nach oben und quillt aus der Mundöffnung. Bei älteren Figuren wie diesen sind Füße und Arme aus Teig geformt und an die gedrechselten Teile angesetzt; auch die Gesichter sind aus Teig, der auf die „Holzköpfe" aufgetragen ist. Räuchermänner, Holz gedrechselt, Gesicht und Arme aus Teig. Bergmann, Haustein, Seiffen um 1910, Bote mit Tasche, Füchtner um 1900, Schneemann um 1900.*

das Zigarettenrauchen das Pfeifenrauchen verdrängt, und zwar als Folge des Krim-Krieges (1853–1856). Engländer und Franzosen eilten damals den Türken zu Hilfe gegen die Russen, von denen sie – der Krieg ist der Vater aller Dinge – die Papyros, die Zigarette übernahmen, die sich in der zweiten Hälfte des vorvorigen Jahrhunderts langsam über ganz Europa ausbreitete. Das aber war die Zeit, in der in Seiffen die Produktion von Räuchermännchen begann.

Die Pfeife hatte da schon eine rund dreihundertjährige Geschichte hinter sich. Sie verbreitete sich in der ersten Hälfte des 16. Jahrhun-

derts zusammen mit dem Tabak durch ganz Europa. Geraucht wurde aus Holz-, Ton-, Meerschaum- und Porzellanpfeifen. Die kostbaren Pfeifen aus der Bruyère-Wurzel kamen in der zweiten Hälfte des 19. Jahrhunderts in Mode, als auch der Räuchermann seinen Siegeszug antrat.[356]

Volkskundler haben sich bemüht, herauszufinden, wann denn nun das erste erzgebirgische Räuchermännlein entstanden ist. Geburtsort ist vermutlich Heidelberg, heute eingemeindet nach Seiffen und mit diesem unmittelbar verbunden. „Nach einer mündlichen

*108*
*Volkstümliche Figuren sind es, aus denen sich die Welt der Räuchermänner zusammensetzt. Gelegentlich gibt es Verwunderliches, wie hier den Räuchermann mit der Zipfelmütze. Stellt er den deutschen Michel oder einen Zwerg dar? Oder handelt es sich um einen Kobold oder ein Bergmännchen, von denen viele Bergmanns-Sagen erzählen und auch Agricola 1548 in seinem „Buch von den Lebewesen unter Tage" berichtet?*
*Holz, gedrechselt, Mütze, Bart, Arme und Füße aus Teig.*
*Höhe: 29,5 cm, Richard Langer, Seiffen, ca. 1920/30.*

*109*
*Rauchende Frauen gibt es unter den erzgebirgischen Räucherfiguren nicht.Räucherfrauen treten stets nur als „Klößefrau" auf – der Rauch steigt wie Dampf aus der Schüssel, physikalisch herrscht das gleiche Prinzip wie beim rauchenden Mann vor. Kloßfrau aus der Werkstatt Ender, Borstendorf.*

Überlieferung von Louis Haustein (1858–1929) hat dessen Vater Gotthelf Friedrich Haustein (1835–1900) gemeinsam mit seinem Onkel Ferdinand Frohs, der Spielzeugfiguren herstellte und bei dem er arbeitete, im Jahre 1856 oder 1857 den ersten Räuchermann hergestellt. Demnach waren, solange frühere Beweise hierfür nicht vorliegen, Gotthelf Friedrich Haustein und dessen Onkel Ferdinand Frohs die ersten Hersteller erzgebirgischer Räuchermänner."[357]

Die Räuchermännerherstellung verblieb in der Familie. Die „Räuchermännel-Hausteins" waren in Seiffen sehr beliebt. Sie „waren es, die den unverwechselbaren Typ traditioneller erzgebirgischer Räuchermänner entscheidend mit prägten. Die Haustein-Räuchermännel wurden nicht nur durch ihre volkstümlichen Figuren (Eisenbahner, Briefträger, Fleischer, Bäcker, Schornsteinfeger, Förster, Waldarbeiter, Weihnachtsmann, Bergmann u. a.) bekannt und beliebt, sondern auch durch eine besondere Technologie ihrer Herstellung."[358] Bei ihren Figuren waren nicht nur die Arme und Füße – bis etwa 1930 üblich -, sondern auch die Gesichter aus Teig geformt. 1948 endete die Produktion aus wirtschaftlichen Gründen. Der aus der Familie Haustein stammende Klaus Merten nahm 1985 die Herstellung von Räuchermännern in der Familientradition auf und fertigt auch Einzelstücke mit Teigarmen und einem Teiggesicht an.[359]

Aus dieser Keimzelle bei den Hausteins in Heidelberg erwuchs eine unübersehbare Räuchermännchen-Produktion in Seiffen, aber auch in vielen anderen Orten des Erzgebirges. Der Figurenreichtum zeigt, dass die Phantasie der Erzgebirger bis heute ungebrochen ist. Eine rauchende Frau findet sich allerdings darunter nicht. Bei Herbert Ender (1901–1968) in Borstendorf entstand im Stil der Jahre 1930/40 die vielleicht erste Klößefrau. Friedrich Emil Krauß (1895–1977) – nach sowjetischer Gefangenschaft in Westdeutschland lebend – ließ

solche Klößefrauen anfertigen und verschickte sie 1974 als Weihnachtspräsent.[360]

Die KWO-Werkstätten in Olbernhau fertigten um 1985 eine Klößefrau an, die durch den schräg angesetzten Kopf von der traditionellen Gestaltung abweicht.[361] Ines Frömelt (*1960) hat in diesem Stil eine ganze Reihe von Räucherfiguren für die Kunstgewerbe-Werkstätten Olbernhau geschaffen und damit den Typus weiterentwickelt, wie dies andere Gestalter jeweils auf ihre Weise tun.[362]

Unter dem Einfluss der Spielwarenfachschulen wurden Räuchermänner nicht lackiert, sondern mit lasierenden Ölfarben behandelt, welche die Transparenz der Holzstrukturen betonen. Türken in dieser Technik schuf von 1960 an Max Auerbach (*1920) in Seiffen. Besondere Wirkungen werden erzielt, wenn die lasierten Figuren mit getupftem Goldschmuck versehen werden.[363]

Neben dem Bemalen und Lasieren ist eine weitere Technik der Oberflächenbehandlung das Schwärzen mittels Gasflammen. Die obere Schicht des angekohlten Holzes wird mit einer Messingdrahtbürste entfernt. Diese Technik des Brennens hebt die Struktur der Jahresringe besonders hervor. Ein ähnlicher Effekt kann durch „Sandeln" mittels eines Gebläses erzeugt werden. Gesandelte oder gebrannte Figuren werden mit Beizen behandelt und erhalten so ihre typische Struktur.[364]

Nur der Vollständigkeit wegen sei erwähnt, dass neben den allgemein üblichen gedrehten Räuchermännern auch geschnitzte anzutreffen sind.[365]

In den Zeiten der DDR wurde die Produktion von Räuchermännern gefördert – vielleicht nicht nur wegen ihrer Bedeutung für den Export, sondern weil sie im Hinblick auf den christlichen Charakter des Weihnachtsfestes eher „ideologiefrei" sind. So kam im Jahre 1984 ein für DDR-Verhältnisse üppiger Ex-

portkatalog der Marke „expertic" heraus.[366] Aber schon damals hoben angesichts der Vielfalt der Produktion Volkskundler besorgt den Zeigefinger: „Leider tauchen aber unter Räuchermännern in zunehmendem Maße auch viele Groteskdarstellungen, Ulkfiguren und tölpelhafte Verzerrungen auf, die, auf mangelnde Kenntnis der Traditionsformen oder auf negative Exporteinflüsse zurückzuführen, mit den traditionellen Volkskunst-Räuchermännern nichts mehr gemein haben ..."[367]

Manfred Bachmann hatte schon 1984 in seinem Standardwerk „Holzspielzeug aus dem Erzgebirge" kritisch angemerkt: „In der Gegenwart dominieren leider vordergründig im Angebot des Erzgebirges nicht die im Stile alt-überlieferter Volkskunstformen gefertigten Typen, sondern in Massen produzierte ‚kunstgewerbliche' Produkte. Dazu gehören grotesk verzerrte Darstellungen einzelner Berufe und ‚Ulkfiguren', gegen die der Volkskundler berechtigte Einwände vorzubringen hat und die er aus dem Bereich der Volkskunst verweist."[368]

Räucherhäuschen sind im Erzgebirge weit verbreitet, treten aber in der Literatur und Überlieferung gegenüber dem Räuchermann in den Hintergrund. Sie sind den → Lichterhäuschen verwandt und relativ einfach herzustellen. In der Zeitschrift „Die Arbeitsschule" erschien

*110*
*Räuchermänner aus den Kunstgewerbe-Werkstätten Olbernhau, eine eigenwillige Weiterentwicklung der sonst eher steifen Figuren mit gedrungenen Körpern und schräg angesetzten Köpfen. Es entsteht ein lebendiger Eindruck, man vermeint die Worte zu vernehmen, die die Räuchermännchen miteinander wechseln (Design Ines Frömelt).*

*111*
*Auch das ferne China steht gelegentlich bei der Räuchermann-Produktion Pate. Die abgestufte Kleidung, die originelle Ornamentierung, die durch Lasieren hervorgehobene Holzstruktur, der charakteristische Schnurrbart und die schräg angesetzte Kopfbedeckung heben die Figur aus der „normalen" Welt der Räuchermanner heraus.
Höhe: 22 cm, um 1965. Vermutlich nach einem Entwurf von Karl Max Dittmann (1903–1982; →Dresdner Spielzeug).*

*112*
*Diese Räuchermann-
figur gewinnt ihre in
sich ruhende Geschlos-
senheit durch Weglas-
sen der Arme und Füße,
die streng mittige
Gestaltung und Be-
malung und die an den
„Schachthut" aus der
Welt der Bergmanns-
leuchter und Nuss-
knacker gemahnende
Kopfbedeckung.
Holz, gedrechselt.
Höhe; 26 cm, um 1960?*

**Der besondere Tipp:**

*In Cranzahl im Sehmatal
befindet sich das „1.
Räuchermannmuseum"
(Alte Färberei, Dorfstra-
ße 5, 09465 Sehmatal-
Cranzahl; täglich geöff-
net)*

*Literatur:*

Räuchermänner im Säch-
sischen Erzgebirge.
Schriftenreihe „Erzgebir-
gische Volkskunst" der
Berufsfachschule für
Tourismus, Chemnitz,
Heft 11. Husum:
Husum Verlag 2000.

*113*
*Räucherhäuser von
Klaus Hübsch, Seiffen.*

---

*Herstellung eines Räuchermannes*

Ein Rohkantel (z. B. aus Birke) wird ab-
geeckt, zur runden Form gedreht und
durchbohrt (ausgehöhlt). Arme und
Hände werden ebenfalls aus Rohkanteln
geschaffen, Ober- und Unterarm getrennt, und dann zusammengeklebt.
Anschließend werden die Hände aufgeklebt. Die Beine werden aus einem Rohkantel geschaffen. Die Füße werden unten angeklebt.
Die Grundplatte wird gelocht, damit die
Zapfen der Füße eingesetzt werden können. Die Kerzenplatte wird gelocht für die
Luftzirkulation und dann das Metallplättchen aufgesetzt.
Der Kopf wird ebenfalls aus einem Rohkantel geschaffen, die Grundform dann
gehöhlt. Nase und Ohren werden angeklebt.
Nach der Herstellung der Einzelteile er-
folgt die Montage, an die sich die Bemalung („farbige Fassung") anschließt.
Die Farbe muss antrocknen. Schließlich
kommen die übrigen Zubehörteile dazu:
Hut, Pfeife, Rucksack, „Reff" oder was
auch immer der Räuchermann trägt.[369]

---

1929 eine praktische Bauanleitung für das
Licht- und das Räucherhäuschen von Richard
Parthum, in Verbindung mit einer Anleitung,
einen Räuchermann in →Laubsägearbeit herzustellen.
Zur Beliebtheit und weiten Verbreitung der
Räuchermänner hat das eingangs auszugsweise
zitierte Raachermannl-Lied des Olbernhauer
Lehrers Erich Lang viel beigetragen. Lang
wurde 1895 in Satzung als Lehrers- und Kan-
torskind geboren. Von seiner Studienzeit am
Annaberger Seminar 1919 an lebte er bis zu seinem frühen Tod im Jahre 1940 in Olbernhau.
Er schuf Text und Melodie des Liedes zunächst
für den häuslichen Gebrauch, aber im Advent
1937 kam es im „Tivoli" in Olbernhau durch
die „Tischer-Mahd" Luise Pinc (1895–1982)
und Hildegard Eckhardt zur Uraufführung.[370]
Von da an wurde es schnell populär und wird
bis heute viel gesungen.[371]

# Räucherkerzel

*Zum Weihnachtsfest im Erzgebirg'*
*gehört seit alter Zeit*
*ein guter Räucherkerzenduft*
*zu Licht und Fröhlichkeit.*

Werbespruch auf einer Verpackung der „Original Neudorfer Räucherkerzen" (Firma Jürgen Huss, nach 1990)

Auch über den Weihrauch- oder Räucherkerzeln des Erzgebirges liegt ein Geheimnis. Warum sie gerade im protestantischen Erzgebirge ihre Heimat fanden und zum Exportschlager wurden, hat noch niemand recht ergründet. Und es gibt nur wenige Betriebe, die sie produzierten, noch oder wieder produzieren und jeder hütet seine Rezepturen wie seinen Augapfel. Erst vor wenigen Jahren wurde ein Beleg gefunden, aus dem hervorgeht, dass „Reicherkerzle" schon viel früher als bisher angenom-

114
*Ursprünglich wurden Räucherkerzel von Hand gedreht. Rationalisiert wurde die Herstellung durch Walzenformmaschinen. Hier eine Form aus einer solchen Maschine, das Funktionsprinzip lässt sich gut erkennen. Gussform, Metall, um 1900, Firma Knox.*

men im Gebrauch waren. Aus einer Schuldklage in den Akten des Bergamtes Annaberg geht hervor, dass am 15. Dezember 1714 die Frau des Meisters Gabriel Töpfer, Bergschmied in Geyersdorf, für 6 Pfennige $2^1/_4$ Loth von diesen Kerzchen vom Handelsmann Samuel Mylius in Annaberg erhielt. An diesem Tag war Markttag in Annaberg. Meister Töpfers Frau ließ „anschreiben"; ihr Mann sollte mit Arbeit bezahlen. Seine Schulden waren schon auf circa 10 Taler aufgelaufen. Dennoch waren für ihn die Räucherkerzchen zum Weihnachtsfest wohl unentbehrlich.

Woher der Handelsmann Mylius die Ware nahm, wissen wir nicht. Vielleicht hat er sie selbst hergestellt, vielleicht hat er sie aus einer Apotheke bezogen. Die für das Erzgebirge wichtigen Quellen aus der ersten Hälfte des 19. Jahrhunderts erwähnen eine Produktion von Räucherkerzen bzw. Räucherwerk nur in Bockau, noch nicht in Crottendorf, das erst Ende des 19. Jahrhunderts zum Herstellungszentrum wurde.[372]

Der Weihrauch allerdings ist aus langer biblischer Tradition bekannt. Zentrum der Weihraucherzeugung war Dhofhar (auch Sufar, südlicher Landesteil des Sultanats Oman auf der arabischen Halbinsel). Vom Handel mit Weihrauch profitierte insbesondere das Königreich Saba in Südarabien, das vom 1. Jahrhundert bis zum 6. Jahrhundert nach Christus bestand. Die legendäre Königin von Saba – in der Bibel „Königin von Reicharabien genannt" – besucht König Salomon und bringt unter an-

115
*Crottendorf ist seit Mitte oder Ende des 18. Jahrhunderts der Hauptort der Räucherkerzelproduktion. Hier eine Verpackung der Firma Freya Graupner, Crottendorf.*

derem auf Kamelen „Spezereien" mit.[373] Gemeinsam mit Salomo gerät sie ins Erzgebirge – denn der Meister der „Goldenen Pforte" am Dom zu Freiberg hat sie in einer seiner Skulpturen neben dem König Salomo dargestellt.

Untrennbar mit der Weihnachtsgeschichte verbunden ist Weihrauch durch das 2. Kapitel des Matthäus-Evangeliums, in dem berichtet wird, dass die drei Weisen aus dem Morgenland dem Neugeborenen „Gold, Weihrauch und Myrrhe" schenkten.[374]

Unter Weihrauch versteht man das von der Weihrauchbaumart Boswellia carteri gewonnene Gummiharz, das als Verbrennungsprodukt einen aromatischen Duft entwickelt, der ebenfalls als Weihrauch bezeichnet wird.[375]

Grundlage der Räucherkerzenherstellung ist Holzkohle, die für eine duftneutrale Erhitzung der zu verbrennenden Aromastoffe sorgt. Die Herstellung von Holzkohle aus Holz unter Luftabschluss war im Erzgebirge weit verbreitet. Köhler betrieben Kohlenmeiler, die so genannte „Köhlerei" (→Waldleute). Weitere Bestandteile sind Salpeter, das Bindemittel Tragant aus dem Gummi des Astragalus-Baumes oder Stärke sowie die Duftharze Weihrauch, Myrrhe, Ladanum, Peru-, Balsam- und Kiefernharz. Traditionell sind für erzgebirgische Räucherkerzchen die Farben Rot, Schwarz und Grün mit Weihrauch-, Lavendel-, Ambra-, Sandelholz- oder Fichtennadelduft.[376]

Weihrauchkerzen wurden zunächst mit der Hand geformt (Fachausdruck „gedreht"), später mit speziellen Walzenformmaschinen in die bekannte Pyramiden- oder Kegelform, im Volksmund „Kapuziner" genannt, gebracht. Wichtig ist das Trocknen – früher im Freien, in den Fabriken in der elektrischen Warmluftanlage des Trockenschrankes.

Räucherfiguren und Räucherkerzen wurden jeweils getrennt vertrieben. Eine Ausnahme bilden Räucherhäuschen, die gelegentlich von den Kerzchenproduzenten als Verpackung mit angeboten werden.

*116*
*Das Innere eines Räuchermannes (Funktionsmodell der Firma Knox; Mohorn/Weißeritzkreis, am nördlichen Rand des Erzgebirges). Der Hohlkörper wird auf eine Holzplatte gestülpt, die ein Metallplättchen trägt. Darauf wird das Räucherkerzchen gestellt. Die Scheibe ist mit zwei Löchern durchbohrt, damit die Luft samt dem entstehenden Rauch nach oben steigen und durch die Mundöffnung abziehen kann.*

Seit Mitte des 18. Jahrhunderts wurde von Crottendorf aus mit den duftenden Kerzchen gehandelt, denn es gibt Hinweise, dass Räucherkerzenhändler aus diesem Ort die Kartoffel als Nahrungsmittel im Erzgebirge verbreitet haben. Friedrich II. (1712–1786) hat in Preußen den Kartoffelanbau im Siebenjährigen Krieg (1756–1763) zwangsweise eingeführt.[377]

Eine Räucherkerzchenherstellung ähnlich dem Selberbasteln scheint im Erzgebirge nicht üblich gewesen zu sein. Räucherkerzen wurden für die Händler in Heimarbeit oder für die eigene Firma im Nebenerwerb hergestellt, „ohne irgendwelche Gemütlichkeit, Romantik oder Weihnachtsstimmung; Heimarbeit wie die übrige erzgebirgische Heimproduktion, etwa von Spielzeug, Broterwerb unter Nutzung aller Arbeitskräfte der Familie von Kind bis Greis."[378]

# Scherenschnitt

*Dies Schattenbild ist kein Verzicht*
*auf Farbe; denn ich steh im Licht.*
*Nicht leicht ist dieses zu verstehn,*
*sich selber so im Schatten sehn –*

Max Pickel (1884–1976)[379]

Der Scherenschnitt gehört zu den Gebieten der Volkskunst, die im Hinblick auf ihre Bedeutung für das Erzgebirge erst jüngst erschlossen worden sind. 1994 brachte Christa Bachmann Ihre Untersuchung „geschnittene Handschriften" heraus.[380]
Die Geschichte des deutschen Scherenschnitts beginnt im 17. Jahrhundert. Es handelt sich zunächst um anonyme volkskünstlerische Arbeiten. Später taten sich eine Reihe namhafter Künstler auf diesem Gebiet hervor. Im 19. und 20. Jahrhundert finden sich solche auch im sächsischen Raum.
Für das Erzgebirge bestimmend und stilbil-

dend wurde Max Pickel (1884–1976), der in Nürnberg geboren wurde, aber ab 1890 im Erzgebirge aufwuchs und als Lehrer und Schulleiter in Lauter wirkte. Max Pickel lebte so sehr in seiner neuen Heimat, dass er unter anderem eine hübsche Erzählung „Wie der erste Weihnachtsberg entstanden ist" schuf (→Weihnachts- und Heimatberg).[381] Am bekanntesten wurde seine Scherenschnittfolge zum →Heilig-Ohmd-Lied, die in zwei Fassungen vorhanden ist und als Postkartenserie weit verbreitet wurde. Eine weitere große Scherenschnittfolge dieses Künstlers ist dem Bergwerk gewidmet. Originale von ihm bewahren das Schwarzenberger und das Schneeberger Museum auf. Letzteres besitzt eine der beiden Fassungen des Heilig-Ohmd-Liedes.
Aus dem osterzgebirgischen Schmiedeberg stammte mit Emil Lohse (* 1885) ein weiterer Virtuose auf diesem speziellen Gebiet. Menschen und Tiere seiner Heimat regten ihn zu vielen seiner Szenen an.[382]
Schließlich betrat mit Johanne Müller (*1910) eine Künstlerin den Plan, die sich zugleich als Forscherin und Sammlerin auf dem Gebiet der Scherenschneidekunst betätigte und zu einem der Mittelpunkte der Chemnitzer Scherenschnittgruppe wurde. Sie gründete diesen Zu-

**Der besondere Tipp:**

*In der Nachbarregion „Sächsische Schweiz" wird der Scherenschnitt in der Nachfolge von Adolf Tannert (1839–1913) ebenfalls besonders gepflegt.*
*Ein großes so genanntes „Schattenspiel" nach Motiven von ihm steht in der Weihnachtszeit in Sebnitz auf dem Markt (→Nachbarregionen).*

*117*
*Traditioneller erzgebirgischer Weihnachtsmarkt mit einer Marktpyramide in der Mitte als Motiv eines Scherenschnitts von Gudrun Beier.*

**Der besondere Tipp:**

*Wer in die Welt des
Scherenschnitts über
das Erzgebirge hinaus-
blicken möchte, für den
gibt es seit jüngstem
ein umfassendes Nach-
schlagewerk in Form des
Ausstellungskataloges
„SchattenRisse".*

Helmut Friedel: Schat-
tenRisse. Silhouetten
und Cutouts. Ostfildern-
Ruit: Hatje Cantz 2001.

*Der Besucher des
Erzgebirges findet ein
spezielles Scheren-
schnittmuseum im
Schloss Lichtenwalde.*[382]

Schloss Lichtenwalde,
Schlossallee 1,
09577 Niederwiesa
OT Lichtenwalde

sammenschluss mit Gerd Zimmer und Christa
Bachmann im Jahre 1964. Von hier gingen
viele Anregungen aus. Die Gruppe wirkte wie
ein Magnet auf Künstlerinnen und Künstler der
Region. Johanne Müller machte 1970 in einem
Aufsatz erstmals eine größere Öffentlichkeit
auf dieses Randgebiet der Volkskunst aufmerksam.[383] Oskar Seyffert (1862–1940) hatte 1937
einen kleinen Aufsatz über Scherenschnitte veröffentlicht, in dem er zur Volkskunst anmerkte:
„Sie wird nicht von oben herab gelehrt, sie
wächst von unten selbständig herauf."[384] Die
Arbeit der Chemnitzer Gruppe ist ein lebendi-

ger Beweis dafür, wie Christa Bachmanns Buch
„Geschnittene Handschriften" anhand von Gemeinschaftsarbeiten aus Scherenschnittgrup-
pen und von Schülerarbeiten demonstrierte.
Erzgebirgische Motivik findet sich bei einer
Reihe der im Buch vorgestellten Künstler und
Künstlerinnen aus dem Umkreis der Chemnitzer Gruppe. Zu ihnen gehört Anne-Liese
Krannich geb. Seidler aus Altenburg, die klas-
sische Figuren erzgebirgischer Volkskunst in
Scherenschnitte umsetzte, wie das →Leuch-
terpaar Engel und Bergmann, →Nuss-
knacker, →Türke und Reitschule (→Klap-
perpuppe, Klimperkasten, Reitschulen).
Gudrun Beier aus Schwarzenberg wurde mit
ihren harmonischen Darstellungen erzgebirgischer Motive weit bekannt und viele ihrer
Holzschnitte finden sich in Weihnachtsbüchlein und Kalendern (→Volkskalender).
Die in Sehma geborene Irene Schneider bevor-
zugte unter anderem winterliche Erzgebirgsmotive.
Auch Anni Rentler aus Rabenstein bediente
sich der erzgebirgischen Motivik zum Beispiel
mit Klöpplerinnen, aber auch mit einem
Buckelbergwerk und Schwibbogen. Ruth
Keller aus dem Holzschnitzer- und Spiel-
zeugort Borstendorf schuf unter anderem
eine charaktervolle Stadtansicht von
Schneeberg mit der St. Wolfgang-Kirche.
Isolde Koksch aus Zwickau griff unter
anderem das Motiv der →Turmmusik
auf. Sie gestaltete außerdem →Nuss-
knacker und →Rastelbinder sowie
→Pyramiden. Die Motive →Kurrende
und →Waldleute behandelte Christine
Janich aus Chemnitz.
Scherenschnitte in ihrer kraftvollen,
fest umrissenen Art haben sich insbesondere als illustratives Element in
Druckerzeugnissen durchgesetzt
und so zur Popularität der erzgebirgischen Weihnachtsmotive beigetragen.

*118
Weihnachtsleuchter als
Scherenschnitt von
Marliese Bauer. Der
Leuchter erinnert in der
Form an →Christbaum
und →Pyramide, ist
aber von der Motivik
des →Schwibbogens
bestimmt.*

# Schnitzschule

*Bei Schnitzern gibt's keen falschen Stolz
is äns verhunzt, frisch anner Holz!*

Aus dem Volksmund[385]

Schnitzschulen und -lehrgänge richten sich an
Erwachsene ebenso wie an Jugendliche und
Kinder. Die erste Schnitzschule wurde 1920, also kurz nach dem Ersten Weltkrieg, in Neustäd-
tel – seit 1939 mit Schneeberg zusammengeschlossen – eingerichtet.[386] Schnitzmeister und
erster Lehrer war Gustav Rössel (1877–1943),
dessen Namen die Schule bis heute trägt.[387] Von
Rössel stammt unter anderem die bekannte
„Christgeburt im Pferdegöpel" (1937).[388] Unter
seiner Anleitung entstand von 1919 bis 1923 der
„Neustädteler mechanische Heimatberg", der
in 32 Szenen überwiegend das örtliche Geschehen sowie erzgebirgische Sitten und Bräuche darstellt und ebenso wie die „Christgeburt"
im Museum für bergmännische Volkskunst

Schneeberg zu sehen ist. Schneeberg entwickelte sich zu einem wichtigen Zentrum.

Nach dem Schneeberger Vorbild entstanden
weitere Schnitzschulen und –lehrgänge. 1953
wurde auf Initiative und unter Leitung von
Reinhold Langner (1905–1957) der erste Lehr-
gang für Schnitzmeister eingerichtet und ein
„Haus der erzgebirgischen Volkskunst" gegründet. Diesem war eine Fachgrundschule für
angewandte Kunst angeschlossen sowie zwei
weitere Schnitzschulen, die von
hauptamtlichen Kräften geleitet
wurden. Die beiden Institutionen wurden 1962 zu einer
„Fachschule für angewandte
Kunst" vereinigt. 1978 wurde
das „Folklorezentrum Erzge-
birge/ Vogtland" in Schneeberg
gegründet, das als „Sächsische
Landesstelle für Volkskultur"
fortbesteht. An die Stelle der
Fachschule trat die „Angewandte Kunst Schneeberg" als
Fachbereich der westsächsischen Hochschule Zwickau
(→Holzspielzeugmacher).

```
          I. Allgemeiner Lehrgangsbericht
    1. Lehrgangsziel:
         Qualifizierung der Schnitzmeister der erzgebirgischen
         Schnitzgemeinschaften.

    2. Lehrgangsleitung:
         a) Künstlerischer Leiter:  Prof. Reinhold Langner,
                                      Dresden,
         b) Technischer Leiter:  Dr. H. Clauß, Schneeberg,
         c) Organisatorische Kraft:  C. Neumann, Dresden,
                                      Assistent a.d.T.H.Dresden,
         d) Seminarleiter: Kurt Horke, Schnitzmeister,
                                      Beierfeld,
                           Ernst Riedel, Schnitzmeister,
                                      Schwarzenberg,
                           Heinrich Dörfelt, Kreissachbearbeiter,
                                      Schneeberg.

    3. Lehrgangsort:
         Haus der erzgebirgischen Volkskunst in Schneeberg i.Erzg.

    4. Lehrgangszeit:
         Vom 19. Juli bis 9. August 1953.
```

# Schnitzverein

*Mir schnitzen, mir Alten, mir Gunge;*
*unnser Lied werd ins Holz neigesunge.*
*Mol schnitzen mer grob, mol schnitzen mer fei,*
*ober immer springt ins Mannel unner Herz mit*
*nei!*

Fritz Louis Thost (* 1904)[389]

Die erzgebirgischen Schnitz- und Krippenvereine gehen auf erste Gründungen im Ausgang
des 19. Jahrhunderts zurück. Schnitzer schließen sich in ihnen zu gemeinsamer kreativer
Arbeit zusammen mit dem Ziel, bergbauliche
Kultur zu pflegen und Gemeinschaftswerke zu
schaffen. Gelegentlich ist auch der Übergang

122
*Schnitzerheim*
*in Lößnitz:*
*Jede volle Stunde wird*
*eingeläutet im histori-*
*schen Haus; eine Berg-*
*mannsfigur lässt die*
*Bronzeglocke ertönen.*

vom Schnitzen zum Krippenspiel fließend
(→Engelschar).
Claus Leichsenring führt in einer verdienstvol-
len Übersicht von 1879 bis 1934 die Gründung
von insgesamt 47 Schnitz- und Bastelvereinen
auf.[390] Gegen Ende der DDR gab es allein im
damaligen Bezirk Karl-Marx-Stadt (Chemnitz) 164 Schnitzgruppen in etwa 120 Orten,
dazu nahezu 100 Kinderzirkel an Schulen
(1988).[391] In verschiedenen heimatkundlichen
Veröffentlichungen, so in den Jahrgängen des
→Volkskalenders „Sächsische Gebirgsheimat" bzw. „Sächsische Heimat" und in den
„Erzgebirgischen Heimatblättern", ist die Geschichte einiger örtlicher Schnitzvereine gut
dokumentiert.
Ein Beispiel für die historische Entwicklung ist
die Schnitzgemeinschaft Lößnitz (Erzgebirge), 1879 als „Bergverein" gegründet. Die Mitglieder nennen den ersten Vorsitzenden „Berg-
verwalter", den zweiten Vorsitzenden „Obersteiger", den Kassierer „Schichtmeister" und
den Schriftführer „Schichtschreiber"; die übrigen Mitglieder sind →„Steiger". Alljährlich
zeigen sie den Mitbürgern ihren gemeinsam ge-

schaffenen Weihnachtsberg. Dieses rasch bekannt werdende Werk der Volkskunst wurde bei einem Brand 1915 fast völlig vernichtet. 1922 entstand ein neuer Berg, der bereits 1923 in Dresden auf der Ausstellung „Spiel und Sport" in der Abteilung „Deutsche Weihnacht" seinen Verfertigern viel Ehre brachte.[392]

In der DDR trug die Lößnitzer Gruppe den Namen „Arbeitsgemeinschaft Schnitzen – Heinz Staude" – nach einem „pflichtbewussten Genossen der Arbeiterklasse".

Aber bereits in die Gründung des Vereins wirkt die Politik kräftig hinein. Damit wird eine Entwicklung eingeleitet, die sich nahezu bis in die Gegenwart fortgesetzt hat. Bei der Lößnitzer Vereinsgründung war es das bismarcksche Sozialistengesetz vom 21. 10. 1878, das seine Folgen hatte. Der Vereinsstatus, der von der Behörde genehmigt werden musste, schrieb nämlich vor, dass Anhänger der Sozialdemokraten sowie Agitatoren derselben in den Verein nicht aufgenommen werden dürften.

123
Hinweisschild Volkskunstschule im Wolkensteiner Schloss. Solche Reliefdarstellungen im heimischen Material Holz sind als Wegweiser im Erzgebirge beliebt und vielerorts anzutreffen.

Im übrigen verpflichtete das Vereinsstatut die „Steiger", nicht nur am Gemeinschaftsberg mitzuwirken, sondern auch in der eigenen Wohnung einen Berg aufzustellen, was durch eine „Bergkontrolle" am ersten Weihnachtsfeiertag überprüft wurde. Die Geschichte dieser Schnitzgemeinschaft hat Johannes Strobelt anlässlich des 100-jährigen Bestehens auf einem Kalenderblatt der Sächsischen Gebirgsheimat 1980 festgehalten.[393]

Im Jahre 1922 war es zur Gründung eines „Verbandes Erzgebirgischer Bildschnitzer" gekommen, dem im gleichen Jahr noch zwanzig Vereine beitraten und dem bis zur Gleichschaltung im Dritten Reich 36 Vereine angehörten.[394] Der verdienstvolle Verbandsvorsitzende Kurt Dietzmann (1877–1971) äußerte sich dazu im „Glückauf": „In unserer rastlosen Zeit war die Weihnachtskunst in Gefahr, unterzugehen oder zu verflachen. ... Wir wollen mithelfen, an der Hebung unserer Heimat und zur Hebung in den Augen der Einheimischen vor allem. ... Vielen unserer Landsleute ist die Heimat noch das ‚Kaff!'. Das muss anders werden. Unser handfertiges Volk kann in seiner Art dasselbe leisten wie andere Gebirgskinder, und dabei ist ihm seine Kunst herzensgut. In der Pflege dieses Schatzes gilt es viele Klippen zu vermeiden. Jeder Bastler, jeder Ort hat sein Besonderes, das darf nicht zertreten werden, denn es ist das Wertvollste."[395] Auch in diesen Worten spiegelt sich das mit der Arbeit der Vereine immer wie-

124
Während im mittleren und östlichen Erzgebirge der gedrechselte →Bergmann (zumeist in der Kombination →Leuchterpaar Engel und Bergmann) bestimmend ist, treten uns im Westerzgebirge als Lichterträger vornehmlich geschnitzte Figuren entgegen, meist – wie hier – im →Berghabit als Paradetracht, aber auch als „Dragetter" (= Dreckiger) im Arbeitskleid.
Holz, geschnitzt, Federn.
Höhe: 33 cm.

der verbundene volkspädagogische Anliegen der Freunde und Förderer des Schnitzens.

„Etwa seit der Jahrhundertwende wurden in den Schnitzerorten Wettbewerbe organisiert, Vorträge gehalten und über die Zeitschriften der Vereine auch wertende Veröffentlichungen über die zeitgenössische Volkskunst verbreitet. Schon frühzeitig kam es auf diesem Wege zu einer Rückwirkung der volkskundlichen und kulturkritischen Tätigkeit von Sammlern und Wissenschaftlern unterschiedlichster Geistesrichtung auf die Schnitzer und Bastler, was diese allerdings nicht immer nur anregte und förderte, sondern bis zum Ende des Zweiten Weltkriegs auch vielen negativen Strömungen der herrschenden Ideologie öffnete." Was Johannes Just hier 1982 feststellt,[396] trifft sicher auch für die Zeit nach dem Zweiten Weltkrieg zu.

Aber der Erzgebirger sah seine Vereinstätigkeit nicht ohne Ironie. Max Wenzel (1879–1946) hat unter dem Titel „Der Schnitzverein" einen erzgebirgischen Weihnachtsschwank in einem Aufzug veröffentlicht, der im Oktober 1924 auf der Vertreterversammlung des Verbandes der erzgebirgischen Bildschnitzer aufgeführt – möglicherweise uraufgeführt – wurde.[397]

Der Verband wurde 1934 aufgelöst bzw. in den „Reichsbund Volkstum und Heimat" innerhalb der „NS-Kulturgemeinde" überführt. 1935 wurden alle Schnitzvereine in der „Gemeinschaft erzgebirgischer Feierabendkünstler" zusammengefasst.[398]

Nach 1945 nahm sich der „Kulturbund zur demokratischen Erneuerung Deutschlands" der Schnitzgemeinschaften an (→Schneeberger Licht'lfest).[399] Auch diesmal wurde von „oben" ein wachsames Auge auf diese Gemeinschaften geworfen: „Als wir 1950 im Erzgebirge mit der systematischen Entwicklung neuer Formen der Volkskultur begannen, versuchten wir von vornherein, beide Aspekte – den volkskundlichen und den künstlerischen – in den Fragen der praktischen Gestaltung harmonisch zu vereinen. Aufgrund der nachweisbaren historischen Entwicklung der erzgebirgischen Schnitzerei erscheint dieser Weg als richtig. Eine einseitige volkskundliche Orientierung hätte z. B. kein wirksames Argument gegen den Kitsch und andere künstlerische Abwege, die in der Schnitzerei auch heute noch vorhanden sind, geboten. ... Die Betreuung der Volkskünstler übernahmen verantwortlich das Bezirkshaus für Kulturarbeit in Karl-Marx-Stadt und die Volkskunstkabinette in den Kreisen (bis 1990). Für die wissenschaftliche Pflege wurde im Jahr 1978 das Folklorezentrum in Schneeberg gegründet. 1991 erfolgte seine Umstellung zur Landesstelle für Volkskultur"[400] (→Schnitzschule).

Der Erzgebirger kann Gemeinschaftsmensch sein, aber er ist auch Individualist. So fanden sich immer wieder Einzelgänger, die in zum Teil jahrzehntelanger Arbeit ihre eigenen →Weihnachtsberge und →Weihnachtskrippen oder auch in Alleinarbeit →Ortspyramiden schufen. Am 30. Juni 1990 wurde in Annaberg ein „Verband erzgebirgischer Schnitzer" gegründet, der sich das Ziel gesetzt hat, die Tradition des von 1922 bis 1934 existierenden „Verbandes erzgebirgischer Bildschnitzer" fortzuführen.[401] Die Zeitschrift „Schnitzen und Bästeln" des seinerzeitigen Vereins hat allerdings bisher kein Nachfolgeorgan gefunden. Im neu gegründeten Verband sind bis heute zahlreiche wiedergegründete oder neu entstandene Vereine zusammengeschlossen. Wie schon ihre zahlreichen Vorgängervereine, veranstalten sie mit ihren Arbeiten vielerorts →Weihnachtsausstellungen.

Für die Arbeit der Krippenvereine gilt wohl die gleiche Frage wie für das gesamte volkskünstlerische Schaffen im Erzgebirge: Wie wird die Entwicklung in einer Zeit der Kommerzialisierung und der „Touristenindustrie" verlaufen? Im Pluralismus unserer Postmoderne werden dabei wohl ohne Gängelei von oben die vielfältigsten Formen unterschiedlichster Qualität nebeneinander stehen. Der Betrachter möge dabei jene liberale Haltung zeigen, wie sie Oskar Seyffert (1862–1940) als Preisrichter auszeichnete.

Seyffert, der legendäre Gründer des jetzigen Museums für Sächsische Volkskunst in Dresden, berichtete von einem Erlebnis in einer ungenannt bleibenden erzgebirgischen Kleinstadt, in der im „Erbgericht Zum goldenen Löwen" die „Große Weihnachtsberg- und Pyramidenausstellung" feierlich eröffnet werden soll. „Ich stehe auf dem stillen Marktplatze. Da kommt ein Mann, der hält mit beiden Händen eine Bergspinne hoch vor sich hin. Das ist ein selbstgeschnitzter und bemalter hölzerner Weihnachtshängeleuchter. Neben ihm, links und rechts, trippeln seine zwei Kinder. Der Vater trägt das Werk fest in den Händen, und die Kinder schauen strahlend empor und tragen es mit den Augen. Als sie an mir vorübergehen, blicken sie mich an, und ihre glücklichen Augen rufen: Sieh nur, sieh nur her, du fremder Mann, das haben wir geschnitzt und bemalt! Solche tüchtigen Kerle sind wir!

Ich sollte in der zu eröffnenden Weihnachtsmesse Preise verteilen für die besten Permetten und Spinnen. Doch da hätte ich all die Arbeiten zensurieren und gegeneinander bewerten müssen. Der Anblick, der glückliche Vater mit seinen glücklichen Kindern, aber hielt mich zurück – ich konnte kein Richter sein, kein Lehrer, der strenge Zensuren erteilt an schlichte Menschen, die ihr Bestes gaben und deren Freude und Stolz in ihren Schöpfungen wohnten. Ich konnte nicht Gesinnungen abwägen. Ich gab mein Geld zu einem wohltätigen Zweck. Ich glaube, das habe ich richtig gemacht."[402]

In den letzten Jahrzehnten hat sich die Tätigkeit der Schnitzvereine von den Weihnachtsbergen weg auf die Gestaltung der großen, zumeist zwei bis drei Meter hohen Ortspyramiden verlagert und auf solche, die im Schnitzerheim aufgestellt werden.[403]

**Der besondere Tip**

*Wer Kontakt zu Schnitzern sucht, findet ortsalphabetisch geordnete Verzeichnisse der Schnitzvereine und Schnitzerheime in zwei Veröffentlichungen:*

Weihnachtspyramiden im Sächsischen Erzgebirge Teil 1: Westerzgebirge. Schriftenreihe „Erzgebirgische Volkskunst" der Fachschule für Tourismus, Chemnitz, Heft 3. Husum: Husum Verlag 1996.

Weihnachtspyramiden im Sächsischen Erzgebirge Teil 2: Osterzgebirge. Schriftenreihe „Erzgebirgische Volkskunst" der Fachschule für Tourismus, Chemnitz, Heft 4. Husum: Husum Verlag 1997

*126*
*Typisch für erzgebirgische Schnitzerei: Weihnachtskrippe, Figuren geschnitzt. Höhe der Figuren bis 12 cm.*

# Schwebeengel

*127*
*Verschiedene Motive klingen in der Figur dieses Schwebeengels an. Die rechte Hand hält einen stilisierten Palmzweig, Symbol des Friedens, der Freude und der Auferstehung, die linke Hand einen Blumenkorb, möglicherweise als Symbol der Fülle der Schöpfung oder der Einheit in der Vielheit, wie sie sich ganz weltlich auch in den Arbeiten der →Blümelmacher spiegelt.*
*Holz, geschnitzt, Masseüberzug.*
*Höhe: 29 cm,*
*Ende 19. Jh.*

*128*
*Dieser Schwebeengel trägt seinen Spinnenleuchter (→Decken- und Hängeleuchter) nicht wie meist üblich in der Hand, sondern an einem Band um den Leib. Wie viele erzgebirgische Engel ist er ein →Engelmusikant und hält zusätzlich in der linken Hand eine „Dille" (Tülle) für eine weitere Kerze.*
*Engelkrone, Holz mit Masseüberzug, geschnitzt und bemalt, Messingleuchter, Fanfare aus Holz.*
*Figur: 43 cm hoch,*
*2. Hälfte des 19. Jh.*

*Fix, ne Kronelechter ro,*
*dan ich zammgebitzelt ho*
*un vergoldt su machtig!*
*Satt die goldign Engele!*
*Zwischen Straichle wackeln se*
*– ach, dos sieht su prachtig!*

Christian Gottlob Wild (1785–1839)[404]

Schwebende Engel sind mindestens seit dem beginnenden 19. Jahrhundert in den erzgebirgischen Weihnachtsstuben zu Hause – um 1815 offensichtlich an Zweigen aufgehängt wie im obigen Liedauszug beschrieben. Dazu der Kronleuchter, der manchmal ebenfalls mit ei-

nem Engel kombiniert war.[405] 1862 berichtet Spieß: „Vielfach sieht man statt des Kronleuchters, namentlich in den mittleren und unteren Ständen, einen aus Holz geschnitzten, mittelgroßen, bunt bemalten Engel an der Decke schweben. Derselbe trägt an Drähten, welche in dem Holzleib befestigt sind, vergoldete Früchte (meist kleine, mit Rauschgold überzogene Holzkugeln), sowie Lichterteller oder Öllämpchen." Ebenso schwebe über der Christgeburt, die auch Christgarten, →Paradiesgarten, Krippe oder Bethlehem genannt werde, ein Engel, mit Draht an einem Baum befestigt „und verkündigt die Geburt Christi."[406] 1909 schildert John: „Hoch über dem Ganzen schwebt an der Decke der holzgeschnitzte Weihnachtsengel mit Spruchband, vergoldeter Schärpe und goldenen Flügeln, der ringsum mit Dillen tragenden Drähten umgeben ist oder auch nur zwei Lichter in den Händen trägt."[407]

Die Vorbilder dieser Schwebeengel sind wohl in entsprechenden Figuren in Kirchen zu suchen und dort insbesondere in den Taufengeln.[408] Karl Ewald Fritzsch sieht in solchen Taufengeln, die der Küster bei der Taufe eines Kindes vom hohen Kirchengewölbe herabschweben ließ, das Urbild dieser häuslichen Engel, die während der Aufklärung zum Stein des Anstoßes und aus den Gotteshäusern verbannt wurden. „Einige von ihnen fanden Unterschlupf in heimatlichen Sammlungen, wo sie auch zu Mustern für Nachgestaltungen wurden."[409] Solche Engel wurden in der Verkündigungsszene im Mettenspiel ebenfalls vom Gebälk heruntergelassen. Als Ausgangsmotive hatten diese Verkündigungsengel entweder einen Engel in der Gestalt einer „himmlischen Jungfrau" oder eines „himmlischen Kindleins" und trugen Spruchbänder, Kerzenhalter, eventuell ein Blasinstrument oder auch zusätzlich um den Leib einen Spinnenleuchter (s. Abb. S. 100; →Jochengel). In Seiffen schufen zum Beispiel Louis Haustein (1880–1929)[410], ebenso Louis Biermann (1850–1915) und Arthur Gläßer (1880–1971) solche Leuch-

terengel.[411] In den Familien und in einigen Museen sind alte Stücke erhalten; sie werden nicht mehr hergestellt.[412]

Wie immer im Erzgebirge wird aus Kleinem das Große und aus Großem das Kleine. In unserem Fall werden zwar die großen Schwebeengel nicht mehr produziert, aber man kann sie als Miniaturengel käuflich erwerben. Und zahlreiche Pyramiden und Leuchter weisen Hängeengelchen als Ausschmückungen auf. „Auf Weihnachtsbergen ..." werden sie „oft durch eine eingebaute Mechanik herunter- beziehungsweise heraufbewegt."[413] Nicht zuletzt sind schwebende Verkündigungsengel ein wichtiges Element älterer und jüngerer Schwibbogen.[414]

129
Kleiner Schwebeengel,
Holz geschnitzt,
Schumann Kunstgewerbliche Werkstätten,
Grünhainichen.

130
Schwebeengel mit
naturalistisch gestalteten Flügeln und
fließendem Gewand als
→Engelmusikant und
Lichterträger in einem,
den Mund leicht geöffnet, als wolle er die
Verkündungsworte
sprechen.
In Mettenspielen war es
üblich, Verkündigungsengel vom Gebälk
herabschweben zu
lassen. Solche Schwebeengel finden sich auch
als Motiv in vielen
→Schwibbogen.
Holz, geschnitzt.
Höhe: 37 cm, um 1910.

# Schwibbogen

*Über alln is dos Lichterbugnstrahlnband*
*vun unnern Arzgebirgshimmel gespannt,*
*glänzt feierlich naus in de Nacht.*
*Ach, Schwibbugn, mr haltn diech huch in Ehrn,*
*ne schännstn Platz darf dr niemand verwehrn.*
*Wos hast de for Frad schu gebracht!*

Rudolf Haas (1986)[415]

*131*
*Ein Briefmarkensatz*
*der DDR aus dem Jahr*
*1986 stellte die beiden*
*ältesten sowie vier*
*weitere schmiedeeiser-*
*ne Schwibbogen von*
*1810 bis 1925 vor, eine*
*besonders gelungene*
*Schöpfung der DDR-*
*Postgeschichte.*
*Entwurf: Harry*
*Scheuner, Chemnitz*

„Der Himmel is e Lichterbugn."[416] Was Friedrich Emil Krauß (1895–1977) in erzgebirgischer Mundart in diese schöne Zeile fasste, hat schon Jean Paul (Friedrich Richter; 1763–1825) empfunden, als er in seinem „Titan" schrieb: „... als er ... hinter Hügeln und Wäldchen den Schwibbogen des Himmels, den Berg von der Lindenstadt sah."[417]

Schwibbogen bezeichnet in der Architektur einen gemauerten Bogen oder ein Gewölbe.[418] Als Schwibbögen wurden im 18. Jahrhundert u. a. in Dresden, Leipzig und Annaberg (Trinitatisfriedhof) Familiengrüfte bezeichnet, die Kirchhöfe im Viereck umsäumten. Es handelte sich um Gewölbe, die auf Säulen ruhten und in denen man Grabdenkmäler aufstellte. Sie waren z. T. mit Eisengittern, manchmal in kunstvoller Schmiedearbeit, verschlossen.[419] Inzwischen hat sich der Begriff offensichtlich auf unser erzgebirgisches Volkskunsterzeugnis eingeengt: „Unter einem ‚Schwibbogen' versteht man einen eisengeschmiedeten, bogenförmigen Kerzenständer, der meist Schlegel und Eisen sowie Bergmannsdarstellungen, aus Blech geschnitten, aufweist."[420] Aber auch diese Definition ist überholt, denn Schwibbogen gibt es auch in Holz; seit wann, wissen allerdings auch Fachleute nicht zu sagen. Heimat des schmiedeeisernen Schwibbogens ist Johanngeorgenstadt – ab 1654 unter Kurfürst Jo-

hann Georg I. (1585–1656) von sogenannten Ex-
umlauten – portestantischen Glaubensflüchtlin-
gen aus Böhmen – errichtet (→Adventstern).
Lange Zeit wurde das Jahr 1778 als Geburts-
jahr des Schwibbogens betrachtet, weil drei
Exemplare gleicher Bauart und mit gleichen Bildmotiven erhalten sind (s. Abb. 131
oben links). Zwei davon tragen die Jahreszahl
1778.

Das dritte Exemplar mit der Jahresangabe 1829
erwies sich bei Restaurierungsarbeiten im Jahr
2003 als übermalt. Nach Abtragung der Über-
malung kam die Jahreszahl 1740 zum Vor-
sein.[421] Dieser Schwibbogen ist aus Schmiede-
eisen sowie geschmiedetem Schwarzblech gefertigt. Im Zentrum flankieren zwei Bergleute
in Paradekleidung ein Wappenschild mit dem
Zunftzeichen. Außerdem stellt dieser Schwibbogen den Sündenfall und die Vertreibung von
Adam und Eva aus dem Paradies dar (→Para-
diesgarten). Über der Szene schweben zwei
Engel, einer davon mit dem Schwert. Der
Schwibbogen trägt elf Lichter. Ein Schwibbogen ganz ähnlichen Typs trägt die Jahreszahl
1796 und die Inschrift „Vivat Neuleipziger
Glück in J. G." (= Johanngeorgenstadt; Abb.
131 oben rechts).[422]

Unter den Heimatforschern kursieren verschiedene Vermutungen über die Bedeutung
des Schwibbogens. Dass der Schwibbogen
den Himmel darstellen könnte, lässt sich daraus schließen, dass in älteren erhaltenen
Stücken Sonne, Mond und Sterne dargestellt
sind. Eine Theorie besagt, er sei in Anlehnung an den Schwebebogen in der Kirche entstanden, andere sehen in ihm den „Friedens-
bogen" nach 1. Mose 9,13. Etwas nüchterner
gehen die meisten davon aus, die Bergleute
hätten zu Beginn der Mettenschicht ihr Geleucht um den bogenförmigen Teil des Stol-
lenmundlochs aufgehängt und damit den
Bergschmied Teller zu seiner Schöpfung inspiriert.[423]

Eine neue Karriere begann der Schwibbogen

132
*Das Mundloch des*
*„Weißtaubner Stolln"*
*in Rittersberg erhielt*
*1841 seine markante*
*Gestalt. Man kann sich*
*vorstellen, wie die*
*Bergleute ihre Gruben-*
*lichter an einem solchen*
*Bogen befestigten –*
*so, wie eine allerdings*
*umstrittene Theorie*
*besagt, sei die Idee des*
*Schwibbogens ent-*
*standen.*

nach der Feierobnd-Schau 1937/38 in Schwarzenberg, für die die Grafikerin Paula Jordan auf
Anregung von Friedrich Emil Krauß (1895–
1977) einen Schwibbogen als Signet schuf. Dies
ist der noch heute weit verbreitete Schwibbogen
mit Bergmann, Schnitzer und Klöpplerin. Nach
diesem Signet schufen die Bergschmiedemeis-
ter Max Adler und Curt Teller 1937 einen Groß-
schwibbogen für den Schwarzenberger Marktplatz. Heute steht er zur Adventszeit an der
Eibenstocker Straße in Johanngeorgenstadt in
900 m Höhe ü. N. N.[424]

Wenn auch der Übergang des Schwibbogens
vom Metall ins Holz sich mit einer Jahreszahl
nicht belegen lässt, so wissen wir doch, dass in
Seiffen Max Schanz (1895–1953) schon 1935
einen Schwibbogen mit dem von zwei Berg-

**Der besondere Tipp:**

*Der weltgrößte Schwibbogen steht in Gelenau vor dem Depot Pohl-Ströher, das verschiedene Sammlungen zu erzgebirgischen Themen beherbergt (www.lopesa.de). Die größte Schwibbogen-schau Deutschlands findet alljährlich in Stollberg/Erzgebirge statt. Dort stellen Volkskünstler und Bastler ihre Modelle aus, mit Prämierung nach einer Abstimmung des Publikums.*

*134*
*Schwibbögen findet man heute auch als Darstellung im Freien. Dieser mit der St.-Annen-Kirche als Mit-telpunkt steht in Annaberg-Buchholz zur Weihnachtszeit.*

leuten getragenen sächsischen Wappen, Wald-leuten, Hirschen, Kurrendesängern und der →Seiffener Kirche – schuf. Dieser Schwibbo-gen trägt fünf bzw. sieben Kerzen (s. Abb. 133). Im Erzgebirge waren in den fünfziger und sechziger Jahren Schwibbogen-Laubsägevor-lagen für's Selbermachen ohne Urheberangabe verbreitet.

Regionale Besonderheiten und Umformungen kennzeichnen heute die Schwibbogenherstel-lung. So wird zum Beispiel der Bogen mit einem Bildmotiv, etwa der Seiffener Kirche, ausgefüllt. Der Bogen ist als Himmelsbo-gen ohne Kerzen gestaltet. Zwei Kerzen stehen rechts und links auf dem Brettchen, das den Schwibbogen trägt und davor eine Kurrendegruppe.[425] Eine neue Variante brachte Gottfried Hübsch in Seiffen 1974 in die Schwibbogenher-stellung, in- dem er gezogene Späne zur ornamentalen Aus-gestaltung des Bogens ver-wendete.[426] Heinz Auerbach schuf in Seiffen um 1980 einen Schwibbogen, der aus einem gezogenen Span besteht und sich über der Seiffener Kirche, zwei Spanbäumchen und zwei Erzgebirgshäuschen wölbt, während die Kerzen rechts und links platziert sind.[427]

Der von Max Adler und Curt Teller nach der Vorlage von Paula Jordan geschaffene so genannte Schwarzenberger oder Original-schwibbogen wurde in Einzelstücken in der Schmiede der Gebrüder Just in Schwarzenberg in kleinen Stückzahlen produziert.[428] Ein Schwarzenberger Betrieb übernahm die Se-rienanfertigung 1977 und trug damit wesent-lich zur Verbreitung der Metall-Schwibbögen bei.

Vielleicht ist aber doch der „Ur-Schwibbogen" aus Holz – allerdings ohne Füllung – angefer-tigt worden? Jedenfalls findet sich in den Kir-chenrechnungsbüchern der St. Johanniskirche in Scheibenberg im Jahre 1716 der Eintrag, dass einem „Tischer" Johann Georg Dehmeln 1 gl (Groschen) bezahlt worden sei, um „den Bogen auffzumachen in der Metten beym Singchor Weynacht". Ein Bogen ist – restau-riert – in der Kirche vorhanden. Er trägt auf blauem Grund vier goldene Sterne, in der Mit-te den Schriftzug „Ehre sei Gott in der Höhe", einst Kerzen und heute 21 Lichter.

# Seiffener Kirche

*„Zur Ehre Gottes und zum Heil der Menschen" geweiht 1779 Ps. 24,7. – Pred. 4,17."*

Türüberschrift am Haupteingang der Seiffener Kirche

Die Seiffener Rund- bzw. Achteckkirche ist die bekannteste Dorfkirche des Erzgebirges. Sie ging und geht als Miniaturnachbildung in Tausenden von Exemplaren in alle Welt, zumeist in Verbindung mit einer →Kurrende. Die Kirche steht an der Stelle einer etwa 1570 errichteten und vor dem Bau der neuen Kirche abgetragenen Holzkapelle, in der nach bergmännischem Brauch jährlich eine Bergpredigt und vier Quartalspredigten abgehalten wurden, in denen sich Gottesdienst und bergbaulicher Rechenschaftsbericht verbanden. Eine Besonderheit war das „Drechslergebet", mit dem göttlicher Schutz und Segen für das neue Gewerbe erfleht wurde, das den Bergbau ablöste. Im Übrigen diente das Gebäude als Friedhofskapelle. Auch nach Errichtung des Neubaus 1776 bis

1779 blieb Seiffen nach Neuhausen eingepfarrt. Erst 1815 wurde Seiffen zur Filialkirche und 1833 eine eigene Kirchgemeinde. Zuständig für die Genehmigung des Kirchenneubaus war der Kammerherr Adam Rudolph von Schönberg auf Schloss Purschenstein als Kirchenpatron, der vornehmlich in Dresden als Generalpostmeister tätig war. Vermutlich von ihm stammt der Gedanke, die neue Kirche nach dem Vorbild der Dresdner Frauenkirche zu gestalten. In Christian Gotthelf Reuther aus Kreischa bei Dresden wurde ein Schüler George Bährs (1666–1738), des Erbauers der Dresdner Frauenkirche, als Baumeister gewonnen. Die Bauausführung wurde dem Maurermeister Johann Georg Weißbach aus dem

*135*
*Die 1954 erneuerte Wetterfahne trägt ein weithin sichtbares Kreuz, das Schönbergsche Wappen und die Figur eines Berghäuers.*

**Der besondere Tipp:**

*Die Arbeitsgruppe Ortschronik/Festschrift (1999) im Verein 675 Jahre Seiffen e. V. hat eine interessant zu lesende Ortsgeschichte herausgebracht, in der eines der Kapitel der Seiffener Kirche und ihrer Geschichte gewidmet ist. Dieses Stichwort stützt sich weitgehend darauf.*

650 Jahre Seiffen. Ein Lese- und Bilderbuch. Spielzeugdorf Seiffen, Verein 675 Jahre Seiffen e. v. 1999.

*136*
*Das berühmte Wahrzeichen Seiffens: Die 1779 eingeweihte barocke Rund- bzw. Achteckkirche.*

137
*Im Erzgebirgischen Spielzeugmuseum unweit der Seiffener Kirche steht das von Max Schanz als Gemeinschaftsarbeit der damaligen Fachschule inspirierte, in vielen Abbildungen verbreitete Modell der Kirche mit den Mettengängern, die mit ihren →Mettenlaternen den Berg hinauf ziehen.*

138
*Logo des Spielzeugdorfes Seiffen mit der bekannten Rundkirche.*

139
*Seiffener Kirche mit Kurrendegruppe, eines der am weitesten verbreiteten Motive der Seiffener Volkskunst.*

106

dem Jahre 1688, das über dem Ausgang der Kirche hängt, ferner das Wappen des Bergamtes an der ostwärtigen Empore[432] und der Tauftisch von 1790. Die Orgel wurde 1873 geweiht, die drei Stahlglocken 1920. Mit Kruzifix und Leuchten verweist der Altar auf den Ursprung des Ortes, in dem wahrscheinlich schon im 14. Jahrhundert Zinn geseift, also durch Waschen gewonnen wurde.[433]

In der Endzeit der DDR fand in der Seiffener Kirche am 3. 11. 1989 der so genannte „Dialog" als offenes Gespräch über die Zukunft der damals noch sozialistischen DDR statt.

In dem 1887 nach Seiffen eingepfarrten heutigen Seiffener Ortsteil Oberseiffenbach steht eine bemerkenswerte dörfliche Friedhofskapelle, die 1937 von der Reichsgartenschau in Dresden nach hierher versetzt wurde.

Eng mit der Seiffener Kirche verbunden ist die →Kurrende, die noch heute in der Adventszeit in schwarzen Kleidern mit weißem Kragen und Mettenlaternen durch den Ort zieht.

Dorf Friedebach bei Sayda übertragen, das Ausmalen dem Malermeister Johann Samuel Rauscher aus Holzhau. Der Kontrakt mit Letzterem blieb erhalten und wurde bei der Renovierung 1959 als Grundlage herangezogen. Ursprünglich war die Kirche weiß, grau und grün mit vielen Goldverzierungen ausgemalt, also hell und freundlich.

„Ihren Grundriss bildet ein regelmäßiges Achteck. Ein Glockentürmchen mit Umgang bekrönt das hohe Zeltdach. Symmetrische Treppenanbauten legen sich in den vier Himmelsrichtungen an den Zentralbau. Der östliche Anbau, vor dem der Kanzelaltar angeordnet ist, enthält die Sakristei."[430] Der Grundriss ist dem des Pferdegöpels verwandt.[431]

Zur wertvollen Innenausstattung gehören der Glasleuchter von 1670 im Altarraum – Vorbild vieler Holzleuchter –, der um 1670 aus der nahe gelegenen Heidelbacher Glashütte kam (→Glaskunst), ein kleines Kruzifix auf dem Altar aus Seiffener Zinn (1754), zwei Zinnleuchter auf dem Altar (1789), ein großes holzgeschnitztes Kruzifix rechts vom Altar und ein erst 1991 aufgefundenes Kruzifix aus

Sie oder die Dresdner Kruzianer dienten Max Schanz (1895–1953) als Vorbild für die von ihm um 1935 entworfene Gruppe, zu der neben zwei →Spanbäumen drei Satteldachhäuser gehörten, wovon eines als Kennzeichen für die Kirche ein Dachreitertürmchen trug. Dieser Entwurf wurde von Otto Ulbricht (1905–1972) in seiner Heidelberger Werkstatt umgesetzt und erhielt 1937 auf der Weltausstellung in Paris eine Goldmedaille.[434] Erst später wurde die Kurrendegruppe vor Nachbildungen der Seiffener Kirche aufgestellt. Weitere Seiffener Männelmacher schufen Kurrendegruppen mit der Rundkirche, so Arno Pflugbeil (1894–1978) eine besonders ansprechende Fassung mit fein ausgearbeiteten Kirchenfenstern und gerillten Häuserdächern.[435]

Die Seiffener Kirche dient auch für ein entsprechendes →Lichterhäuschen sowie für Pyramidenhäuser oder Kombinationen aus →Schwibbogen und Pyramide als Modell. Welche Strahlkraft die Rundkirche besitzt, zeigt das Beispiel von Harald Storm aus Burg auf Fehmarn, den die Kirche so beeindruckte, dass er sie mehrfach aufsuchte und in 400 Stunden Arbeit als Pyramidenhaus gestaltete. Das Flügelrad bewegt eine Scheibe mit zwei Prozessionen, eine im Innenraum, die andere außen um die Kirche herum. Im Kircheninneren ist der Altar mit der aufgeschlagenen Bibel zwischen zwei Kerzenleuchtern zu sehen. Vor der Orgel sitzt der Organist. Auf der Turmhaube stehen die Turmbläser und setzen ihre Instrumente an.[436]

Die „Seiffener Adventsmusik", alljährlich an allen Adventssonntagen veranstaltet, ist der Höhepunkt des Seiffener Kirchenjahres und zieht Besucher von weither an. Die Seiffener Christvesper am Heiligen Abend folgt einer eigenen Liturgie, und am 2. Weihnachtsfeiertag wird das traditionelle Krippenspiel aufgeführt. Im Zweiten Weltkrieg ging die Seiffener Kirche als Bestandteil einer zusammenlegbaren →Pyramide in Päckchen an die Front.[437]

# Silbermann-Orgel

*Es leb der Virtuos, der Wind und Lufft so*
*zwinget,*
*Dass eine Menschen-Stimm in Zinnern*
*Pfeiffen klinget,*
*Er heißet Silbermann, er kann ein Goldmann*
*seyn,*
*Denn seiner Orgel Bau behält den Preiß allein.*

„Eine gelehrte poetische Feder" (1736)[438]

Zur erzgebirgischen →Christvesper und –mette gehört die Orgel wie das Amen zur Predigt. Auch in bergmännischen Bet- und Andachtsstuben waren Orgeln zu finden (→Mettenschicht), ja sogar in einer erzgebirgischen Jugendherberge (siehe Abb. 142).[439] Und wenn man im Erzgebirge von Orgeln spricht, spricht man von Gottfried Silbermann (1683–1753). Das „Deutsche Namenlexikon" führt den Familiennamen – parallel zu Goldmann – auf einen „Silberhändler" zurück.[440] Aber Silbermann ist auch ein bergmännischer Ausdruck: „silberner mann im bergbau: silberner mann ist, wenn etliche gänge sich an einander lehnen, edele geschicke und fälle aus hangenden und liegenden darzu stehen, .... dasz daraus ein stockerz wird"[441]– also stockartig gelagertes Erz.[442] Haben sich nicht bei Gottfried Silbermann, dem Orgelbauer aus Kleinbobritzsch, ebenfalls „etliche Gänge aneinander lehnen"? Sein handwerklich-technisches Geschick verband sich mit hoher Musikalität, architektonischem Stilempfinden in der Gestaltung des Orgelprospekts sowie kaufmännischen Fähigkeiten – alles Eigenschaften, wie sie sich in vielen Erzgebirgern vereinigen.

Gottfried Silbermann war ein Genie seiner

**Der besondere Tipp:**

Museum „Gottfried Silbermann". 09623 Frauenstein.

*Das Museum befindet sich im Kreuzgewölbesaal des Schlosses Frauenstein und bietet einen nach den einzelnen Lebensstationen Gottfried Silbermanns gestalteten Rundgang.*

*Ein Meister an der Silbermann-Orgel in St. Petri zu Freiberg:*

Jean Ferrard joue Bach. Orgue de la Petrikirche, Freiberg. Gottfried Silbermann 1735. SIC asbl, Rue du Throne, 200 – B-1050 Bruxelles. SIC 004.

Die Orgeln von Gottfried Silbermann. Komplette CD-Dokumentation aller vorhandenen Instrumente. Vol. 1–8. Verlag Klaus-Jürgen Kamprad – das Klassiklabel / E. Reinhold Verlag Altenburg

**Der besondere Tipp:**

*Ein Verzeichnis aller
erhaltenen Silbermann-
Orgeln findet man im
Internet-Lexikon
Wikipedia.*

Badisches Landes-
museum (Hrsg.): Silber-
mann. Geschichte und
Legende einer Orgel-
bauerfamilie. Ausstel-
lungskatalog. Karlsruhe:
Badisches Landes-
museum 2006

*140
Silbermann-Orgel im
Freiberger Dom (1714).*

Seinem Seiffener Paten Jobst lief er aus der
Spielzeugdreherlehre davon, ebenso einem
Frauensteiner Buchbinder. Er schlägt sich zu
seinem Bruder in Straßburg durch, der dort seit
1702 Bürgerrechte besitzt und ihn als Mitarbeiter aufnimmt. Gottfried wird 1709 in Straßburg
zum Meister gesprochen. Er kehrt in die Heimat zurück und baut seine erste Orgel in
Frauenstein. Das Werk gelingt so gut, dass er
den Auftrag für die neue Orgel am Freiberger
Dom erhält. Er errichtet in der Burgstadt
1711/12 seine Werkstatt, und zwar in der ehemaligen Reiterwache – dem „Regimentshaus“ –
am Schlossplatz beim Schloss Freudenstein,
das erhalten ist und wie sein Geburtshaus eine
Gedenktafel trägt.[445] Die Domorgel wird 1714
geweiht. Aufträge kommen nun aus der Nachbarschaft von Freiberg und aus der Stadt selbst,
in der er 1718 St. Jakobi, 1719 Johannis und
1733/35 Petri mit neuen Orgeln versorgt. Seine
erste Orgel in Frauenstein ging beim Stadt-

Kunst. Zu Lebzeiten „eilte er von Triumph zu
Triumph“[443] und baute in vierzig Jahren 45 Orgeln, von denen heute noch 31 erhalten sind.“[444]
Sein Vater war Zimmermann, die Mutter Gärt-
nerstochter, ein Pate Ratsherr und Leineweber,
der zweite – Jobst – war Spielwarendrechsler in
Seiffen. Das Geburtshaus, in dem er und sein
Bruder Andreas (1678–1734) aufwuchsen, ist
erhalten, kann aber nicht besichtigt werden.
Andreas floh vor den Werbern – es waren die
Zeiten, in denen auch der →Stülpner-Karl immer wieder freiwillig-unfreiwillig Soldat wurde – und erlernte ab 1697 den Orgelbau in Gör-
litz.
Gottfried Silbermanns Leben trägt romanhaf-
te Züge. Einige Autoren haben es nacherzählt.

*141
Engel an der Orgel,
erzgebirgische Dreh-
und Schnitzarbeit.
Schumann Kunstge-
werbliche Werkstätten,
Grünhainichen.*

brand 1728 verloren, aber „schon längst kamen die Aufträge auch aus weiter Ferne ...“ Die Krönung des Silbermannschen Lebenswerkes sind dann die drei Orgeln für die Landeshauptstadt Dresden in der Sophienkirche (1720), der Frauenkirche (1736) und der katholischen Hofkirche (1753, heute Kathedrale), deren Vollendung er aber nicht mehr erlebt.[446]

„Über 60 % der von ihm geschaffenen Orgeln waren für Kirchen bestimmt, die nicht weiter als 35 km von Freiberg entfernt stehen; trotz seines Ruhmes schlug Silbermann jedes noch so ehrenvolle Angebot aus, Instrumente für Kirchen in ausländischen Großstädten zu bauen. Dadurch wurde Sachsen – ganz besonders das Erzgebirge – zu einem Mekka für Orgelfreunde aus aller Welt.“[447]

Der französische Organist Jean Ferrard schreibt: „Hier habe ich ,Die Orgel‘ gefunden. Hier wurde mir zum ersten Mal klar, was die berühmte ,Gravität‘ ist, die Bach schon 1708, in seinem Gutachten über die Mühlhausener Orgel, gefordert hat. Die Petri-Orgel, obwohl kleiner als ihr illustrer Nachbar ... erscheint trotzdem größer: im Gegensatz zu dieser besitzt sie ein wundervolles Prinzipal 16, von kaum erreichter, nobler Gravität. Ein weiterer Vorteil dieser Orgel (einer der wichtigsten) ist die Tatsache, dass sie die einzige, komplett erhaltene Orgel der letzten Bauweise Silbermanns ist.“[448]

Es ist nicht Gottfried Silbermann allein, der dem Erzgebirge den Charakter einer bemerkenswerten Orgellandschaft verleiht. Unter seinen Schülern ist der wichtigste wohl der aus Schlesien gebürtige Zacharias Hildebrand

(1688–1757) aus Grünhain.[449] Der im vogtländischen Arnoldsgrün geborene Christian Gottlob Steinmüller (1792–1865) baute in seiner Werkstatt in Grünhain 26 Orgeln, viele davon im Erzgebirge.[450] Dazu kommen Christian Friedrich August Göthel, gebürtig aus Borstendorf, wo er 1844 und anschließend in anderen Erzgebirgsorten eine Orgel baute, der Silbermannschüler Georg Renckewitz (1687–1758; Organist in Schellenberg), den die „Alte sächsische Kirchengalerie“ als geschickten Orgelbauer erwähnt,[451] und andere mehr. In einer Reihe erzgebirgischer Orte stehen Orgeln aus der Bornaer Werkstatt von Urban Kreutzbach (1796–1868), der aus Kopenhagen stammte, und dessen Söhnen Richard (1839–1903) und Bernhard (1843–?). Die Firma erlosch 1903.[452]

Silbermann, der „Stern erster Größe am Orgelbauhimmel“[453] überstrahlt aber bis heute alle anderen. Ihm zu Ehren wurde zu seinem 300. Geburtstag im Jahre 1983 in Frauenstein, wo er seit seinem dritten Lebensjahr aufgewachsen ist, das Gottfried-Silbermann-Museum eingerichtet, das zum Besuch einlädt. Freiberg feiert alljährlich im Juni Gottfried-Silbermann-Tage.

**Der besondere Tipp:**

Was nur wenige wissen, weil die zeitgenössischen Quellen wenig darüber aussagen: Silbermann war auch ein erfolgreicher Klavierbauer. Er stellte in seiner Freiberger Werkstatt von Anfang an „Clavichordia“ und „Clavecins“ her. Er erfand als weiteres Tasteninstrument das »Cymbal d' Armour“.

Der Erfinder des „Pianoforte“, wie gelegentlich behauptet wird, war er nicht. Doch brachte erst Silbermann das von Bartolommeo Cristofori (1655–1731) in Italien geschaffene Hammerklavier durch seine Verbesserungen zu allgemeiner Bedeutung. Näheres darüber im Kapitel „Der erfolgreiche Instrumentenbauer“ in:

Werner Müller: Gottfried Silbermann. Persönlichkeit und Werk. Eine Dokumentation. Leipzig: Deutscher Verlag für Musik 1982.

# Silberstraße

*Wird ich fündig und Silber bring,*
*so ist der Bergherr guter Ding.*

Hans Sachs (1494–1576)[454]

Als die Mauer fiel, erwachte in der „alten" Bundesrepublik die Neugier auf das Land, das für viele Westdeutsche bis dahin weiter entfernt zu liegen schien als vertraute westeuropäische Regionen. Eine der ersten Initiativen, das Erzgebirge als eine traditionsreiche und erlebenswerte Landschaft über die ehemalige DDR hinaus bekannt zu machen, war die Gründung einer Arbeitsgemeinschaft für eine Ferien- und Touristenstraße durch das Silberne Erzgebirge im Frühjahr 1991. Die Anregung ging von Direktoren erzgebirgischer Museen aus, unter Mitwirkung des neu gegründeten →Landesvereins Sächsischer Heimatschutz. „Die gewählte Strecke und ihre Bezeichnung als Silberstraße ergaben sich aus dem Anliegen, die Sehenswürdigkeiten und kulturellen Angebote möglichst vieler Orte an dieser Route thematisch miteinander zu verbinden. Die Gemeinsamkeit besteht in den Beziehungen zu dem 800 Jahre alten Bergbau und Hüttenwesen des Gebietes… Der Verlauf der Straße entspricht in wesentlichen Abschnitten den tatsächlichen früheren Transportwegen des Silbers zwischen den Bergbau- und Verhüttungsorten, den Münzstätten und der Residenz der Landesherren. Er erlaubt, historisches Geschehen an seinen Schauplätzen in Gedanken nachzuerleben."[455] Die Werbung spricht von „Sachsens erster Ferienstraße" und von „Europas größtem Freilichtmuseum". Die Straße führt von Zwickau über Schneeberg, Schwarzenberg, Annaberg-Geyer, Ehrenfriedersdorf, Marienberg auf der einen Strecke über Lengefeld und auf der anderen über Olbernhau nach Großhartmannsdorf, Brand-Erbisdorf und Freiberg, verlässt dann das eigentliche Erzgebirge und endet in Dresden.

# Spitzenklöppeln

*Klippelt, ihr Kinner! mr sei in Advent!*
*Müsst fei ver'n Christtog oschneidn!*
*Halt't ihr off raane un fleißige Händ,*
*Lässt eichs Bornkinnl net leidn.*

Christian Gottlob Wild (1785–1839)[456]

Das Spitzenklöppeln, heute im Erzgebirge nur noch in speziellen Zirkeln und Vereinen als Feierabendkunst ausgeübt, hatte eine Zeit lang für das Westerzgebirge eine ähnlich große wirtschaftliche Bedeutung wie der Bergbau. Mit diesem ist es auf mannigfache Weise ebenso verknüpft wie mit dem volkskünstlerischen Schaffen der Region und bot Mitte des 19. Jahrhunderts bis zu 50 000 Arbeitskräften, nach Sieber sogar 70 000,[457] ein wenn auch karges Brot.[458] Gelegentlich ist zu lesen, das Spitzenklöppeln sei „geradezu das weibliche Gegenstück zur männlichen Schnitzerei des Erzgebirges."[459] Das ist aus mehreren Gründen unzutreffend. Zwar wurde die Beschäftigung weitgehend von Frauen ausgeübt, doch klöppelten nach einer Chronik aus dem Jahre 1797 Bergleute oder malten Klöppelmuster. „Das Klöppeln der Männer hielt im sächsischen und böhmischen Teil des Erzgebirges bis um die Zeit 1855 beziehungsweise 1875 an. Spitzname für solche Bergleute, die das Spitzenanfertigen an arbeitsfreien Samstagen oder nach der Schicht besorgten, war ‚Klöppeljung'."[460] Die ganze Familie war in die Klöppelarbeit eingespannt und es gibt zahlreiche Belege für →Kinderarbeit ähnlich der in der Spielzeugherstellung.[461]

Neben der Spitzenklöppelei entwickelte sich im Erzgebirge im 16. Jahrhundert die Herstellung von Borten, aus deren Technik die Klöppelei abgeleitet ist. Posamentierer „webten Bänder, Litzen und andere Verzierungsstücke am Rahmen oder flochten sie auf längliche Kissen mit Hilfe von Stecknadeln, um die kreuzweise die Fäden gelegt wurden. Um Verheddern zu vermeiden, wickelte man sie anfangs um Gewichte aus Blei, Knochen oder Holz. Aus diesen Gewichten oder rudimentären Spulen entwickelten sich dann die Holzklöppel der Spitzenklöpplerinnen. Genauer Zeitpunkt und Ort des Übergangs von einer Technik zur anderen sind nicht bekannt." Man vermutet sie für das erste Viertel des 16. Jahrhunderts in Flandern und in Italien.[462] Der Klöppel hat seinen Namen von der Ähnlichkeit mit dem Glockenklöppel.[463]

Für den Vertrieb maßgeblich wurde das Verlegerwesen. Es kam aus dem Bergbau. Großhändler – heute würde man sagen Investoren – streckten dem Fundgrübner das Geld zum Be-

*144*
*Klöpplerin am Klöppel-*
*sack. Historisches Foto*
*aus der Zeit, als*
*Klöppeln keine Feier-*
*abendbeschäftigung,*
*sondern eine wichtige*
*Erwerbsquelle als*
*Ergänzung zum*
*Familieneinkommen*
*war.*

111

Johann Esche (1692–1752) zurück, der den ersten Strumpfwirkstuhl ganz aus Holz erbaute und mit Unterstützung seines Grundherrn in Limbach aufstellte.[465]

Das Verlagssystem war anscheinend in bestimmten Stadien der frühkapitalistischen Entwicklung unentbehrlich. Aber es erzeugt Abhängigkeiten und spielte deshalb – wie später bei der Spielzeugproduktion auch – eine unheilvolle Rolle. Im Bergbau brachten die Verleger – oft im Auftrage ausländischer Finanz- oder Handelshäuser – die Gruben kleiner Eigenlehner mit unlauteren Methoden in ihre Hand.[466]

Mit dem schlechten Ansehen der Verleger ist auch der Streit um die legendäre Barbara →Uthmann ( auch Uttmann; 1514–1575) zu erklären, die als Verlegerin – ob überhaupt für Spitzen? – tätig war.

Vom Bergbau wurde der Brauch, jeder Grube einen Namen zu geben, auf die Klöppelmuster übertragen. 1716 ist von Briefmustern, aber auch von jeweils eigenen Schöpfungen der Klöpplerinnen die Rede. Eine große Sammlung historischer Klöppelbriefe und geklöppelter Muster ist im Fachbereich „Angewandte Kunst Schneeberg" erhalten.[467]

Siegfried Sieber hat in seiner großen Studie über „Die Spitzenklöppelei im Erzgebirge" eine Vielzahl von Spitzennamen festgehalten, davon viele kindertümlich, damit die Kinder beim Erlernen und Ausüben der zahlreichen

145
*Eine der schönen, dem Erzgebirge gewidmeten Briefmarkenserien der Post der DDR zeigen Muster erzgebirgischer Klöppelspitzen. Ausgabejahr 1988.*

triebe seiner Grube vor und erhielten die künftige Erzausbeute zu einem festen, aber natürlich für sie günstigen Preis.[464] Dieses Verlegerwesen, unmittelbar auf Herstellung und Vertrieb von Spitzen und Borten übertragen, wurde damit vermutlich zum Vorbild für ähnliche Strukturen in der Spielzeugproduktion (→Deutschlands Spielzeugschachtel; →Holzspielzeugmacher).

Als weiterer textiler Erwerbszweig entwickelte sich im Westerzgebirge und dessen Vorland die Strumpfwirkerei. Aus nach Westdeutschland verlagerten Betrieben entstand nach dem Zweiten Weltkrieg die bedeutende westdeutsche Feinstrumpfindustrie. Die erzgebirgische Strumpfwirkerei geht auf den erfinderischen

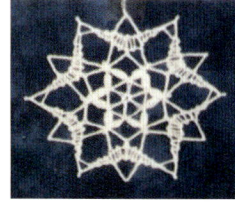

146
*Klöppelstern als Christbaumschmuck.*

Schläge Spaß haben sollten. Aber auch die Welt des Bergbaus lieferte Namen für Spitzenmuster. Als drastisches Beispiel zitiert er den von der Bergmannskleidung übernommenen Begriff „Arschleder".[468]

Bei so großer Nähe zum Bergbau war es nicht verwunderlich, dass die Kleidung der Johanngeorgenstädter Steiger von 1768 nach der „Parade-Berg-Habit"-Anordnung mit Spitzen am Kragen der Tracht ausgestattet war (s. auch Bergmannsuniformen der Bergknappschaft Breitenbrunn, nach alten Mustern 1983 mit Klöppelspitze am Kragen nachgebildet).[469]

In der Vorweihnachtszeit wurde gemeinsam geklöppelt. Hier entstanden auch Arbeitsgesänge, die in die spätere Fabrikarbeit einflossen, wie der Volkswirtschaftsforscher Karl Bücher (1847–1930) nachgewiesen hat.[470] Die Bilddarstellung „Des Bergmanns Abschied" von Eduard Heuchler (1801–1879) zeigt den Bergmann beim Abschied von seiner Frau in der häuslichen Stube. Links am Fenster steht der Klöppelsack als Arbeitsplatz der klöppelnden Bergmannsfrau.[471] Das gemeinsame Klöppeln begann in der Adventszeit und schloss mit dem „Mahl der langen Nacht" am 25. März oder spätestens am Gründonnerstag (→Lange Nacht). Es wurden Weihnachtslieder und bergmännische Lieder gesungen und allerlei Bräuche eingehalten. So durfte in den →Inter- oder Unternächten nicht geklöppelt werden. An den →Drei heiligen Abenden musste der Klöppelsack mit einem sauberen Tuche zugebunden in der Ecke stehen, damit es im neuen Jahr kein Unglück gibt. Auf dem Nachtklippelstock – einem dreibeinigen Gestell – standen ringsum Klippelflaschen. Das waren in der Regel runde Gläser voll Wasser. In der Mitte stand die Lichtquelle. Ein Rüböllämpchen, später eine Petroleumlampe oder ein aufgestecktes „Flaschenlicht" gaben den Schein auf den Klöppelbrief. Der herumgereichte Zichorienkaffee wurde „Klippelsaft" genannt, dazu gab es ein „Schnietl" Hefenkloß.[472]

Zur Beförderung des Gewerbes wurde 1767 in Thum die erste Klöppelschule gegründet, der weitere in Marienberg und Geyer folgten,[473] bis die Zahl um 1850 rasch auf 25 Schulen für Erwachsene und Kinder stieg. 1878 wurde die Staatliche Spitzenmusterschule in Schneeberg gegründet, deren Tradition im Fachbereich „Angewandte Kunst Schneeberg" der Westsächsischen Hochschule Zwickau (FH) fortgeführt wird.[474]

Nach Siebers ersten gründlichen Untersuchungen vom Jahr 1955[475] wurde es – abgesehen vom Streit um die Verlegerin →Uthmann – relativ still um die Geschichte des erzgebirgischen Klöppelns, bis im Jahr 1982 eine Arbeitstagung des Wissenschaftlichen Beirats zur Pflege der erzgebirgischen und vogtländischen Folklore neue Impulse gab, die unter anderem dazu führten, dass das vielgestaltige Echo des Klöppelns in der erzgebirgischen Dichtung dokumentiert wurde.[476] Darin wird unter anderem das Klippellied von Max Rothe (1874–1942) wiedergegeben, das dem Zusammensein der Klöpplerinnen in der Vorweihnachtszeit gewidmet ist. Klöppel- und Hutzenlieder waren auf erzgebirgischen →Liedpostkarten weit verbreitet.

Die gewerbliche Klöppelei als Hausindustrie kam nach dem Ersten Weltkrieg durch die billige Produktion der Maschinenspitze und die wirtschaftlichen Umstände zum Erliegen. Im Dritten Reich kam es im Zuge von Arbeitsförderungsmaßnahmen nochmals zu einer Art „Boom" (→WHW-Abzeichen). Bewusst wurde in dieser Zeit eine mit Spitze geschmückte Erzgebirgskleidung entwickelt (→Waldleute). In der DDR wurde Klöppeln nach dem Verbot der Klöppelschulen durch die Besatzungsmacht in Volkskunstzirkeln gefördert. In einer Spitzenmanufaktur sowie in zwei Produktionsgenossenschaften wurden Spitzen auch gewerblich hergestellt.

Heute bemüht sich der 1990 gegründete Sächsisch-Erzgebirgische Klöppelverband e. V. um die Pflege der Volkskunst, die keine Bedeutung als Erwerbszweig mehr hat.[477]

*147*
*Klöpplerinnen sind ein beliebtes Motiv der erzgebirgischen Volkskunst. Oft wird – wie bei der abgebildeten Figur – auf den gedrechselten Klöppelsack ein Stück Originalspitze aufgeklebt. Hier eine Darstellung aus der Werkstatt Leichsenring, Seiffen.*

**Der besondere Tipp:**

Spitzenklöppeln im sächsischen Erzgebirge. Schriftenreihe der Fachschule für Tourismus, Chemnitz, Heft 1. Husum: Husum Verlag 1996

*Diese aktuelle Darstellung der erzgebirgischen Spitzenklöppelei enthält ein Verzeichnis der erzgebirgischen Orte, in denen in Ausstellungen, Klöppelvereinen usw. die jahrhundertealte Tradition nacherlebt werden kann.*

# Steiger

*Glückauf, Glückauf, der Steiger kommt!*
*Und er hat sein helles Licht bei der Nacht*
*Schon angezündt.*

Altes Bergmannslied[478]

Das im Erzgebirge bis heute viel gesungene Steigerlied hat Eingang in die Weihnachtsgottesdienste gefunden, ebenso wie der lichtertragende →Bergmann oder Steiger in die Schar erzgebirgischer Weihnachtsfiguren. Das Lied findet sich in seiner ersten vollständigen Fassung im Freiberger „Bergliederbüchlein" um 1700 und beginnt damals noch mit dem Weckruf: „Wach auf, wach auf!"[479]

Der Steiger war „selbst mitarbeitender technischer Leiter einer Grube" und hatte „Häu-

*148*
*Lichterbergmann,*
*Holz, geschnitzt, Appli-*
*kationen aus Brotteig,*
*Tuchschur.*
*Höhe: 62 cm, um 1890.*
*Die elegante Kleidung*
*und Haltung lassen auf*
*einen Höhergestellten*
*in der Berghierarchie*
*schließen.*

*149*
*Lichterbergmann,*
*Holz, geschnitzt, Leder,*
*Applikationen aus*
*geprägtem Papier.*
*Höhe: 64 cm, um 1860.*
*Nicht nur das Festha-*
*bit, sondern auch die*
*Position auf einem*
*hohen Sockel lassen auf*
*einen „Höhergestell-*
*ten" schließen.*

*150*
*Der Lebensweg eines Steigers.*
*Diese bergmännische „Stufe" aus dem Jahr 1865 stellt den Entwicklungsweg eines Bergmannes vom Grubenjungen bis zum Obersteiger dar. Geschenk zum 50-jährigen Berufsjubiläum des Obersteigers Bock, Museum für bergmännische Volkskunst, Schneeberg.*

er, Zimmerlinge, Haspeler, Kunstknechte, Wettermänner und Grubenjungen anzuleiten." Er gab auch das Material aus und rechnete mit dem Schichtmeister und dem Bergamt ab.[480] Der Name kommt vom Steigen und Einfahren in die Grube: „Ein Mensch, der nach oben oder nach unten schreitet."[481] Aufgabe und Vorrecht des Steigers war, bei Arbeitsbeginn jedem Häuer Unschlitt (oder Insel = Talg für das Geleucht) zuzuteilen[482]oder gar die Grubenlichter der Bergleute anzuzünden. Das spiegelt sich symbolhaft in den lichtertragenden Steigerfiguren.

Wie fein gegliedert und gründlich durchorganisiert das Berg- und Hüttenwesen war, davon zeugt das von Abraham von Schönberg (1640–1711) in seiner Eigenschaft als Oberberghauptmann in Kursachsen 1693 erlassene Regulativ, das die Dienstbeschreibungen von 75 Funktionsträgern enthält.[483] Im einstigen „königlich-sächsischen Bergstaat" wurde die „Bergmannskleidung zu einer berufsständischen-repräsentativen Aufzugs- und Paradetracht mit sorgfältig abgestufter Rangordnung nach dem Vorbild des Militärs" entwickelt und durch Statussymbole ergänzt.[484] Die bergmännische Trachten- bzw. Uniformvielfalt gibt bis auf den heutigen Tag zahlreiche Anregungen zur Gestaltung von Bergmanns- und Steigerfiguren, ob sie nun geschnitzt oder gedreht, lichtertragend oder zu →Bergparaden zusammengestellt sind.

Im Erzgebirge stellt man zur Weihnachtszeit nicht einfach einen Bergmann als Lichterträger auf, sondern jeweils „einen Steiger" im →Berghabit.

**Der besondere Tipp:**

Auch in der →Mettenschicht spielte der Steiger eine besondere Rolle, die in einer neuen Veröffentlichung ausführlich dargestellt wird. Bernd Lahl: Mettenschichten im Erzgebirge. Geschichte – Berichte – Geschichten. Marienberg: Druck- und Verlagshaus, 2001.

# Stülpner-Karl

*Dr Stülpner Karl darf aah net fahln,*
*daar schießt de Hirschen o,*
*un aus dr Höh ganz sachte schwebt*
*e grußer Engel ro …*
*Dr Voter baut e Uhrwark ei,*
*nooch laafen de Fichurn,*
*als wärn se grod esu wie mir,*
*labandig mol geburn.*

Stephan Dietrich (1898–1969; gen. Saafnlob)[485]

*151*
*Wo er lebte und seine legendären Taten beging, in dieser Gegend wurde er auch bestattet: Grabmal des Stülpner-Karl in Großolbersdorf im Mittleren Erzgebirgskreis ganz in der Nähe seines Heimatortes Scharfenstein.*

Er steht auf so mancher Weihnachtspyramide. Es gibt ihn als →Nussknacker und →Räuchermännchen, auf →Weihnachtsbergen, ja ganze Heimatberge sind ihm gewidmet. Die Heimatgeschichtler haben sich um ihn gestritten, Legenden wurden um ihn gewoben, Abenteuer wurden ihm angedichtet, Bücher wurden über ihn geschrieben. Der große Romancier Joseph Roth (1894–1939) sah ihn in erster Linie als Revolutionär, angesteckt von den Ideen der Französischen Revolution.[486] Zu DDR-Zeiten prägte man eine Stülpner-Medaille[487] und in Nachwendezeiten beflügelt er das Marketing. Zeitweise widmete sich ein Verein ausschließlich seinem Andenken.[488]

Das ist der Stülpner-Karl (1762–1841), ein Sohn und Held des Erzgebirges, eine Art einheimischer Robin Hood, jener legendäre Volksheld, der zuerst durch englische Balladen im 14. und 15. Jahrhundert bekannt wird.[489] Mit ihm teilt der Stülpner-Karl das Schicksal, dass sein Leben nicht nur in Romanen und Liedern verklärt wird, sondern dass er zum Helden von Marionetten- und Bühnenstücken, Verfilmungen, Fernsehspielen und Hörspielen gerät. Über einhundert Biografien, Romane, Novellen und Theaterstücke hat Christian Heermann gezählt.[490] In den Fernsehsendungen von 1973 und 1976 spielte Manfred Krug (*1937) als einer der beliebtesten Darsteller der damaligen DDR den Stülpner.[491]

Allein fünf Seiten umfasst die von dem Stülpner-Forscher Johannes Pietzonka zusammengestellte Bibliographie.[492]

Die historische Einordnung Stülpners hat Otto Eduard Schmidt (1855–1945) in seinen „Kursächsischen Streifzügen" formuliert: „Im geistigen Zusammenhang mit der Französischen Revolution erhob sich das sächsische Landvolk im August 1790 an vielen Orten gegen die Willkür der Forstbeamten, gegen übergroßen Wildstand, gegen die Ungerechtigkeit und Habsucht der Gerichtsdirektoren … Die Regierung siegt … aber es blieb die Sehnsucht nach der vollkommenen Befreiung des Bauernstandes ... Deshalb erscheint Stülpner seinen erzgebirgischen Landsleuten als der Vorkämpfer ihrer freiheitlichen, fortschrittlichen Gedanken und Wünsche, deshalb taucht sein Bild immer wieder auf, wenn eine revolutionäre Zuckung durch das Land ging, so nach 1830 und vor 1848 ... Es ist gewiss kein schlechtes Zeichen für den Charakter des erzgebirgischen Volkes, dass es sich gerade diesen Mann als Helden erkor."[493]

Der Stülpner war allerdings keine Einzelerscheinung. Er war einer von vielen „bösen Kerlen" im Erzgebirge. Als „Sohn des Erzgebirges" aus ärmlichsten Verhältnissen stammend, wurde er früh zum Wildschütz und Rebellen, lebte unstet und auf der Flucht, war in verschiedenen Armeen Soldat und desertierte immer wieder, belagerte – sein tollstes Husarenstück – als Einzelner die Burg Scharfenstein, in der ihm heute eine Dauerausstellung gewidmet ist.

Bis heute lebt sein Mythos fort. In das Weihnachtsgeschehen einbezogen ist er vor allem durch die „Stülpner-Berge", unter anderem in Planitz, Gelenau, Lichtenau und vor allem Großolbersdorf, wo das figuren- und szenenreichste Werk dieser Art zu finden ist.[494] Jenem Großolbersdorf, wo der Wildschütz seine letzte Ruhestätte fand und wo sein Grab bis zum heutigen Tage liebevoll erhalten und gepflegt wird (siehe Abb. 151). Sein Sterbehaus ist ebenfalls erhalten, an ihm befindet sich eine Gedenktafel.[495] An der Stelle seines Geburtshauses in Scharfenstein steht ein Gedenkstein. Im Herzen der Erzgebirger ist Stülpner noch heute zu Haus – in ihrem Marketing auch. Die Stadtbrauerei Olbernhau führt „mit Genehmigung des Ururenkels" ein Starkbier unter dem Namen „Stülpner-Bräu"[496] und die Paul Schubert GmbH („Lauter Gold") in Lauter annonciert: „Stülpner Trunk – Ein Premiumbitter des Erzgebirges – perkuliert und digeriert aus 38 Kräutern, Wurzeln und Wildfrüchten."[497]

Die 1835 erschienene Buchausgabe der Stülpner-Biographie von Karl Heinrich Wilhelm Schönberg wurde konfisziert, nachdem Stülpner sie selbst in den Straßen von Leipzig vertrieben hatte. Vor Schönberg hatten schon Friedrich von Sydow (1812) und der Begründer der neueren erzgebirgischen Mundartdichtung Christian Gottlob Wild (1816) Stülpner-Biografien herausgebracht. Sydow ergänzte die seine 1832 durch einen Roman über seinen Helden. Von den zahlreichen Veröffentlichungen über Karl Stülpner sind vor allem die von Kurt Arnold Findeisen (1883–1963) bekannt geworden, der Stücke daraus zuerst in den „Bunten Bildern aus dem Sachsenlande"[498] und wahrscheinlich auch an anderer Stelle veröffentlichte. Bereits 1922 erschien sein Roman „Der Sohn der Wälder", der mehrfach aufgelegt wurde, nachdem er vorher in Zeitschriften vorab veröffentlicht worden war. 1925 ließ er ein Jugendbuch zum Thema folgen, brachte ebenfalls 1922 ein Bühnenstück zum Thema und in den zwanziger Jahren ein Hörspiel heraus.

152
*So wird der Stülpner-Karl gern dargestellt: aufrecht, die Büchse im Anschlag auf ein Wild oder auf einen Vertreter der Obrigkeit zielend? Karl Stülpner-Figur, Familie Haustein, Seiffen. Masse, Höhe: 10,5 cm, um 1900.*

**Der besondere Tipp:**

*Der größte der Stülpner-Heimatberge wurde vom Großolbersdorfer →Schnitzverein 1937 bis 1939 geschaffen. Auf 13 qm Fläche stellen etwa 100 handgeschnittene Figuren in 27 Gruppen die wichtigsten Stationen und Taten im Leben des Stülpner-Karls dar. Der Berg ist regelmäßig sonntags und sonst nach Voranmeldung im Schnitzerheim zu besichtigen. Eine ständige Stülpner-Schau zeigt das Museum auf Burg Scharfenstein, nur wenige Kilometer von Großolbersdorf entfernt hoch über dem Zschopautal gelegen.*

153
*Flaschenetikett der Stadtbrauerei Olbernhau GmbH, Olbernhau.*

117

# Türke

*154*
*Zwar mit ansehnlicher Pfeife ausgestattet, stolz auf erhöhtem Sockel, aber kein Räuchermann:*
*Lichtertürke, Familie Börner, mit einer „Tülle" (erzgebirgisch „Dille") in der rechten Hand.*
*Holz, gedrechselt und beschnitzt, Haare, Füße, Rock- und Ärmelbesatz sowie Pfeifenkopf aus Teig, Applikationen aus geprägtem Papier. Höhe: 51 cm, um 1880.*

*Ich bin der Sultan Soliman –*
*man sieht mir's schon von weitem am n –*

*ich hab dreihundert Frauen,*
*die ärgern mich oft gar zu sehr*
*und lamentieren kreuz und quer*
*und machen mir das Leben schwer.*
*Dann nehm ich meine Pfeife her*
*und lass sie – p – miauen*
*Und blas – p –, was ich blasen kann,*
*und denke – p –: Was geht's dich an?*
*Ich bin der – p – p – Soliman,*
*der macht sich da nichts draus – p – p –*
*p – p-, nun ist die Pfeife aus!*

Kurt Arnold Findeisen (1883–1963)[499]

Der Türke begegnet uns im Erzgebirge als „Lichtertürke", als →Räuchermann und als eine Kombination von „Dillenmann" (Lichtträger) und Räucherfigur. Er ist erkennbar an seiner charakteristisch verzierten Gewandung, den angedeuteten Pluderhosen, dem Turban und der langen Pfeife und wurde als Räuchermann durch das eingangs zitierte Gedicht von Kurt Arnold Findeisen besonders populär.
Wie aber kommt der Türke in die erzgebirgische Volkskunst? Eine schlüssige Antwort darauf gibt es nicht. Aber der Hintergrund der Frage kann erhellt werden, nachdem sich namhafte Volkskundler immer wieder mit diesem Thema auseinander gesetzt haben.
Eine eingehende Studie aus dem Jahre 1938 untersucht „das Türkenmotiv und das deutsche Volkstum"[500]. Mitteleuropa hat Sarazenen – wie die Byzantiner und die Kreuzfahrer ihre muslimischen arabischen Feinde nannten – sowie das Türkenreich unter den osmanischen Herrschern von etwa 1300 an als Bedrohung erlebt oder zumindest empfunden. Vom 15. Jahrhundert an wurde eine auch in unserem Gebiet belegte Türkensteuer erhoben. Erhaltene Türkensteuerregister beginnen in Zwickau 1496, in Ehrenfriedersdorf 1501 und in Schneeberg 1542.[501]
Die Türkenglocke – im 15. und 16. Jahrhundert

überall im Reich geläutet – wurde zum Symbol der Volksnot. Die Niederlage der Serben auf dem Amselfeld (serbokroatisch „Kosovo") von 1389 und die Niederlage der Türken 1448 in der gleichen Landschaft prägten sich dem Volksgedächtnis ebenso ein wie die Belagerungen Wiens durch die Türken 1529 und 1683 und als Nachklang der russisch-türkische Krieg 1787–1792, in den Österreich unter Josef II. (1741–1790) verwickelt war (→Rastelbinder).

In Kunst und Volkskunst spiegelte sich die Türkenangst, aber auch die Bewunderung der Türken. Für Letztere waren Sachsen und sein Herrscherhaus der Wettiner besonders empfänglich. August der Starke (1670–1733) bemühte sich, orientalischen Glanz über die repräsentativen Veranstaltungen seines Hofes zu breiten, zum Beispiel zur Hochzeit des Kurprinzen Friedrich August (1696–1763) mit der habsburgischen Kaisertochter Maria Josepha (1699–1757), die mit einer Janitscharenparade eingeleitet wurde und an der erzgebirgische Bergmusikanten teilnahmen (→Berghabit; →Bergparade. Unter seinen Nachfolgern beeinflusste die Türkenmode Architektur und bildende Kunst. Türken sind in der Gestalt von Meissner Porzellanfiguren im 15. Jahrhundert in der höfischen Kunst Sachsens zu finden. Ein Denkmal Sultan Solimans III. stand im „Türkischen Garten" in Dresden und befindet sich jetzt in Neuruppin im Park.[502] Es stammt von Johann Benjamin Thomae (1682–1751). Er oder einer seiner Mitarbeiter schuf auch das heute stilvoll restaurierte Portalrelief des „Arabischen Kaffeebaums" in Leipzig, von dem sicher Besucher der Leipziger Messen nach ihrer Rückkehr in die erzgebirgische Heimat zu erzählen wussten, das allerdings keinen rauchenden Muselmann, sondern einen Kaffeetrinker zeigt (→Kaffeetrinken).

Die Karriere des Türken als Räuchermann begann in der zweiten Hälfte des 19. Jahrhunderts, als Rauchen auf der Straße üblich wurde. Bis 1848 verboten dies die meisten europäischen Regierungen. Als zweiter Exot trat er neben

155
*Stolz und elegant kommt auch dieser Lichtertürke daher. Holz, gedrechselt, Arme, Rockbesatz, Füße und Hutquaste aus Teigmasse. Höhe: 39,5 cm, um 1900.*

dem Rastelbinder unter die Volkstypen, welche in der Räuchermännerproduktion vorherrschten. Was lag näher, als ihn mit einer Pfeife darzustellen? „Der raucht ja wie ein Türke." So sagt man noch heute, wenn einer richtig „losquarzt". Und wie die Türken rauchten, ist aus der Zeit um 1800 überliefert: „Vom Aufstehen am Morgen bis zum Zubettgehen am Abend geben sie die Pfeifer nicht aus der Hand. Der gemeine Mann raucht sogar auf dem Rücken seines Pferdes und selbst in flottem Trab schlägt er Feuer und steckt sich eine Pfeife an."[503]

Den Namen Soliman – den eine Reihe osmanischer Sultane trugen – hat der Räucherfigur offensichtlich erst Kurt Arnold Findeisen (1883–1963) gegeben. Für ihn war die Frage der Herkunft ganz einfach: „Der Türke? – wie er unter die gedrechselten Trabanten des Heiligen Christ geraten ist? Doch wohl als Nachbildung desjenigen der drei Weisen, der dem Kind in der Krippe Weihrauch als Gabe brachte."[504] Es gibt auch die Theorie, dass die Arznei- und Kräuterhausierer aus Bockau, Eibenstock und Jöhstadt von ihren Reisen die Gestalt mit ins Erzgebirge brachten. Diese so genannten „Olitätenhändler" stellten aus den Kräutern der Bergwiesen Arzneimittel her und vertrieben diese in „Buckelapotheken".[505]

*156*
*Der schon als Motiv in der Welt des Erzgebirges ungewohnte Türke oder Muselmann wirkt in dieser modernen Gestaltung noch exotischer. Dazu tragen der sich nach oben verjüngende Körper ebenso wie die einfache, aber einfallsreiche Bemalung bei, dazu der überdimensionale Turban. Das Brettchen, auf dem dieser Türke steht, ist eckig, nicht rund. Entwurf Hans Brockhage, Hersteller VEB Kunstgewerbewerkstätten, Olbernhau. Höhe: 18 cm, 1966.*

# Uthmann, Barbara

Barbara Uthmann (nach anderen Quellen Uttmann; 1513 oder 1514–1575) ist – wahrscheinlich erst seit Anfang des 19. Jahrhunderts – eine Identifikationsfigur des Erzgebirges. Bis heute ist umstritten, ob sie Wohltäterin oder Ausbeuterin war, ja sogar ob sie überhaupt etwas mit dem →Spitzenklöppeln zu tun hatte, mit dem sie in Verbindung gebracht wird.
„Das Klöppeln ist im Erzgebirge weit verbreitet und bildet einen wichtigen Erwerbszweig … Barbara Uthmann, 1514 in Elterlein geboren, 1575 in Annaberg gestorben, führte das Spitzenklöppeln im Erzgebirge ein und erwies sich dadurch als Wohltäterin der armen Bevölkerung."[506] Kurz und knapp gibt dieser Text von Oskar Seyffert (1862–1940) die seinerzeit herrschende allgemeine Auffassung wieder.
Um Barbara Uthmann hatten sich zahlreiche Legenden gebildet und sie genoss insbesondere in Annaberg hohe Verehrung. So wurde 1834 ihre Grabstelle weiter ausgeschmückt[507] und im Jahre 1886 in der Mitte des Annaberger Marktplatzes ein Denkmal errichtet, das 1944 im Zweiten Weltkrieg dem Schmelzofen zum Opfer fiel. In einem Kirchenfenster der St. Annenkirche ist sie abgebildet und in ihrem Geburtsort Elterlein wurde ein Barbara-Uthmann-Brunnen errichtet.[508] Sie wurde zur Heldin von Romanen, so von Hanna Klose-Greger (1892–1973), die 1938 damit beim Romanwettbewerb des Verlages Heimatwerk Sachsen (→Landesverein Sächsischer Heimatschutz) einen Anerkennungspreis erhielt.[509] Das Buch erschien 1940 im Druck.
Alle seriösen Darstellungen weisen die Behauptung zurück, Barbara Uthmann habe das Klöppeln „erfunden". Aber selbst Siegfried Sieber (1885–1977), der dem Spitzenklöppeln

eine groß angelegte Darstellung gewidmet hat[510], sprach die Vermutung aus, Barbara Uthmann habe die Klöppeltechnik vielleicht wesentlich verbessert und den Klöppelsack sowie den Klöppelbrief als Mustervorlage eingeführt.[511] Wie ein Paukenschlag wirkte da im Jahre 1962 der Aufsatz von Helmut Breitung „Wie eine Legende entstand", der die Ergebnisse seines Quellenstudiums und historischer Forschungen „auf dem Boden unserer dialektischen, materialistischen Geschichtsauffassung"[512] zusammenfasste. Als historische Tatsache ermittelte er, dass 1526 Heinrich vom Elterlein nach Annaberg übersiedelte, wo er bis 1533 als Zehntner tätig wurde. Der Zehntner war nach dem Deutschen Wörterbuch der Brüder Grimm[513] ein Beamter, der im Auftrage des Zehntherren den Zehnten einnahm, beziehungsweise derjenige, dem Metallfunde anzuzeigen waren und der Geld zur Bezahlung der Arbeiter usw. vorlegte. Barbara, seine Tochter, wurde 1529 mit Christoph Uthmann aus Löwenberg in Schlesien getraut, der Silber- und Kupfergruben, Pochwerke und Schmelzhütten besaß sowie über ein Privileg für den Kupfereinkauf in den erzgebirgischen Revieren verfügte. Er verstarb 1551, seine Frau überlebte ihn um 24 Jahre. Breitung ermittelt anhand genauer Untersuchungen der vorhandenen Quellen, dass das Bortenwirken in Annaberg spätestens seit 1542 auf der Grundlage der frühkapitalistischen Verlegerei betrieben worden sei und dass Barbara Uthmann 1560 als Bortenhändlerin, 1571 als Verlegerin von Bortenwirkerinnen tätig war. Aber: „Zu ihren Lebzeiten und kurz nach ihrem Tode hat niemand Barbara Uthmann mit dem Klöppeln in Verbindung gebracht."

Aufgrund seiner Studien vertritt Breitung die Auffassung, erst die Annaberger Verlegerfamilie Eisenstuck habe um 1800 erkannt, „welchen Vorteil es ihr bringen würde, wenn sie den Kapitalismus als Retter vor Not und Elend hinstellen würde und eine Annaberger Frau zur ,Wohltäterin des Erzgebirgs' stempelte." Dazu habe sie sich sogar einer Fälschung bedient. Im Jahre 1961 wurde eine Festwoche „400 Jahre Spitzenklöppeln im Erzgebirge" durchgeführt und dafür eine Kommission gebildet. Vermutlich gibt deren Erkenntnis die historische Wahrheit wieder: „Zweifellos trat Barbara Uthmann als Frau aus dem Wirtschaftsleben der damaligen Zeit heraus, indem sie nach dem Tode ihres Mannes dessen umfangreiche Bergbau- und Hüttenunternehmen fortführte. Es gibt aber keinen Beweis dafür, dass sie die erste Verlegerin auf dem Gebiete des Spitzenklöppelns war und sich um die Entwicklung des Klöppelns besonders verdient gemacht hat."[514]

Historisch belegbare Tatsachen sind das eine – bildhaft-anschauliche Darstellungen, an die die Allgemeinheit glauben will, das andere. Es gab zweifellos in Annaberg zu Barbara Uthmanns Zeiten mindestens 17 Verlegerinnen, die Bortenwirkerinnen beschäftigten und damit eine, wenn auch schlecht bezahlte, Arbeit vergeben konnten. So ist es verständlich, wenn dies im Mythos der Barbara Uthmann zusammenfloss. Noch immer ist die Annaberger Klöppelschule nach ihr benannt.[515] Mit Hilfe eines Fördervereins wurde 2002 eine Rekonstruktion des Barbara-Uthmann-Brunnens auf dem Annaberger Marktplatz an seinem früheren Standort aufgestellt.[516]

*157*
*Das im Zweiten Weltkrieg eingeschmolzene Denkmal der Barbara Uthmann zu Annaberg.*

121

# Weihnachts- und Heimatberg

*Bei Weihnachtsberg un Christbaamglanz,*
*do sei de Kinner glockenganz.*
*Von Hütgung bis zun Ortsvürstand,*
*dr Frieden gieht durchs ganze Land.*

Hans Soph (1869–1954)[517]

Weihnachtsberge sind Höhepunkte der weihnachtlichen Gestaltungskunst im Erzgebirge. Beleg für ihre Vielgestaltigkeit sind schon die unterschiedlichen Begriffe, die verwendet werden. Das geht von der einfachen „Ecke" oder dem „Winkel" über die „Christecke", „Christgeburt" und das „Bethlehem" bis hin zum „Weihnachts-, Krippen- oder Heimatberg" oder ganz einfach „Berg" oder „Barg".

Wie sehr der Brauch verwurzelt ist, in der Adventszeit in einer Ecke – zum Beispiel auf einem einfachen Dreieckbrett oder auf einer größeren Tisch- oder Möbelfläche – einen „Berg" aufzubauen, ist an zahlreichen Erlebnisberichten abzulesen. Angesehene Wissenschaftler wie Gerhard Heilfurth und Walter Fröbe scheuten sich nicht, mit geradezu kindlicher Freude zu schildern, wie sie alljährlich aus selbst geschnitzten und dazugekauften Figuren ihren Weihnachtsberg aufbauen und gestalten.[518]

Die Übergänge zu anderen volkskünstlerischen Gestaltungen des Erzgebirges sind fließend. Oskar Seyffert (1862–1940) unter-

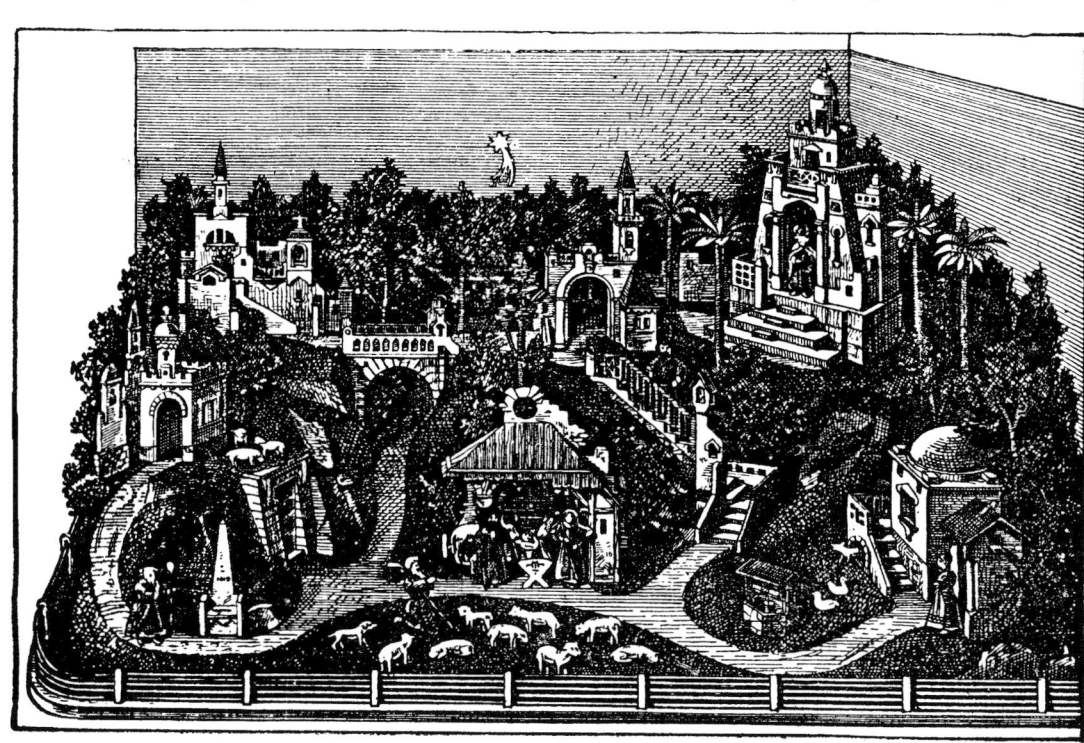

158
*Manche überlieferten Modelle, die uns als individuelle Arbeiten erscheinen, gehen auf Laubsägevorlagen zurück (→Laubsägearbeit). Hier eine Katalogabbildung der bereits 1785 gegründeten Firma Mey & Widmayer, München, die ab 1930 von J. Brendel, Mutterstadt/Pfalz übernommen wurde. Die dargestellte „Große Krippe" ist aus 16 Teilen zusammengesetzt.*

schied nicht ausdrücklich zwischen Krippen und Bergen.[519] Gerhard Heilfurth (*1909) nennt die erzgebirgischen Weihnachtsberge „eine Spielart volkstümlicher Krippenkunst von reizvoller Eigenart."[520] Und Rolf Kunze sagt bündig: „Kleinere geschnitzte Szenen religiöser Thematik werden als ‚Paradiesgärten' bezeichnet, in einen Winkel des Hauses gebaut nennt man sie ‚die Eck'."[521]

Weihnachts- und Heimatberge gibt es also vom einfachen Aufbauen eines vorhandenen Figurenbestandes bis zu komplexen, vielfältig bewegten Modellen, von Einzelnen oder →Schnitzvereinen erstellt.

„Solche Vielfalt der Gedanken und Formen ließ seit langem den Weihnachtsberg von Richtungskämpfen religiöser, historischer, ästhetischer, gedanklich-logischer Art umtoben." So stellte der Volkskundler Adolf Spamer 1954 fest. Aber er fügt an: „Das Weihnachtswunder siegte doch stets wieder über das Diktat des Verstandes, der Wunsch, alles zu geben, dessen das Herz voll ist, über die Bescheidung künstlerischer Formgestaltung."[522]

Mehr als ein halbes Jahrhundert zuvor hatte A. Kurzwelly in Robert Wuttkes „Sächsische Volkskunde" den Weihnachtsberg als die „vornehmste, eigenartigste und reizvollste Schöpfung des volkstümlichen, erzgebirgischen Kunstfleißes" bezeichnet.[523] Die Lebendigkeit und Vielfalt ist wohl darauf zurückzuführen, dass in den Weihnachts- und Heimatbergen verschiedene Traditionen zusammenfließen. Eine davon ist die der modellhaften Nachbildung von Bergwerken (→Bergwerksmodell →Buckelbergwerk). Die andere wird in der böhmischen Krippenschnitzerei gesehen, deren Darstellungen um 1820 in die bergmännische Kunst übernommen werden, vielleicht auch unter dem Einfluss der volkstümlichen Christgeburtsspiele.[524]

In diesen Jahren war die Vorstellungswelt vom biblischen Geschehen durch die „Nazarener" geprägt, eine Richtung der Malerei, die

de des 19. zum 20. Jahrhundert an so genannte Heimatberge, in denen das religiöse Geschehen in die erzgebirgische Landschaft versetzt wird. „Christi Geburt wird aus historischer Ferne in die Gegenwart gerückt", sagt Helmut Flade.[529] Große Schöpfungen auf diesem Gebiet sind der Neustädteler Heimatberg (um 1920), Gustav Rössels (1877–1943) „Christgeburt im Huthaus" von 1937 und viele ähnliche Werke.[530] Zu den Heimatbergen zählen auch jene, in denen historische Ereignisse dargestellt werden. Dazu gehören „Die lange Schicht von Ehrenfriedersdorf", vom Malermeister Albert Klumpp zwischen 1913 und 1929 nach einer Sagenüberlieferung geschaffen, oder der Heimatberg „Herzog Albrecht von Sachsen speist 1477 an einer Silberstufe in der Fundgrube St. Georg", im Jahre 1980 von der damaligen Produktionsgenossenschaft des Handwerks „Schneeberger Volkskunst" aufgeführt.[531]

auf alte deutsche und italienische Vorbilder zurückgriff und Realismus und Mystik mischte.[525] Zur Gruppe gehörten Julius Schnorr von Carolsfeld (1794–1872) und Josef Führich (1800–1876). Als Stilrichtung entstanden die „orientalischen Krippenberge", aber auch das so genannte „Krüger-Bethlehem" des Schneeberger Tischlermeisters Hermann Krüger (1811–1893), das 650 Figuren in 58 Gruppen vereinigt und 1835 bis 1838 geschaffen wurde. In der Tradition dieses Stils stehen unter anderem ein vom Bergverein Schneeberg um die Wende vom 19. zum 20. Jahrhundert errichteter beweglicher Weihnachtsberg und der Brünloser Weihnachtsberg des Strumpfwirkers Friedrich Nötzel (1893–1985).[526] Ein weiteres bekanntes Beispiel ist der Weihnachtsberg von Friedrich Hertelt (1837–1917)[527], der alljährlich zu Weihnachten in der evanglisch-lutherischen Kirche zu Oberwiesenthal ausgestellt wird[528]. Als Gegenbewegung zu Überstilisierung und Übermechanisierung entstanden von der Wen-

Es mischten sich auch orientalische und erzgebirgische Motive oder es entstanden reine Heimatgestaltungen ohne jeden religiösen Bezug, zu denen die Nachbildungen von Bergbau- und Schachtanlagen gehören, ferner die dem →Stülpner-Karl (1762–1841) gewidmeten Berge. Eine der jüngsten und schönsten Neuschöpfungen ist beim „Bergmeister" in der Seiffener Hauptstraße zu bewundern: das von Günther Zielke (*1950) geschaffene mechanische Bergwerksmodell, das mit etwa 90 Figuren den Betrieb eines Bergwerks mit angeschlossenem Pochwerk meisterlich wiedergibt.[532]

Eine Sonderform ist der Stufenberg, möglicherweise den „Stufen" als Vorläufer der Krippengestaltung nachgebildet (→Weihnachtskrippe). Bekanntestes Beispiel dafür ist einer der ältesten erhaltenen Berge, der „Cranzahler" aus der ersten Hälfte des 19. Jahrhunderts, heute im Schneeberger Museum für bergmännische Volkskunst zu bewundern.[533]

Es gibt „lebendige", also Berge mit beweglichen Figuren und Szenerien, und „stille" oder „starre" Berge. Bei den mechanischen Bergen mögen Einflüsse der „Automaten", wie wir sie aus einer Schilderung von E. T. A. Hoffmann (1776–1822) kennen, aus dem ausgehenden 18. Jahrhundert eine Rolle gespielt haben (→Nussknacker).[534] Möglicherweise handelt es sich um einen Nachklang noch älterer Automaten aus dem 16. und 17. Jahrhundert[535], von denen in Dresden im Mathematisch-Physikalischen Salon, im Grünen Gewölbe und im Historischen Museum zahlreiche Beispiele vorhanden waren. Auch Figuren der so genannten „beweglichen Plastik" haben vermutlich die Gestalter von Weihnachtsbergen inspiriert. So gab es fast lebensgroße hölzerne Figuren, die bei Festlichkeiten – z. B. dem Zwickauer Fürstenschießen von 1573, das in einem Kupferstich festgehalten ist – zum Anzeigen der Schüsse verwendet wurden. Eine solche Figur ist außerdem aus Berichten vom „Gemeinen

Armbrustschießen zu Freybergk" (1572) bekannt. Zur beweglichen Plastik zählen auch die bekannten Kunstuhren, wie sich eine im Rathaus zu Johanngeorgenstadt befand. Dort begleitete ein hölzerner Bergmann den Stundenschlag durch Abziehen seines Hutes und durch eine Bewegung des Mundes. Bewegliche Plastiken – zumeist in der Figur musizierender Engel – waren auch an Orgelprospekten üblich.[536]

Vor allem kleinere, für den häuslichen Gebrauch geschaffene Heimat- und Weihnachtsberge werden nicht mit selbst geschnitzten oder selbst gedrechselten Figuren, sondern mit Seiffener oder anderen Miniaturen, Häuschen, Bäumen usw. ausgestattet. Krippenfiguren aus Masse schuf zum Beispiel Alfred Reichelt (1872–1944) in Seiffen mit Formen, die er selbst aus Gips oder Schwefel goss.[537]

Die großen Weihnachtsberge sind in zum Teil jahrzehntelanger Arbeit von einzelnen Volkskünstlern, aber zunehmend von →Schnitz-

*So wie der Erzgebirger alles Große ins Kleine und alles Kleine ins Große transponiert, so gibt es auch einen Weihnachtsberg mit lebensgroßen Figuren, nämlich am Aufgang zu Schwarzenbergs Altstadt an der Bahnhofstraße, die jeweils am →Vorabend des ersten Advent aufgestellt werden. Diese Arbeit des Schwarzenberger Schnitzvereins wird alljährlich durch weitere Figuren ergänzt.*

*In einer ständigen Ausstellung sind im Lößnitzer Bürgerhaus zwei Weihnachtsberge der beiden unterschiedlichen Stilrichtungen zu sehen, nämlich ein orientalischer Weihnachtsberg – neu gestaltet, nachdem durch Brände von 1915 und 1965 viele Gestaltungselemente verloren gingen – und der Heimatberg des Lößnitzer Schnitz- und Bergvereins, der erzgebirgisches Leben und Brauchtum in der heimatlichen Landschaft darstellt.*

*163*
*Szene aus einem Weihnachtsberg: Die Flucht nach Ägypten. Die Schilderungen der Berge und Krippen greifen oft über die eigentliche Geburtsszene weit hinaus.*

und Krippenvereinen geschaffen worden, deren erster 1879 in Lößnitz entstand. Zwischen den beiden Weltkriegen bestanden im westlichen Erzgebirge etwa 60 Vereine mit mehr als 2 000 Schnitzern und Bastlern.[538] Im Dritten Reich setzte die NSDAP für die Schnitzer „Schulungswarte" ein. In den Jahren nach dem Zweiten Weltkrieg wurden Bergdarstellungen als Gemeinschaftsarbeiten in den Schnitzgemeinschaften innerhalb des Kulturbundes gefördert.[539] Dabei wurden Motive aus der Gegenwart wie „Pioniere singen vor dem Schulgebäude" aufgegriffen, der Wismut-Berg „Altes und neues Erzgebirge"[540] oder Historisches wie „Der Bergstreik in Schneeberg 1496" und „Marsch der KZ-Häftlinge 1945 durch unsere Stadt" (= Schneeberg).[541]

Eine verdienstvolle Bestandsaufnahme ist der Fachschule für Tourismus Chemnitz zu verdanken. Sie hat in einer ortsalphabetisch aufgebauten Veröffentlichung zusammengetragen, welche Weihnachts- und Heimatberge wo im Erzgebirge zu finden sind. Wenn auch der Ursprung der Berge im westlichen Erzgebirge zu suchen ist, so wird daraus ersichtlich, dass Weihnachtsberge ebenso im mittleren Erzgebirge heimisch geworden sind (s. Lit. 173).

# Weihnachtskrippe

*Dort baue se e Bethlehem, –*
*do machen se e Kripp, –*
*drübn bitzeln se wos annersch zamm,*
*de Stu(b) leit voll Gestripp.*

Christian Friedrich Röder (1827–1900)[542]

Die Krippe und das „Bethlehem" – das Figuren- und eventuell Gebäude-Ensemble um die Krippe herum – werden in obigem alten erzgebirgischen Mundartgedicht noch getrennt aufgeführt. Insgesamt gibt es in der Region eine Vielzahl verschiedener Begriffe für die Darstellung des weihnachtlichen Geschehens. Von der einfachen Bezeichnung „Eck" oder Christecke über Bethlehem, Weihnachtskrippe bis hin zu →Weihnachtsberg, der nun freilich eine Weiterentwicklung darstellt und dem deshalb ein eigenes Stichwort gewidmet ist.

Die Anfänge der Krippenkunst liegen im Barock – damals von Künstlern betrieben und erst allmählich zur Volkskunst geworden. Das trifft für das Erzgebirge zu – „eine protestantische Krippenlandschaft ... die nicht ihresgleichen hat"[543], wie für andere Herstellungszentren auch. Das Zeitalter des Barock ließ sich dabei von sehr viel älteren Krippendarstellungen anregen (erste Krippe 360 in Rom).[544] Dass Krippenkunst so bedeutend wurde, ist in der Menschlichkeit und Anschaulichkeit der biblischen Geburtserzählung begründet.[545]

Umzüge während der Christmette um eine auf dem Altar aufgestellte Krippe oder ein „göttliches Kind" (→Bornkinnel) während des Mettengottesdienstes sind seit dem 11. Jahrhundert bezeugt. Daraus hat sich die Sitte des Christkind-Wiegens entwickelt. Dieses „Kin-

allel dazu entwickelte sich eine Krippenkunst, die aus dem katholischen Innerböhmen über das böhmische ins sächsische Erzgebirge vordrang und dabei die Konfessionsgrenze übersprang[547] – auch als die Krippen in Böhmen im Zuge der Aufklärung aus den Kirchen verbannt wurden und in die Privathäuser abwanderten[548] (→Nachbarregionen).

„Eine der schönsten Leistungen sächsischer Schnitzkunst um 1520" wird der Altar der Bergknappschaft in der St. Annen-Kirche zu Annaberg-Buchholz genannt, in dessen Mittelschrein die Geburt Christi dargestellt ist. Musizierende Engel überwölben die Krippe mit Maria, Josef, Engeln, Hirten sowie Ochs und Esel (→Engel). Dieser Schnitzaltar – vermutlich von Hans Leinberger aus Landshut – zeigt auf der Rückseite vier Tafeln von Hans Hesse mit Szenen aus dem Silberbergbau, darunter die Danielslegende (→Engel; →Leuchterpaar Bergmann und Engel; →Schutzheilige).

Etwa zur gleichen Zeit ist der holzgeschnitzte Mittelschrein des Altars der Bergknappschaft in Freiberg entstanden, den ein anonymer

164
*Auch unterschiedliche Stile und Elemente unterschiedlichen Alters werden unbefangen miteinander kombiniert: Christi Geburt mit den Heiligen Drei Königen. Die kleine Krippe mit dem charakteristischen Spruchband ist bestückt mit (möglicherweise viel jüngeren) gedrechselten Figuren.*

delwiegen" erhielt sich im Erzgebirge auch nach der Reformation und fand seinen volkskünstlerischen Niederschlag in kindelwiegenden Docken (→Puppe). Heinrich Schütz (1585–1672) hat in sein Oratorium „Historia von der Geburt Christi" (1664) ein Kindelwiegen eingefügt, eine Überlieferung, die der Dresdner Kreuzchor in seine Christvesper übernommen hat (→Mauersberg).[546] Aus solchen Anfängen bildeten sich liturgische Weihnachtsspiele mit einer eigenen Tradition im Erzgebirge (→Engel- und Königsschar). Par-

165
*Naive, aber charaktervolle Gestaltung auch der →Teigmännel: Krippenfiguren aus Masse, Engel, die Heiligen Drei Könige, zwei Hirten und in der Mitte Joseph und Maria, die das Kind wiegt. Familie Haustein, Seiffen. Brotteig. Höhe: ca. 6 cm, Ende 19. Jh.*

127

Meister schuf. Auch hier ist die Christgeburt mit Ochs und Esel dargestellt und – wie in Annaberg – von musizierenden Engeln überwölbt.[549] Solche Darstellungen in Kirchen in Zentralorten des Erzgebirges haben offensichtlich stark in die Volkskunst hineingewirkt (→Engelmusikant).

Im Erzgebirge sind die volkskünstlerischen Krippen erst ab 1814 nachweisbar (Anzeige im „Annaberger Wochenblatt").[550]

Sie verbreiteten sich rasch. Nach Moritz Spieß' Bericht von 1862 wurden sie am Fuß des Christbaums oder in einer Ecke des Zimmers auf einem Tisch aufgestellt. 47 Jahre später – im Jahre 1909 – berichtet Ernst John: „Die Christgeburt befindet sich meist inmitten eines →Paradiesgartens oder in der Höhle eines Berges oder ist als besonderes Schaustück als ‚Ecke' in einem Winkel des Zimmers aufgestellt, oft so groß, dass sie diesen ganz einnimmt."[551]

„Die vornehmste wohl aller erzgebirgischen Heimatkünste ist die Schnitzkunst, und davon wieder ist die Krippenschnitzerei die gefühlsmäßig stärkste." So schrieb Alwin Seifert (1873–1937), Direktor der Grünhainichener Fachschule, im Jahre 1924.[552] Seifert sprach mit seinem Beitrag im „Glückauf" vor allem die Menschen an, die – allein oder in →Schnitzvereinen organisiert – Krippen und →Weihnachtsberge schufen. Im gleichen Heft verweisen Aufsätze auf Lößnitz als eines der Zentren der Krippenschnitzerei sowie auf die alljährliche Ausstellung einer Krippe durch den Krippenverein Oberwiesenthal: „Stumm steht der Beschauer vor dem Kunstwerk wie vor einem Heiligtum."[553]

Auch später haben die vielen im Erzgebirge geschaffenen Krippen immer wieder besondere Beachtung gefunden, so eine von Arbeitslosen hergestellte Schneeberger Erzgebirgskrippe auf

166
*Eine aufstellfertige Krippe, mit Bäumen und Figuren bestückt. Tafel 71 des Waldkirchener Spielzeugmusterbuches von etwa 1850: Eine große Krippe, bestehend aus acht verschiedenen Gebäuden, Bäumen, Krippenfiguren, Ochs und Esel sowie einem Hirten mit seinen Schafen. Das Jesuskind liegt nicht in der Krippe, die als Futterraufe im Stall dargestellt ist, sondern in den Armen von Maria, einer Figur, die auf das Kindelwiegen verweist.*

128

der Ausstellung „Deutsche Weihnachtsschau am Funkturm in Berlin 1935".[554] Als bahnbrechend gilt der Einfluss des Neustädter Schnitzmeisters Gustav Rössel (1877–1943), der meisterhafte bergmännische Krippen schuf.[555]

Kurt Arnold Findeisen (1883–1963) berichtet in den Mitteilungen des Landesvereins Sächsischer Heimatschutz 1935 von der „mit Hilfe der nationalsozialistischen Partei durchgeführten ersten großen ‚Deutschen Krippenschau' in Aue im Erzgebirge", dass „dort von vornherein die Krippe italienisch-orientalischer Prägung ausgeschaltet worden" ist. Dennoch hat gerade diese Auer Krippenschau auf das weitere Schaffen im Erzgebirge befruchtend gewirkt. Die Krippentradition lebte weiter im Dritten Reich ebenso wie in der DDR, auch wenn es Bestrebungen gab, mehr die Kunst der Heimatberge (→Weihnachtsberg) herauszustellen: „Diese Form der Krippengestaltung ... mag ... durch die zunehmende atheistische Bewegung gefördert worden sein."[556]

Krippenfiguren wurden für den eigenen Gebrauch individuell oder in Gemeinschaft geschnitzt. Daneben kamen geschnitzte und gedrechselte Figuren in größerer Stückzahlproduktion in den Handel.

Gegen Ende der 1930er Jahre finden sich im Angebot des Seiffener Spielzeugverlegers H. E. Langer kleine, einfache, aus Brettchen erbaute Krippen mit gedrechselten Figuren.[557]

Neben den für den Verkauf hergestellten gedrechselten Figuren gab es im vorvorigen Jahrhundert aus Masse gepresste Gestalten, die einer 1818 in Scheibenberg gegründeten ersten Papiermaché-Fabrik und Annaberger Fabrikationsstätten zugeschrieben werden (→Teigmännel).[558] Es entstanden vor allem im Westerzgebirge, zum Beispiel in Lößnitz, in den Jahren um 1900 Krippen mit geschnitzten Figuren in größeren Serien.[559]

Schließlich wanderten die Krippenfiguren im vorvorigen Jahrhundert aus den Krippen heraus auf die Weihnachtspyramiden (→Pyramiden)

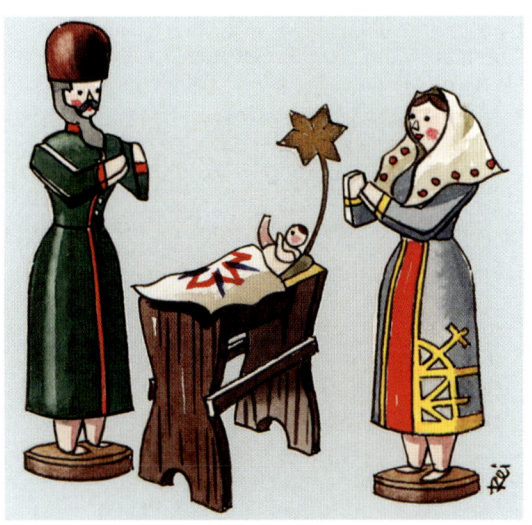

167
*Karl Müllers (1879–1958) charaktervolle Krippenfiguren werden heute noch als Repliken produziert. Aus seiner Hand: Die Heilige Familie, gezeichnet von Hans Reichelt.*

und gewannen so eine zusätzliche ganz neue Bedeutung. Bachmann rechnet die Krippe übrigens zu den „Grenzgebieten des Spielzeugs".[560]

Bei den Krippen wird zwischen „faulen" (also nicht beweglichen) und mechanisierten Krippen unterschieden, wobei allerdings die Mechanik vorzugsweise in Heimat- und Weihnachtsberge eingefügt wurde. Eine eigene Krippentradition entwickelte sich in Seiffen, wo Krippenfiguren nicht nur geschnitzt und gedrechselt, sondern auch aus Masse angefertigt wurden. Als Meister und einer der letzten Drechsler an der Fußdrehbank gilt Karl Müller (1879–1958), der Krippenfiguren schuf, von denen heute noch Repliken angefertigt und verkauft werden. Besonders originell sind die Krippenfiguren von Karl Müllers Tante Auguste Müller (1847–1930), die sie auf ein Grundbrettchen montierte. Neben dem berühmt gewordenen „Krippenhaus mit Figuren" der Seiffener Spielwarenfachschule unter Leitung von Max Schanz (*1934) müssen als Seiffener Besonderheit die Edelholzkrippen aus der Werkstatt Ehnert erwähnt werden, die ihre Produktion auf der Basis exotischer Hölzer leider eingestellt hat.[561]

**Der besondere Tipp:**

*Wer Lust und Geschick hat, selbst eine Krippe zu schnitzen, findet Anleitung bei Rolf Kunze[562]. Und wer die Krippenkunst des Erzgebirges gründlich studieren will, der gehe auf „Krippentour" mit einer nach Orten gegliederten Bestandsaufnahme aus der Berufsfachschule für Tourismus in Chemnitz.[563]*

Rolf Kunze: Schnitzen und Drechseln wie im Erzgebirge. Werkstattbuch mit Anleitungen und Vorlagen. Augsburg: Augustus Verlag 1993.

Weihnachtskrippen im Sächsischen Erzgebirge. Schriftenreihe Erzgebirgische Volkskunst der Berufsfachschule für Tourismus, Chemnitz, Heft 10. Husum: Husum Verlag 1998

*168
Erzgebirgische Deckenleuchter gibt es als Glas-, Holz- und Zinnkunstwerke. Hier: Zinnerne erzgebirgische Leuchterspinne, auch die ursprünglich gläsernen, später in Holz nachgeahmten „Baameln" sind aus Zinn. 1856 Museum und Besucherbergwerk Zinngrube, Ehrenfriedersdorf.*

# Weihnachtszinn

*Glück zu, von und wegen des Handwerks!*

Alter Innungsspruch der Zinngießer[564]

Am Anfang war das Silber: 1168 entdeckten Fuhrleute das Edelmetall im heutigen Stadtbereich von Freiberg. Im 13. Jahrhundert folgten Zinnfunde. Dieses Metall wurde zunächst ausgewaschen. Urkundlich belegt ist die Zinngewinnung für 1293 bei Ehrenfriedersdorf und für 1305 im festen Gestein bei Graupa – doch war man vermutlich schon vor 1240 fündig geworden. Ortsnamen wie Graupa (heute Krupka) in Tschechien, Seiffen (urkundlich 1328), Schlema (aus Schlammgraben) und Waschleithe gehen auf das Zinnseifen zurück.

Zinn wurde auch im Untertagebau gewonnen. Die ertragreichsten Gebiete lagen um die Greifensteine zwischen Zwönitz und Zschopau und im östlichen Erzgebirge um Altenberg mit Geising und Zinnwald. Auch in der Annaberg-Buchholzer Gegend wurde Zinn abgebaut. In Eibenstock und Zschorlau ziert noch heute die Zinngabel des Seifeners das Stadtwappen. In Altenberg und Ehrenfriedersdorf wurde noch nach dem Zweiten Weltkrieg Zinn abgebaut.[565] Mit der DDR ging dieser Teil des Bergbaus wohl für immer zu Ende (Altenberg 1991, Ehrenfriedersdorf 1999).

Von den Arbeiten der früh in Innungen organisierten Zinn- oder Kannengießer haben sich relativ wenige Stücke erhalten. Besonders in Kirchen fielen Leuchter und dergleichen der Zinnpest zum Opfer, weil Zinn zu Zinnstaub zerfällt, wenn es zu kalt wird.[566] In den Haushaltungen hat sich Zinn auch deswegen wenig erhalten, weil es bei Sammlern sehr

beliebt war und diese den Bestand für wenig Geld gern gründlich ausplünderten.[567]

Die erwähnten Innungen der Zinngießer waren straff organisiert und in so genannten „Kreisladen" zusammengefasst. Für das Erzgebirge zuständig war als Kreisstadt Schneeberg. Zu ihr gehörten zeitweise 37 Orte.

Die Qualität des Zinns wurde durch obrigkeitliche Regelungen von 1614, 1674 und 1708 in Sachsen gesichert. Danach waren Zinnerzeugnisse jeweils mit drei Stempeln zu kennzeichnen, sodass der Hersteller immer zu ermitteln war[568] – übrigens ganz anders als bei der Herstellung von Erzeugnissen aus Holz, die niemals einem Zunftzwang unterlag, mit Ausnahme der Zwangsinnung für das →Reifendrehen.

Eine der letzten Zinngießerwerkstätten aus Schneeberg-Neustädtel ist im Erzgebirgsmuseum Annaberg-Buchholz erhalten. Erinnerungen an die Tätigkeit seines Vaters und Großvaters in dieser Werkstatt hat Konrad Gerber, Sohn des letzten Zinngießermeisters Oswald Gerber († 1936), festgehalten.[569] Er geht darin auch auf die Rolle des Drehens im Rahmen der Zinngießerei ein. An der Dreh-

bank wurden die hölzernen Gießformen geschaffen oder sie wurden aus Schamotte (durch Brennen aus Ton und Kaolin gewonnenes Produkt[570]) vom Zinngießer selbst hergestellt. Werden zwei Halbformen gegossen, so muss der Zinngrat, der sich beim Gießen bildet, auf einer Drehbank abgeschliffen werden. Die Drehbank wurde mit einem Handschwungrad betrieben. Der Kunstschnitzer Paul Schneider hat den Zinngießermeister für die Museumswerkstatt lebensnah nachgestaltet.[571]

„Einfaches Zinngerät war, wie aus Verlassenschaftsinventaren hervorgeht, in stattlichen Mengen in erzgebirgischen Bürgerhäusern vorhanden."[572] Aber auch bei Bauern waren Trink- und Essgeräte aus Zinn weithin gebräuchlich.[573] Vom einfachen Gebrauchszinn wie Kaffeekanne, Teekessel, Tassen, Zuckerschale oder Zuckerkelch, Näpfen, Schüsseln, Bratenteller, Salzmesten, Löffeln, Körbchen, Barbierschüsseln und Lämpchen unterscheiden Kenner das Edelzinn – reich verzierte, künstlerisch gestaltete Kannen, Krüge, Teller, Pokale usw. zum Gebrauch in Rat und Zunft und sakrale Gegenstände für Kirchen und Synagogen. Gebrauchszinn wurde für den Berufsbedarf, den persönlichen Bedarf, für die Küche sowie für Stube und Kammer erzeugt.[574]

Die hohe Zeit des Zinns hatte nach dem Dreißigjährigen Kriege begonnen, als die Kirchen verarmt waren und ihre Kirchenschätze nicht mehr in Silber und Gold anfertigen lassen konnten. Von den Zünften her ging Zinngerät auch in bürgerlichen Gebrauch über.[575]

Seit 1800 war das Zinn in steigendem Maß durch Steingut und Porzellan ersetzt worden und aus dem täglichen Gebrauch verschwunden[576], wenn auch bis Ende des 19. Jahrhunderts in Sachsen Zinngefäße hergestellt wurden.[577]

Kurt Melzer hat 1925 ausführlich geschildert, was es mit dem alten erzgebirgischen Weihnachtszinn auf sich hatte. In seiner Familie hat-

171
*Bergmannsleuchter „Schneeberger Obersteiger" mit Figurensockel, Höhe: 25 cm.*
Bernd Sparmann, Schneeberg.

te sich ein achtarmiger Spinnenleuchter mit barocken und Rokokoelementen erhalten, von dem er als Herstellungsjahr 1750 annahm. Neben diesem Kronleuchter (auch Zimmerkrone genannt) war auch der Leuchter für das Heilig-Abend-Licht aus Zinn gegossen, in den eine weiße Talgkerze eingesetzt wurde, die „extra schön" verziert war, das alljährliche Geschenk des Seifensieders, jedes Jahr anders gestaltet. Das erstmalige Anzünden dieser Kerze war mit besonderen Ritualen verbunden (→Heilig-Abend-Licht).

Das zinnerne Salznäpfchen wurde nach Melzer Weihnachten als Orakel gebraucht: „Es ward mit Salz gefüllt, ein Brettchen aufgelegt, das Ganze umgekehrt und nun das Näpfchen abgehoben. Wer leben bleiben sollte, wurde mit einem schön geformten Salzkegel beglückt; bei wem das Salz nur lose aus der Hohlung quoll, den holte nächstes Jahr unweiglich der Knochenmann mit seiner Sense. Bis an das 12. Jahr habe ich an das Orakel fest geglaubt."[580]

Nach der gleichen Quelle gab es für den Kirchgang einen Mettenleuchter aus der Biedermeierzeit, ebenfalls aus Zinn, und auf dem Altar standen zwei Zinnbergleute mit armdicken Wachskerzen.

Zinngegenstände waren seltene Stücke und wurden sorgsam in der Zinnkiste aufbewahrt und gründlich mit Scheuergras gereinigt, sorgsam, damit es keine „Krählerts" gab.

Nicht nur die Drehbank verbindet Zinngießer und Holzhandwerker. Gelegentlich wurden auch Zinn und Holz als Materialien kombiniert, so bei einem „Bergmännischen Schreibzeug" um 1710, das im Stadt- und Bergbaumuseum Freiberg aufbewahrt wird.[581] Auch wurden etwa von 1900 an die Seiffener →Miniaturen nach dem Zinnfigurenmaß von etwa 33 mm ausgerichtet und für Miniaturfahrzeuge Zinnrädchen verwendet, wie sie seit den achtziger Jahren des vorigen Jahrhunderts auch wieder im Gebrauch sind.

# Weihnachtszyklus der Kruzianer

*„Und Knabenstimmen jubelten Lob und Dank..."*

Kurt Arnold Findeisen (1883–1963)[582]

Nur wenige Jahre nach dem Zweiten Weltkrieg komponiert der Kreuzkantor Rudolf Mauersberger nach Texten aus dem „Goldenen Weihnachtsbuch" von Kurt Arnold Findeisen den „Weihnachtszyklus der Kruzianer". Die Heimatkirche der Kruzianer, die Dresdner Kreuzkirche, ist zu dieser Zeit ausgebrannt; die Kreuzschule und das Alumnat der Kruzianer liegen in Trümmern.[583] Kurt Arnold Findeisen hat 1945 seine Wohnung und seine Bibliothek verloren und macht in Dresdner Buchhandlungen die Runde: „Ich bin Kurt Arnold Findeisen und suche meine eigenen Bücher."[584] Dass der Kreuzchor wieder singt, dass Rudolf Mauersberger Texte über seine erzgebirgische Heimat zum Anlass für Chorkompositionen nimmt, gilt in diesen Jahren als Zeichen der Hoffnung und des Willens zum Neubeginn. Der Zyklus wird unter anderem als nachträglicher Gruß zum 70. Geburtstag von Kurt Arnold Findeisen (15. 10. 1953) am 9. 1. 1954 im Deutschen Hygiene-Museum Dresden aufgeführt.

Der 1951 entstandene Zyklus ist in drei Teile gegliedert: Kinderweihnacht aus vergangener Zeit – Aufzug der Spielzeuggestalten – Christmette in frohem und ernstem Licht. Er schließt mit einem vom Chor gesungenen Text von Findeisen, der mit den Worten beginnt: „Alter Armut Mettenlicht, das aus deinem Stalle bricht." Im Wechselgesang antwortet ein Fernchor mit den Strophen des Weihnachtsliedes „Stille Nacht, heilige Nacht". Wiederum hat Mauersberger dramaturgische Prinzipien aus der Gestaltung erzgebirgischer →Christvespern und -metten aufgegriffen.[585]

„Zum Advent entzünden Chorschüler feierlich Licht um Licht am Fichtenkranz, indes sich hoch oben in der Deckenwölbung der leuchtend gelbe →Adventsstern leise im Luftzug bewegt. Die Christvesper am Heiligabend wird mit sechzehnstimmigen Trompetengeschmetter aus den vier Ecken der Kirche, mit gesungener ‚Weissagung', mit ‚Kindelwiegen' und ‚Quempas' begangen. Zu ihr gesellt sich seit 1936 in aller Frühe des ersten Weihnachtstages ein Christmettenspiel der Alumnen nach altsächsischem und erzgebirgischem Muster."[586] Zum Weihnachtszyklus und zur Christvesper und Christmette treten Kirchenmusiken des Kreuzchors am 25. Dezember und 1. Januar innerhalb des Gottesdienstes. Ebenso wird der Jahresschluss-Gottesdienst mit der Silvestervesper des Kreuzchors verbunden. Bis zur Neueinweihung der wieder aufgebauten Kreuzkirche am 13. Februar 1955 ist u. a. die bereits 1948/49 wieder aufgebaute, beim Bombenangriff 1945 völlig ausgebrannte Annenkirche Auftrittsort des Kreuzchors. Vespern finden aber auch in der Martinskirche (früher Garnisonkirche) in Dresden-Neustadt statt.[587]

Zu der Mitwirkung der Kruzianer an den Gottesdiensten ihrer Kirche treten außerdem Weihnachtsliederabende und die Aufführung des Weihnachtsoratoriums von Johann Sebastian Bach (1685–1750).[588] Diese von Mauersberger begründeten Traditionen leben unter seinen Nachfolgern fort.

Im Jahre 1959 findet die Gesamt-Uraufführung des ebenfalls von Rudolf Mauersberger geschaffenen Chorzyklus „Erzgebirge" statt, und zwar im Großen Saal des Deutschen Hygiene-Museums „zum Besten des Nationalen Aufbauwerks". Der Zyklus ist im Jahre 1950 entstanden und stellt eine Art Ergänzung des etwa gleichzeitig komponierten „Weihnachtszyklus der Kruzianer" dar. Einige wenige Lieder waren davor bereits in Konzerten des Kreuzchors erklungen.

Neuartig bei diesem Werk ist die Verbindung der erzgebirgischen Mundart mit der Chormusik modernerer Struktur. Der letzte Teil „Winter" enthält Musikstücke nach Texten von Heinrich Anacker, Stephan Dietrich, Johannes Krüger und Karl Hans Pollmer. Damit setzt Rudolf Mauersberger seiner erzgebirgischen Heimat ein weiteres musikalisches Denkmal (→Mauersberg; →Quempas).[589]

**Der besondere Tipp:**

Die Weihnachtserzählungen, -legenden und -geschichten Findeisens liegen jetzt ebenso wie seine Betrachtungen über Weihnachtsbräuche in einer Neuausgabe vor:
Kurt Arnold Findeisen: Das goldene Weihnachtsbuch. Husum: Verlag der Nation: 2002.

*172
Kruzianer in Kurrendetracht in der weihnachtlich geschmückten Dresdner Kreuzkirche. Abbildung aus dem Programmheft der Deutschen Konzert- und Gastspieldirektion. „Der Dresdner Kreuzchor singt den Weihnachtszyklus der Kruzianer von Rudolf Mauersberger nach Texten aus dem ‚Goldenen Weihnachtsbuch' von Kurt Arnold Findeisen, als nachträglicher Gruss des Dresdner Kreuzchors an unseren Heimatdichter zu seinem 70. Geburtstag am 15. Oktober 1953."*

133

# Wendt & Kühn

173
*Engelleuchter mit Figuren von Grete Wendt. Engel von Wendt & Kühn mit jeweils elf weißen Punkten auf den grünen Flügeln sind ein Hauptprodukt der 1915 gegründeten Firma. Die „Baameln" an diesem Leuchter, Abbildung aus dem ersten Firmenkatalog, sind als Glocken geformt.*

**Der besondere Tipp:**

Ehrhardt Heinold, Himmlische Boten aus dem Erzgebirge. Die weltberühmten Engel von Wendt & Kühn. Husum: Husum Verlag, 4. Auflage: 2016.

174
*Zu den Erfolgsrezepten der erzgebirgischen Holzwarenproduzenten gehörte von Anfang an der regelmäßige Besuch der Leipziger Messe als einem der Hauptorte für den Verkauf ihrer Produkte. Schon 1613 wird von einem in Leipzig anwesenden Grünhainichener Holzwarenhändler berichtet. Hier Margarete Wendt am Messestand von Wendt & Kühn (historisches Foto, 30er-Jahre).*

Am 1. Oktober 1915, also mitten im Ersten Weltkrieg, ließen Margarete Katharine Auguste Wendt (1896–1979) und Margarete Auguste Friedericke Kühn (1887–1977), beide Grünhainichen, die Offene Handelsgesellschaft M. Wendt & M. Kühn in das Handelsregister des Amtsgerichts Augustusburg eintragen. Was die beiden wagemutigen jungen Frauen damals begannen, ist ein heute noch tätiges, weltweit bekanntes, erfolgreiches Familienunternehmen, das zu den bekanntesten Produzenten des Erzgebirges gehört.

Mit ihrer Figurengruppe →„Beerenkinder" hatte Grete Wendt schon vor der Gründung

der Firma eine Auszeichnung eingeheimst. Ihre Mitgründerin und Studienfreundin Grete Kühn widmete sich hauptsächlich der Bemalung von Spanschachteln, Dosen und Truhen.

Schon 1912 hatte Grete Wendt Engelfiguren für einen Ringleuchter entworfen. Die eigentliche Geburtsstunde des Hauptproduktes der Firma – nämlich der Engel – schlug 1914, also noch vor der Gründung der Firma. Die junge Kunstgewerblerin schuf einen kindlichen Weihnachtsengel als Kerzenträger, um ihn ihrem jüngeren Bruder Johannes Wendt (1892–1945) ins Feld zu schicken. Damit war der heute noch als der „28er Engel" lieferbare Lichterengel entstanden. Im Jahr 1923 entwarf sie drei →Engelmusikanten, aus denen im Lauf der Jahrzehnte ein groß besetztes Orchester geworden ist.

Die Mitgründerin der Firma Grete Kühn schied 1920 nach ihrer Hochzeit aus dem Unternehmen aus und im gleichen Jahr trat die in Riga geborene Olly Sommer (1896–1991), die spätere Frau von Johannes Wendt, als weitere Gestalterin in die Firma ein, die wie Grete Wendt an der Königlichen Kunstgewerbe-Akademie in Dresden studiert hatte. Johannes

Wendt trat als Mitinhaber in die Firma ein und übernahm die kaufmännische Leitung.

Gefördert wurden Tochter und Unternehmensgründung tatkräftig vom aus Freienwalde stammenden Gewerbeoberlehrer Albert Wendt (1851–1932), dem Direktor der Staatlichen Fachgewerbeschule Grünhainichen.

Für den Erfolg der Firma waren und sind wohl drei Grundprinzipien ausschlaggebend. Da ist zum einen die unverwechselbare Handschrift. Die Firma hat in den über 85 Jahren ihres Bestehens ausschließlich nach Entwürfen von Grete und Olly Wendt gearbeitet, insgesamt mehr als 800 Figuren. Da ist zweitens der nie aufgegebene Anspruch der Firma, „keine Massenproduktion zu betreiben, sondern qualitativ gutes Kunsthandwerk anzubieten." Und da ist drittens das geschickte Marketing der Firma, symbolisiert in der ab 1920 verwendeten und – außer in den Zeiten der DDR – kaum variierten Schutzmarke, aber auch in der Tatsache, dass die Firma von 1916 an auf der Leipziger Mustermesse vertreten war.

Zum Marketing der Firma gehören die Firmenkataloge, deren erster 1924 und deren zweiter 1930 erschien. Einen ersten Höhepunkt internationaler Anerkennung für die Firma stellte die Auszeichnung des Engelbergs

mit der Madonna auf der Pariser Weltausstellung von 1937 mit einem GRAND PRIX und einer Goldmedaille dar.

Auf der Grundlage dieser drei Faktoren entwickelte sich eine dynamische Firmengeschichte. Schon 1917 zog die junge Firma in das traditionsreiche, denkmalgeschützte Verleger- und Versandhaus der Firma Carl Weber (1849 bis ca. 1915) ein, in dem sie noch heute zu Hause ist. 1924 – während der Inflation – wurde der Bau eines weiteren Gebäudes begonnen. 1936 kam nochmals ein Neubau hinzu.

1945 verstirbt Johannes Wendt in einem Internierungslager der Sowjetunion. Sein Fimenanteil wird enteignet; Grete Wendt kann ihn 1947 zurückkaufen und die Messen in Frankfurt am Main und Leipzig besuchen. Hans Wendt (*1930), der Sohn von Johannes und Olli Wendt, tritt 1954 in die Firma ein und wird 1956 Mitinhaber. Aber im Jahre 1972 wird die Firma zwangsweise verstaatlicht und in „VEB Werk-Kunst Grünhainichen" umbenannt. Hans Wendt konnte die Firma als Direktor weiter leiten und 1990 die Reprivatisierung durchführen. Mit Tobias Wendt (*1965) ist inzwischen die dritte Wendt-Generation in der Firma tätig[590].

Konrad Auerbach hat Grete Wendts Kompositionen einfühlsam beschrieben: „Zeitgenössische Stilkunst, bäuerliche Malerei und Elemente der erzgebirgischen Spielwarenproduktion verschmolzen bei ihr zu einem eigenwilligen Ausdruck. Mit Golddekor überhäufte En-

175
*Firmenlogo*
*Wendt & Kühn KG*
*ab 1990.*

176
*Das 1917 erworbene*
*Fachwerkhaus ist – mit*
*neuen Nebengebäuden*
*– nach wie vor Sitz der*
*Firma (Aufnahme zum*
*Firmenjubiläum 2000).*

177
*Figuren von Wendt &*
*Kühn und anderen erz-*
*gebirgischen Herstel-*
*lern wurden auch als*
*weihnachtliche Werbe-*
*geschenke verwendet.*
*Für die Versicherungs-*
*gruppe Iduna-Germa-*
*nia in Hamburg wurde*
*dieser Seebär mit*
*Steuerrad produziert.*

178
*Der Geschenkengel*
*greift das Motiv des*
*Christkindes als Ge-*
*schenkbringer auf.*

135

*179*
*Engel aus dem Erzge-
birge sind das ganze
Jahr über beliebte Ge-
schenke oder begleiten
größere Geschenk-
packungen. Da lag der
Gedanke nahe, eine
ganze Gruppe Glück
wünschender Engel
zu schaffen.
Hier im Vergleich
Figuren von 1984
(links) und aus den
30er Jahren rechts.*

*180*
*Engel Nr. 15 mit der
Fanfare*

**Der besondere Tipp:**

*Die Firma hat zu ihrem
85-jährigen Bestehen ei-
ne Jubiläumsschrift her-
ausgebracht, auf die die
Angaben zur Firmenge-
schichte in diesem Stich-
wort weitgehend beru-
hen.*[590]

*181*
*Spieldosen nicht nur mit
weihnachtlichen Moti-
ven finden sich bereits
seit Ende der zwanziger
Jahre des vorigen Jahr-
hunderts im Angebot
von Wendt & Kühn, die
seit einigen Jahren zur
Weihnachtszeit eine
große „Ortspieldose" in
Grünhainichen aufstel-
len.*

gel sind dabei ebenso zu bestau-
nen wie anmutige Kinderszenen
und verschmitzte Mond- und
Sternenfiguren, die einem Kinder-
traum entstiegen sein könnten."[591]
Eine leichte Distanzierung mag
man herauslesen, wenn Manfred
Bachmann (1991) schreibt: „Eine
Sonderstellung auf der Grenze
zwischen Volkskunst und Kunstgewerbe nehmen die Miniaturen
der heutigen Wendt & Kühn KG
in Grünhainichen ein."[592]
Viel deutlicher hatte sich Adolf Spamer (1954)
ausgedrückt: „Die kleinen, ein wenig ironisie-
renden Schleiflackengel der Grete Wendt in
Grünhainichen mögen mit Recht als reizvoll
gelten und ihren Weltruf verdienen, aber sie haben mit erzgebirgischer Volkskunst ebenso wenig zu tun, wie andere kunstgewerbliche Kre-
denznettigkeiten ..."[593] Dem widersprach 1986
energisch Helmut Flade, indem er feststellte,

dass „solcherart eingeengte Identität ... dem Le-
benswerk allerdings nicht gerecht" wird. „Den
jüngeren Generationen", so würdigte er Grete
Wendt, „hat die Künstlerin etwas Wichtiges
hinterlassen: die Bescheidenheit des Wirkens
und die Treue zu einer Bergstadt in dieser
Landschaft, die Welt, ihre Gedanken und Gestalten, war eine freundliche Welt, die Welt ihrer Kindheit, in deren Nähe sie geblieben ist.
Wo anders hätte sie bleiben sollen?"
Das Hauptverdienst von Grete Wendt sieht
Helmut Flade darin, dass sie die gebrochene
und verfremdete Drehform in die Figurenbild-
reihe für das Spielzeug und für weihnachtliche
Erzeugnisse einführte. Bis 1913 gab es ausschließlich Figuren mit achsialer Symmetrie.[594]
Unberührt vom Meinungsstreit der Experten
haben die Käufer längst ihr Urteil gesprochen. Wo gibt es das schon, dass sich eine vor fast
90 Jahren geschaffene Figur durch die aufre-
gendsten Zeitläufte hindurch ihre Beliebtheit
nicht nur ungebrochen erhalten, sondern weiter
gesteigert hat! Längst ist der Engel mit den elf
weißen Punkten auf den grünen Flügeln nicht
nur eine Symbolfigur für Wendt & Kühn in
Grünhainichen oder für das Erzgebirge. Das im
Jahre 2000 erschienene „Sachsen Lexikon" von
Walter Fellmann[595] bildet einen Fanfarenengel –
es ist der Engel Nr. 15 aus dem Leporello-Pro-
spekt „Die Grünhainichener Engel" – auf der
Rückseite des Schutzumschlages gleichsam als
Symbol für das ganze Sachsenland ab.

# Quellenverzeichnis

Das Quellenverzeichnis verweist mit Lit. und einer Ziffer auf die nachfolgende, alphabetisch geordnete Aufstellung der benutzten Literatur. Bei nur einmal herangezogenen Veröffentlichungen findet sich die Seitenzahl im Autorenalphabet, bei mehrfach herangezogenen Titeln im Quellenverzeichnis. Beiträge in Kalendern, Sammelwerken und Zeitschriften stehen ebenfalls im Autorenalphabet, dort mit Hinweis auf die Veröffentlichung, der sie entnommen sind, und entsprechender Seitenangabe.

**Adventskalender**
1 s. Lit. 294
2 s. Lit. 261
3 s. Lit. 184. S. 7 ff.
4 s. Lit. 261
5 s. Lit. 1
6 s. Lit. 96
7 s. Lit. 97
8 s. Lit. 98
9 s. Lit. 383

**Adventskranz**
10 s. Lit. 293
11 s. Lit. 431. S. 33
12 s. Lit. 42. S. 7 ff.
13 s. Lit. 156
14 s. Lit. 184. S. 8
15 s. Lit. 133. S. 232
16 s. Lit. 105. S. 11
17 s. Lit. 143. S. 33
18 s. Lit. 144

**Adventsstern**
19 s. Lit. 211
20 s. Lit. 342
21 s. Lit. 70. S. 24 ff.
22 s. Lit. 62
23 s. Lit. 53. S. 193

**Bergmann**
24 s. Lit. 235
25 s. Lit. 170
26 s. Lit. 170
27 s. Lit. 239
28 s. Lit. 360
29 s. Lit. 239
30 s. Lit. 91
31 s. Lit. 252
32 s. Lit. 102. S. 53

33 s. Lit. 102. S. 55
34 s. Lit. 225. S. 37

**Bergwerksmodell**
35 s. Lit. 419
36 s. Lit. 28
37 s. Lit. 89

**Bergwerksname**
38 s. Lit. 345
39 s. Lit. 314
   s. Lit. 315. S. 19 ff.
   s. Lit. 402. S. 489 ff.
40 s. Lit. 317
41 s. Lit. 317

**Bornkinnel**
42 s. Lit. 100
43 s. Lit. 255. S. 12
44 Lit. 310
45 s. Lit. 337. S. 25
46 s. Lit. 380
47 s. Lit. 280
48 s. Lit. 55. S. 86
49 s. Lit. 255. S. 19
50 s. Lit. 402. S. 494
51 s. Lit. 310
52 s. Lit. 427. S. 19

**Buckelbergwerk**
53 s. Lit. 80. S. 174
54 s. Lit. 198. S. 225
55 s. Lit. 224 S. 84
56 s. Lit. 86. S. 70
57 s. Lit. 80. S. 174
58 s. Lit. 309

**Christbaum**
59 s. Lit. 377

60 s. Lit. 302
61 s. Lit. 176. S. 163
62 s. Lit. 366. S. 87
63 s. Lit. 55. S. 53
64 s. Lit. 366. S. 88 ff.
65 s. Lit. 133. S. 231
66 s. Lit. 197. S. 158
67 s. Lit. 373. S. 112
68 s. Lit. 38

**Deckenleuchter**
69 s. Lit. 421
70 s. Lit. 24. S. 246
71 s. Lit. 52
72 s. Lit. 94
73 s. Lit. 52
74 s. Lit. 241. S. 61 ff.
75 s. Lit. 19. S. 27
76 s. Lit. 79
77 s. Lit. 311
   s. Lit. 312
78 s. Lit. 292

**Engel**
79 s. Lit. 211
80 s. Lit. 183
81 s. Lit. 164. S. 31
82 s. Lit. 248. S. 25
83 s. Lit. 132. S. 8
84 s. Lit. 228. S. 25 ff.

**Geduldflasche**
85 s. Lit. 81. S. 193
86 s. Lit. 123. S. 7
87 s. Lit. 389
88 s. Lit. 242
89 s. Lit. 123. S. 21
90 s. Lit. 434
91 s. Lit. 123. S. 22

92 s. Lit. 49

**Glaskunst**
93 s. Lit. 253. S. 437
94 s. Lit. 155
95 s. Lit. 253. S. 440
96 s. Lit. 155
97 s. Lit. 253. S. 437 ff.
98 s. Lit. 418. S. 87
99 s. Lit. 43. S. 17 f.

**Glockenengel und -bergmann**
100 s. Lit. 64
101 s. Lit. 183. S. 75
102 s. Lit. 81. S. 124

**Glockenspiel**
103 s. Lit. 209
104 s. Lit. 81. S. 123 f.
105 s. Lit. 60
106 s. Lit. 402. S. 390
107 s. Lit. 355
108 s. Lit. 81. S. 124
    s. Lit. 363. S. 197
109 s. Lit. 260
    s. Lit. 424. S. 24
110 s. Lit. 295.
111 s. Lit. 69
112 s. Lit. 402. S. 89
113 s. Lit. 402. S. 341 ff.
114 s. Lit. 424. S. 24

**Günther-Anton**
115 s. Lit. 150. S. 252
116 s. Lit. 249
117 s. Lit. 167. S. 7
118 s. Lit. 172. S. 13
119 s. Lit. 172. S. 43

138

277 s. Lit. 427
278 s. Lit. 139
279 s. Lit. 26
280 s. Lit. 240. S. 34 ff.
281 s. Lit. 241. S. 115
282 s. Lit. 427. S. 13
283 s. Lit. 427. S. 13
284 s. Lit. 217. S. 56
285 s. Lit. 369
286 s. Lit. 241. S. 63
287 s. Lit. 424. S. 70
    s. Lit. 412. S. 33 u. 37
288 s. Lit. 410
289 s. Lit. 395 S. 16 f.

**Paradiesgarten**
290 s. Lit. 384
291 s. Lit. 282. S. 102
292 s. Lit. 146
293 s. Lit. 182
294 s. Lit. 206. S. 23
295 s. Lit. 431. S. 11
296 s. Lit. 361
    s. Lit. 362
297 s. Lit. 339
298 s. Lit. 241. S. 22
299 s. Lit. 176. S. 163
300 s. Lit. 339. S. 14, 21, 25
301 s. Lit. 351
302 s. Lit. 143. S. 35

**Pfefferkuchenfrau**
303 s. Lit. 118
304 s. Lit. 148. Bd. 12. S. 467
305 s. Lit. 148. Bd. 13. S. 1637
306 s. Lit. 42. S. 239, 641
307 s. Lit. 285
308 s. Lit. 221
309 s. Lit. 192
310 s. Lit. 437. S. 33
311 s. Lit. 414. S. 3
312 s. Lit. 220
313 s. Lit. 433
314 s. Lit. 376
315 s. Lit. 116. S. 42
316 s. Lit. 116. S. 31
317 s. Lit. 210
    s. Lit. 433
318 s. Lit. 341.
319 s. Lit. 418. S. 99

**Pflaumentoffel**
320 s. Lit. 121
321 s. Lit. 86. S. 102
322 s. Lit. 387
323 s. Lit. 113
324 s. Lit. 251
325 s. Lit. 113
326 s. Lit. 161. S. 9
327 s. Lit. 387
328 s. Lit. 161. S. 12
329 s. Lit. 161. S. 10
330 s. Lit. 161. S. 14

**Pyramide (Peremett)**
331 s. Lit. 115
332 s. Lit. 284. S. 60
333 s. Lit. 136
334 s. Lit. 241
335 s. Lit. 19. S. 12 f.
336 s. Lit. 95
337 s. Lit. 134
338 s. Lit. 19. S. 17
339 s. Lit. 395. S. 13
340 s. Lit. 291 S. 71 ff.
341 s. Lit. 86. Abb. 229
342 s. Lit. 284. S. 68
343 s. Lit. 362. S. 82
344 s. Lit. 228. S. 28 f.
345 s. Lit. 3

**Rastelbinder**
346 s. Lit. 122
347 s. Lit. 148 Bd. 14. S. 152
348 s. Lit. 128
349 s. Lit. 84
350 s. Lit. 177
351 s. Lit. 23
352 s. Lit. 207

**Räucherfrau –
Räuchermann –
Räucherhaus**
353 s. Lit. 236
354 s. Lit. 59. S. 184
355 s. Lit. 353. S. 32
356 s. Lit. 127. S. 31 ff.
357 s. Lit. 50. S. 5 ff.
358 s. Lit. 50. S. 6 f.
359 s. Lit. 19. S. 54
360 s. Lit. 432
361 s. Lit. 101. S. 91
362 s. Lit. 125. S. 185

363 s. Lit. 19. S. 54
364 s. Lit. 306. S. 36
365 s. Lit. 306. S. 37
366 s. Lit. 305
367 s. Lit. 51
368 s. Lit. 24. S. 234
369 s. Lit. 24. S. 224
    s. Lit. 219
370 s. Lit. 90
371 s. Lit. 199

**Räucherkerzel**
372 s. Lit. 232
373 s. Lit. 48. AT S. 443 f.
374 s. Lit. 48. NT S. 8
375 s. Lit. 267. Bd. 25. S. 127
376 s. Lit. 59. S. 184
377 s. Lit. 101. S. 69
378 s. Lit. 101. S. 83 f.

**Scherenschnitt**
379 s. Lit. 288
380 s. Lit. 21
381 s. Lit. 289
382 s. Lit. 21. S. 49 ff.
383 s. Lit. 270
384 s. Lit. 352

**Schnitzschule**
385 s. Lit. 13. S. 45
386 s. Lit. 164. S. 12
387 s. Lit. 259
388 s. Lit. 227. S. 46

**Schnitzverein**
389 s. Lit. 385
390 s. Lit. 241 S. 76
391 s. Lit. 241. S. 97
392 s. Lit. 353. S. 37
393 s. Lit. 375
394 s. Lit. 241. S. 78
395 s. Lit. 145, Jg. 1924/12. S. 141
396 s. Lit. 198. S. 232
397 s. Lit. 145, Jg. 1924/12. S. 141, S. 154
    s. Lit. 415
398 s. Lit. 244. S. 8 ff.
399 s. Lit. 227. S. 16
400 s. Lit. 28. S. 21 f.
401 s. Lit. 244. S. 10
402 s. Lit. 354

403 s. Lit. 241. S. 100

**Schwebeengel**
404 s. Lit. 421
405 s. Lit. 19. S. 40
    s. Lit. 86. Abb. 240
406 s. Lit. 367. S. 43
407 s. Lit. 197. S. 161
408 s. Lit. 257. Abb. S. 155
409 s. Lit. 135. S. 517
410 s. Lit. 86. Abb. 241
411 s. Lit. 19 S. 39
412 s. Lit. 19. S. 39
413 s. Lit. 55. S. 70
414 s. Lit. 83. S. 9

**Schwibbogen**
415 s. Lit. 154
416 s. Lit. 216
417 s. Lit. 196
418 s. Lit. 148 Bd. 15. S. 2609
419 s. Lit. 327. S. 3 ff.
420 s. Lit. 208. S. 191
421 s. Lit. 231, Anm. 32
    s. Lit. 380 a
    s. Lit. 380 b
    s. Lit. 380 c
422 s. Lit. 381
423 s. Lit. 400
424 s. Lit. 381
425 s. Lit. 333. Jg. 1985/3
    s. Lit. 171. S. 81
426 s. Lit. 95
427 s. Lit. 19. S. 64
428 s. Lit. 19. S. 64
429 s. Lit. 43. S. 181 ff.

**Seiffener Kirche**
430 s. Lit. 319. S. 158
431 s. Lit. 418. S. 85
432 s. Lit. 92
433 s. Lit. 148 Bd. 16. S. 191
434 s. Lit. 19. S. 71 f.
435 s. Lit. 147
436 s. Lit. 281
437 s. Lit. 18. S. 32, 35 f.

**Silbermann-Orgel**
438 s. Lit. 8
439 s. Lit. 300

440 s. Lit. 33. S. 485
441 s. Lit. 148 Bd. 16.
    S. 1032
442 s. Lit. 148 Bd. 19.
    S. 87
443 s. Lit. 179
444 s. Lit. 269
445 s. Lit. 273
446 s. Lit. 274. S. 203 f.
447 s. Lit. 395. S. 23 f.
448 s. Lit. 111
449 s. Lit. 273
450 s. Lit. 264
451 s. Lit. 249. S. 216
452 s. Lit. 403
453 s. Lit. 249. S. 216

**Silberstraße**
454 s. Lit. 327 b.
455 s. Lit. 47

**Spitzenklöppeln**
456 s. Lit. 420
457 s. Lit. 357. S. 122
458 s. Lit. 59. S. 239
459 s. Lit. 112. S. 185
460 s. Lit. 208. S. 160 ff.
461 s. Lit. 180. S. 11
462 s. Lit. 368. S. 8
463 s. Lit. 148 Bd. 11.
    S. 1233
464 s. Lit. 81. S. 80
465 s. Lit. 388
466 s. Lit. 81. S. 80
467 s. Lit. 25
468 s. Lit. 359. S. 82
469 s. Lit. 180. S. 12
    s. Lit. 332a. S. 49
470 s. Lit. 67
471 s. Lit. 417. S. 20
472 s. Lit. 359. S. 86 f.
473 s. Lit. 180. S. 11
474 s. Lit. 368. S. 60
475 s. Lit. 359
476 s. Lit. 417
477 s. Lit. 368 S. 25

**Steiger**
478 s. Lit. 10
479 s. Lit. 166. S. 232
480 s. Lit. 425
481 s. Lit. 148 Bd. 18.
    S. 1927
482 s. Lit. 57
483 s. Lit. 166. S. 56
484 s. Lit. 166. S. 56

**Stülpner-Karl**
485 s. Lit. 87
486 s. Lit. 325
487 s. Lit. 157
488 s. Lit. 350
489 s. Lit. 267 Bd. 20.
    S. 220
490 s. Lit. 163
491 s. Lit. 390
492 s. Lit. 290. S. 87
493 s. Lit. 335. S. 260 ff.
494 s. Lit. 28. S. 26 f.
495 s. Lit. 391
496 s. Lit. 193
497 s. Lit. 237
498 s. Lit. 120

**Türke**
499 s. Lit. 119
500 s. Lit. 343
501 s. Lit. 393. S. 116
502 s. Lit. 308. S. 143 ff.
503 s. Lit. 46
504 s. Lit. 116. S. 23 f.
505 s. Lit. 393. S. 119

**Uthmann**
506 s. Lit. 353. S. 56
507 s. Lit. 61. S. 95
508 s. Lit. 368. S. 27
509 s. Lit. 435
510 s. Lit. 359
511 s. Lit. 359. S. 192
512 s. Lit. 61. S. 95 ff.
513 s. Lit. 148 Bd. 31.
    S. 465
514 s. Lit. 61. S. 103 ff.
515 s. Lit. 368. S. 28
516 s. Lit. 430

**Weihnachts- und
Heimatberg**
517 s. Lit. 364
518 s. Lit. 137
    s. Lit. 169
519 s. Lit. 353. S. 36
520 s. Lit. 164. S. 23
521 s. Lit. 226. S. 16
522 s. Lit. 86. S. 93
523 s. Lit. 230. S. 469
524 s. Lit. 28. S. 25
525 s. Lit. 267 Bd. 17.
    S. 16
526 s. Lit. 406
527 s. Lit. 28. S. 25
528 s. Lit. 173. S. 42
529 s. Lit. 126. S. 27
530 s. Lit. 28. S. 25
531 s. Lit. 45. S. 44
532 s. Lit. 143. S. 56
533 s. Lit. 11
534 s. Lit. 186
535 s. Lit. 22. S. 244
536 s. Lit. 22. S. 231 ff.
537 s. Lit. 243
538 s. Lit. 198. S. 231
539 s. Lit. 227. S. 50
540 s. Lit. 225. 19 f.
541 s. Lit. 392

**Weihnachtskrippe**
542 s. Lit. 321
543 s. Lit. 171. S. 31
544 s. Lit. 353. S. 38
    s. Lit. 386
545 s. Lit. 318. S. 5
546 s. Lit. 318. S. 16
547 s. Lit. 164. S. 25
548 s. Lit. 307
549 s. Lit. 334
550 s. Lit. 19. S. 58
551 s. Lit. 197. S. 159
552 s. Lit. 349
553 s. Lit. 222
554 s. Lit. 114
555 s. Lit. 77
556 s. Lit. 27
557 s. Lit. 105. S. 8
558 s. Lit. 86. S. 89

    s. Lit. 245
559 s. Lit. 198. S. 230
560 s. Lit. 24. S. 234
561 s. Lit. 19. S. 57 ff.
562 s. Lit. 228. S. 95 ff.
563 s. Lit. 409

**Weihnachtszinn**
564 s. Lit. 7
565 s. Lit. 71. S. 172 ff.
566 s. Lit. 142. S. 210
567 s. Lit. 353. S. 65
568 s. Lit. 71. S. 173 ff.
569 s. Lit. 142. S. 209 ff.
570 s. Lit. 267 Bd. 20.
    S. 822
571 s. Lit. 71. S. 179
572 s. Lit. 214. S. 137
573 s. Lit. 71. S. 175
574 s. Lit. 436. S. 52 ff.
575 s. Lit. 71. S. 175
576 s. Lit. 142. S. 209
577 s. Lit. 142. S. 11
578 s. Lit. 424. S. 102
579 s. Lit. 278
580 s. Lit. 266
581 s. Lit. 81. Abb. 102

**Weihnachtszyklus der
Kruzianer**
582 s. Lit. 117. S. 63
583 s. Lit. 374. S. 237 f.
584 s. Lit. 99
585 s. Lit. 85
586 s. Lit. 190. S. 168
587 s. Lit. 72
588 s. Lit. 218
589 s. Lit. 303

**Wendt & Kühn**
590 s. Lit. 412
591 s. Lit. 20. S. 52
592 s. Lit. 28. S. 44
593 s. Lit. 86. S. 82
594 s. Lit. 124
595 s. Lit. 110

# Benutzte Literatur

(1) Adventskalender No. 11 „Holzfiguren-haus". Braunschweig: Kreuter, Foto Kalen-der o. J.

(2) Georg Agricola: Zwölf Bücher vom Berg- und Hüttenwesen. Reprint der Aus-gabe von 1961. München: Deutscher Ta-schenbuch Verlag 1977.

(3) Allgemeine Pyramidenregeln. Erzeug-nissen der Firma Richard Gläßer KG beige-geben. Seiffen 1990.

(3a) Götz Altmann: Erzgebirgisches Eisen. s. S. 18.

(4) Heinrich Anacker: Wunderland Erzge-birge. Erstveröffentlichung in Sachsen 1938/5 S. 8. Dresden: Heimatwerk Sachsen. (Wortlaut: Suchst du deiner Kindheit Wun-derland,/ Das dir unterging in harten Jah-ren,/ Mußt ins Erzgebirg, ja ins Erzgebirg/ Du zur lichterfrohen Weihnacht fahren.)

(5) Werner Andert: Aus der Geschichte des Weihnachtsbaumes in der Oberlausitz. In: Lit. 330, Jg. 1966.
Kalenderblatt 27. 11.– 3. 12.

(6) Anonym: Innungsspruch. Deutsche Be-haglichkeit, weltweit gefragt. In: Focus 48/1993. S. 133

(7) Anonym: Zitiert nach Konrad Gerber: Vom Zinn und seiner Handwerkskunst. In: Lit. 145, Jg. 1931/10. S. 209 ff.

(8) Anonym: Es lebt der Virtuos … Zitiert nach Lit. 179

(9) Anonym: Zeichen der Weihnacht. s. Lit. 431

(10) Anonym: Glückauf, glückauf, der Stei-ger kommt. Zitiert nach Lit. 166. S. 232

(11) Anonym: Berühmte Krippen und Weihnachtsberge im Erzgebirge. In: Lit. 171. S. 90

(12) Anonym: Vogtländisches Weihnachts-lied. Zitiert nach Friedrich Barthel: Der Moosmann – die vogtländische Weihnachts-figur. In: Lit. 330, Jg. 1964. Kalenderblatt 6.–12. 12.

(13) Anonym: Bei Schnitzern … Zitiert nach Fritz Tautenhahn: Das Schnitzen im Erzge-birge. Schwarzenberg: Glückauf 1937.

(14) Arbeitsgruppe Ortschronik/Festschrift 1999: 650 Jahre Seiffen. s. S. 105

(15) Konrad Auerbach: Der Nußknacker – ein Europäer? In: Lit. 17. S. 13 f.

(16) Konrad Auerbach: Gendarm, Muske-tier und Mickey Mouse. In: Lit. 17. S. 21 ff.

(17) Konrad Auerbach: Geschichten vom Nußkna-cker. Ein Werkzeug wird Symbol-figur. Seiffen: Erzgebirgisches Spielzeugmu-seum 1992 = Schriftenreihe 6.

(18) Konrad Auerbach (Hrsg.): Idee, Zeich-nung, Produkt. Seiffen: Erzgebirgisches Spielzeugmuseum 1999 = Schriftenreihe 10.

(19) Konrad Auerbach: Seiffener Weih-nacht. Seiffen: Erzgebirgisches Spielzeug-museum 1991 = Schriftenreihe 5.

(20) Konrad Auerbach/Udo Pellmann: Spielzeug aus dem Erzgebirge. Stuttgart: Stürtz 1995.

(21) Christa Bachmann: Geschnittene Handschriften. Dresden: Sächsisches Druck- und Verlagshaus 1994 = Reihe WEISS-GRÜN 3.

(22) Fredo Bachmann: Bewegliche Plastik. In: Lit. 233, Bd. XXVI/9–12. S. 231 ff.

(23) Manfred Bachmann: Der Räucher-mann-Symbolfigur der erzgebirgischen Volkskunst. In: Lit. 101. S. 92

(24) Manfred Bachmann: Holzspielzeug aus dem Erzgebirge. Dresden: Verlag der Kunst 1984.

(25) Manfred Bachmann: Spielwarenbücher und -kataloge. In: Lit. 32. S. 255 f.

(26) Manfred Bachmann: Weihnachtsbäume und Pyramiden im Freien. In: Lit. 330, Jg. 1973. Kalenderblatt 24.–30. 12.

(27) Manfred Bachmann: Weihnachtsgestal-tungen im Schnitzwerk des Erzgebirges. In: Lit. 330, Jg. 1962. Kalenderblatt 23.–29. 12.

(28) Manfred Bachmann: Zur Entwicklung der erzgebirgischen Holzschnitzerei. In: Lit. 32. S. 19 ff.

(29) Manfred Bachmann: Zur Geschichte der Seiffener Volkskunst. In: Lit. 32. S. 44

(30) Manfred Bachmann: Zur Geschichte des Nuß-knackers. In: Lit. 330, Jg. 1964. Kalen-derblatt 21.–27. 12.

(30a) Manfred Bachmann/Hans Prescher: Georgius Agricola und Reflexionen in erz-gebirgischer Schnitzerei. s. S. 15

(31) Manfred Bachmann/Hans Prescher: Georgius Agricola. s. S. 15

(32) Badisches Landesmuseum Karlsruhe

(Hrsg.): Spielzeug und Handwerkskunst aus Thüringen und dem Erzgebirge. Bruchsal: Badisches Landesmuseum 1991.

(33) Hans Bahlow: Deutsches Namenlexi-kon. Frankfurt/M.: Suhrkamp 1972.

(34) Friedrich Barthel: Nachwort. In: Lit. 58. S. 363 f.

(35) Friedrich Barthel: Die vogtländische Moosmannfigur in Volkskunst und Volks-dichtung. Schneeberg: Folklorezentrum Erzgebirge/Vogtland 1987 = Glückauf 27/28.

(36) Friedrich Barthel: Zur Geschichte des vogtländischen Drehturms. In: Lit. 332, Jg. 1960/9. S. 548 ff.

(37) Friedrich Barthel: Die Zuckermännle-bäckerei. In: Lit. 330. Kalenderblatt 16.–22. 12.

(38) BARTHEL-ZINN. Prospekt. Brand-Erbisdorf o. J.

(39) Ewald Bauer: Lichterhäusel und Dreh-häusel aus dem Erzgebirge. In: Die Arbeits-schule 1929/12.

(40) Horst Becker: Sächsische Mundarten-kunde. Neubearb. u. hrsg. von Gunter Berg-mann. Halle: Niemeyer 1969.

(41) Hans-Jürgen Beier (Hrsg.): 500 Jahre Bornkinnel. s. S. 21

(42) Richard Beitl: Wörterbuch der deut-schen Volkskunde. 3. Auflage. Stuttgart: Kröner 1974.

(43) Ingrid Berg: Seinerzeit zu meiner Zeit. o. O.: Selbstverlag 1999.

(44) Gunter Bergmann: Kleines sächsisches Wörterbuch. 2. Aufl. Leipzig: Bibliographi-sches Institut 1987.

(45) Bergwerksmodelle des sächsischen Erz-gebirges. s. S. 17

(46) Bericht von Mirza Taleb Khan um 1800, zitiert nach Lit. 127

(47) Harry Beyrich: Die Erzgebirgische Sil-berstraße. In: Lit. 233, 1993/1. S. 8 ff.

(48) Die Bibel. Nach der deutschen Überset-zung Martin Luthers. Stuttgart: Privileg. Württem. Bibelanstalt 1958.

(49) Cathrin Bilz: Seiffen im Advent. Heft 2. Erzgebirgische Weihnachtspyramiden. Seiffen: Selbstverlag 2000. o. P.

(50) Hellmut Bilz: Die Räuchermännel-Hausteins und ihre besonderen Techniken bei der Räuchermannherstellung. In: Lit. 104, Jg. 1992/6.

(51) Hellmut Bilz in: Erzgebirgische Räu-

chermänner. Faltblatt des Erzgebirgischen Spielzeugmuseums Seiffen 1987.

(52) Hellmut Bilz: Seiffener Hängeleuchter zur Weihnacht. In: Lit. 331, Jg. 1994. Kalenderblatt 5.–11.12.

(53) Manfred Blechschmidt: Das Erzgebirgsjahr. Berlin: Altis 1996.

(54) Manfred Blechschmidt: Die Liedpostkarte in der erzgebirgischen und vogtländischen Musikfolklore. In: Lit. 195. S. 98 ff.

(55) Manfred Blechschmidt: Engel und Bergmann. Husum: Husum Verlag 1995.

(56) Manfred Blechschmidt: Anton Günther. Schneeberg: Folklorezentrum Erzgebirge/Vogtland 1988 = Glückauf 31/32.

(57) Manfred Blechschmidt: Vom Geleucht der erzgebirgischen Bergleute. In: Lit. 399, Jg. 1984/2. S. 30

(58) Manfred Blechschmidt / Friedrich Barthel: (Hrsg.): Stimmen der Heimat. Leipzig: Hofmeister 1960.

(59) Manfred Blechschmidt / Klaus Walther: Erzgebirgs-Lexikon. Chemnitz: Chemnitzer Verlag 1991.

(60) Alfred Börner: Was eine alte Bergglocke erzählt. In: Lit. 233, Bd. XXII/7–9. Bd. S. 218 ff.

(61) Helmut Breitung: Wie eine Legende entstand. In: Lit. 332, Jg. 1962/2.

(62) Briefliche Mitteilung der Firma Peter Härtel vom 7. 6. 2001 an den Autor.

(63) Briefliche Mitteilung von Christian Kott vom 4. 3. 1992 an den Autor.

(64) Briefliche Mitteilung von Christian Kott vom 25. 12. 1995 an den Autor.

(65) Briefliche Mitteilung von Werner Markgraf, Mülsen, vom 17. 7. 2001 an den Autor.

(66) Der Große Brockhaus. 15. Aufl. Leipzig: Brockhaus 1928–1935.

(67) Karl Bücher: Arbeit und Rhythmus. Leipzig: 1909. S. 96. Zitiert nach Lit. 359. S. 89

(68) Bunte Bilder aus dem Sachsenlande. Erster Band. 2. Aufl. Dresden: Sächsischer Pestalozzi-Verein 1925.

(69) Annelies Burckhardt: Das Meißner Glockenspiel von Schwarzenberg. In: Lit. 427. S. 20 ff.

(70) Werner Burckhardt: Herrnhuter Adventssterne leuchten überall. In: Brüderbote 449, Dezember 1986.

(71) Karl Bursian: Erzgebirgische Zinngießer – weitbekannte Kunsthandwerker. In: Lit. 332, Jg. 1958/3

(72) Christvesper der Kruzianer. Programm vom 24. 12. 1951.

(73) Herbert Clauß (Hrsg.): Das Erzgebirge. Frankfurt/M.: Weidlich 1967.

(74) Herbert Clauß: Die Mundarten des Erzgebirges. In: Lit. 73. S. 86 ff.

(75) Herbert Clauß: Geschichte und Sprache des sächsisch-böhmischen Westerzgebirges. Dissertation. Leipzig 1934, als Buch in der Reihe Mitteldeutsche Studien 7.

(76) Herbert Clauß: Der vogtländische Moosmann, ein willkommener Gast in unserer erzgebirgischen Weihnachtsstube. s. Lit. 107, Jg. 1989/ 29.

(77) Herbert Clauß: Erzgebirgische Weihnachtskrippen und Weihnachtsberge jenseits und diesseits der sächsisch-böhmischen Landesgrenze. In. Lit. 107, Jg. 1986/26. S. 18

(78) Herbert Clauß: Lebendige Heimat- und Weihnachtsberge des Erzgebirges. In: Lit. 107, 1961/1 S. 36 ff.

(79) Herbert Clauß: Unsere Erzgebirgsspinne. In: Lit. 107, 1988/28. S. 5 ff.

(80) Herbert Clauß, Siegfried Sieber und Kurt Zeun: Erzgebirgische Volkskunst. In: Lit. 73. S. 170 f.

(81) Eberhard Czaya: Der Silberbergbau. Leipzig: Koehler & Amelang 1990.

(82) Dieter Dahlhäuser: Die erzgebirgische und vogtländische Liedpostkarte. In: Lit. 399, Jg. 1982/4. S. 258 ff.

(83) Deckenleuchter und Schwibbogen im Sächsischen Erzgebirge. s. S. 27

(84) Der eiserne Faden. Texte zur gleichnamigen Ausstellung im österreichischen Museum für Volkskunde 1995. S. 1 f. Übersetzt aus Every day things: Wire. New York: Abbeville Press 1994.

(85) Deutsche Konzert- und Gastspieldirektion: Pro-gramm „Weihnachtszyklus der Kruzianer" (Druck 1953).

(86) Deutsche Volkskunst. Adolf Spamer: Sachsen. 2. Aufl. Weimar: Böhlau o. J. (vermutlich 1954).

(87) Stephan Dietrich: Vür Weihnachten im Gebirg. In: Lit. 370. S 50 f.

(88) Stephan Dietrich: Harbist-Hutzenlied. In: Lit. 108. S. 148 f.

(89) Dietrich Eckhardt: Auf den Spuren des alten Zinnbergbaus im östlichen Erzgebirge. s. Lit. 332, Jg. 1973/5. S. 201 ff.

(90) Hildegard Eckhardt: 's Raachermannl-Lied hot 50. Geburtstog. In: Lit. 107, Jg. 1987/27

(91) Johannes Eichhorn: Aus einem privaten Brief vom 16. 5. 1967 an Christian Kott, Bielefeld

(92) Johannes Eichhorn: Die Bergkirche zu Seiffen im Erzgebirge. In: Lit. 330, Jg. 1987. Kalenderblatt 21.–27. 12.

(93) Johannes Eichhorn: Maschinenschriftliches Manuskript vom 15. 6. 1992 im Besitz von Christian Kott.

(94) Johannes Eichhorn: Seiffener Volkskunst – Tradition und Entwicklung. In: Lit. 332, Jg. 1980/1. S. 13 f.

(95) Johannes Eichhorn: Weihnachtliche Neugestaltungen aus Seiffen. In: Lit. 330, Jg. 1978. Kalenderblatt 18.–24.

(96) Kurt Eichler: Der Weihnachtsberg. Ein Adventskalender. Lahr: St. Johannis-Druckerei o. J.

(97) Kurt Eichler: Die Adventspyramide. Reichenbach: VEB Volkskunstverlag o. J.

(98) Kurt Eichler: Die Weihnachtslaterne. Ein neuer Adventskalender. Reichenbach: VEB Volkskunstverlag o. J.

(99) Eigene Erinnerung des Verfassers.

(100) Willibald Eisert: Weihnachten is, stille Nacht. In: Lit. 108. S. 200

(101) Erzgebirge. „Der Duft des Himmels". Hamburg: Altonaer Museum 1994.

(102) Erzgebirge. „Die Sehnsucht nach dem Licht." Hamburg: Altonaer Museum 1993.

(103) Erzgebirge. „König Nußknacker". Hamburg: Altonaer Museum 1993. S. 52 (hier richtig: Karl Simrock, S. 71 fälschlich Ludwig Simrock).

(104) Erzgebirgische Heimatblätter. Marienberg: Druck- und Verlagshaus.

(105) Erzgebirgische Holz-Sachen. H. E. Langer. Seiffen i. Erzgeb. o. J.

(106) Erzgebirgische Nußknacker. Faltblatt. Schneeberg: Folklorezentrum Erzgebirge/Vogtland 1989.

(107) Erzgebirgisches Weihnachtsbüchlein. Kirchberg a. d. Jagst bzw. Frankfurt/M.: Erzgebirgsverein.

(108) Erzgebirgsverein e. V. (Hrsg.): Hamitland, mei Arzgebirg. Hofheim: Hofmeister 1987.

(109) Richard Faber/Esther Gajek (Hrsg.): Politische Weihnacht in Antike und Moderne. Würzburg: Königshausen & Neumann 1997.

(110) Walter Fellmann: Sachsen-Lexikon. München: Koehler & Amelang 2000.

(111) Jean Ferrard joue Bach. s. S. 107

(112) Friedbert Ficker: Volkskunde. In: Sachsen. Hrsg. von der Stiftung Mitteldeutscher Kulturrat. Frankfurt/M.: Weidlich o. J. S. 185

(113) Alfred Fiedler: Wer fürchtet sich vorm schwarzen Mann? In: Lit. 330, Jg. 1985. Kalenderblatt 14.–20. 1.

(114) Kurt Arnold Findeisen: Auf der großen Deutschen Krippenschau. In: Lit. 233, Bd. XXIV/9–12. S. 201 ff.

(115) Kurt Arnold Findeisen: Bringt in Gang die Pyramide. In: Lit. 108. S. 183

(116) Kurt Arnold Findeisen: Das goldene Weihnachtsbuch aus dem Erzgebirge. Dresden: Zwinger 1936.

(117) Kurt Arnold Findeisen: Das goldene Weihnachtsbuch. 63.–72. Tsd. Herford: Koehler 1985.

(117a) Kurt Arnold Findeisen: Das goldene Weihnachtsbuch. s. S. 133

(118) Kurt Arnold Findeisen: Das lustige Weihnachtslied. In: Lit. 116. S. 19

(119) Kurt Arnold Findeisen: Drei erzgebirgische Räucherkerzchen und -männer. In: Die neue Heimat 1919/6 (vermutlich die Erstveröffentlichung; später in: Das goldene Weihnachtsbuch, alle Auflagen).

(120) Kurt Arnold Findeisen: Geschichten vom Raubschützen Karl Stülpner. In: Lit. 68. S. 78 ff.

(121) Kurt Arnold Findeisen: Pflaumentoffel-Kantate. In: Lit. 116. S. 52

(122) Kurt Arnold Findeisen: Räucherkerzchenmänner. Der Rastelbinder. In: Lit. 116. S. 24

(123) Otto Fitz/Peter Huber: Bergmännische Geduldflaschen. s. S. 31

(124) Helmut Flade: Grete Wendts Spiel- und Tändelkram. In: Lit. 332, Jg. 1986. S. 269 ff.

(125) Helmut Flade: Olbernhau. Olbernhau: Entwurfs- und Verlagshaus 1999.

(126) Helmut Flade: Seiffener Spielzeug. Dresden: Verlag der Kunst 1992.

(127) Joachim A. Frank: Pfeifen Brevier oder die Kunst, genüßlich zu rauchen. Berlin:

Neff 1989.

(128) Michael Frank: Ein slowakisches Ei des Kolumbus. Süddeutsche Zeitung 15./16.04.2001.

(129) Helmut Friedel: SchattenRisse. Silhouetten und Cutouts. s. S. 94

(130) Karl Ewald Fritzsch: Bergmann und Engel als weihnachtliche Lichterträger. In: Lit. 107, Jg. 1990/30. s. S. 27 ff.

(131) Karl Ewald Fritzsch: Bergmann und Engel. In: Lit. 332, Jg. 1960/9. s. S. 534 ff.

(132) Karl Ewald Fritzsch: Bergmann und Engel als weihnachtliche Lichterträger. In: Der Anschnitt 1959/ 6. S. 3 ff.

(133) Karl Ewald Fritzsch: Deutsches Weihnachtsbrauchtum. In: Lit. 268, Jg. 1937/4

(134) (Karl) Ewald Fritzsch: Wie ich mir eine Weihnachtspyramide baute. In: Allgemeiner Sachsen-Kalender 1924. Meissen: Schlimpert. Zitiert nach Lit. 331, Jg. 1923/12. S. 59 f.

(135) Karl Ewald Fritzsch: Zur Entwicklungsgeschichte des Lichterengels. In: Lit. 332, Jg. 1963/6. s. S. 516 ff.

(136) Karl Ewald Fritzsch: Zur Geschichte der erzgebirgischen Weihnachtspyramide. In: Lit. 332, Jg. 1966/ 6. S. 476, 498

(137) Walter Fröbe: Wie ich unter die Eckenbauer ging! In: Lit. 107, Jg. 1991/31. S. 12 ff.

(138) Horst Fröhlich: Die vogtländische Tracht. In: Lit. 331, Jg. 1994. Kalenderblatt 14.–20. 3.

(139) Horst Fröhlich: Ortspyramiden im Vogtland. In: Lit. 330, Jg. 1988. Kalenderblatt 19.–25. 12.

(140) Horst Fröhlich: Weihnachtsbäckerei im Vogtland. In: Lit. 330, Jg. 1991. Kalenderblatt 2.–7. 12.

(141) Werner Galler: Adventskalender. s. S. 8

(142) Konrad Gerber: Vom Zinn und seiner Handwerkskunst. In: Lit. 145, Jg. 1931/10

(143) Uwe Gerig (Hrsg.): Spielzeugdorf Seiffen Erzgebirge. Königstein/Ts.: Gerig 1993.

(144) Horst Gläß: Mei Wurzellechter. In: Lit. 291. S. 30

(145) Glückauf.

(145a) Eveline Gränke/Edgar Weinlich: Mode aus Modeln. Nürnberg, Germanisches Nationalmuseum 1998.

(146) Christoph Grauwiller: Emma Liesche 1862–? In: Lit. 333. 1984/1.

(147) Christoph Grauwiller: In: Lit. 333.

1982/5.

(148) Jacob und Wilhelm Grimm: Das deutsche Wörterbuch. Reprint der Ausgabe von 1854–1971. München: Deutscher Taschenbuch Verlag 1984.

(149) Anton Günther: Aus der Einleitung zu „Vergaß die Haamit net". Anton Günthers Lieder aus dem Erzgebirge. Heft 1. Gottesgab: Selbstverlag 1911. Zitiert nach Lit. 172. S. 25 f.

(150) Anton Günther: Gesamtausgabe der Liedertexte, Gedichte, Sprüche und Erzählungen. Schwarzenberg: Glückauf 1938.

(151) Anton Günther: Hamweh. In: Lit. 150. S. 90

(152) Anton Günther: Sänger des Erzgebirges. s. S. 39

(153) Anton Günther: Wie der Schnabel steht. In: Lit. 150. S. 142

(154) Rudolf Haas: Lieber Fastbesuch. In: Lit. 107, Jg. 1986/26. S. 40

(155) Gisela Haase: Frühe Glashütten im Erzgebirge. In: Lit. 330, Jg. 1990. Kalenderblatt 5 –11. 2.

(156) Hamburger Wochenblatt Spezial vom 1. 12. 1999.

(157) Peter Hammer: Stülpner-Medaille aus Scharfenstein. In: Lit. 104, Jg. 1986/3. S. 70 f.

(158) Handklöppelspitze heute. s. S. 121

(159) Anneliese Hanisch: Die Klöppelspitze und ihre geschichtliche Entwicklung. Berlin: Institut für angewandte Kunst 1959.

(160) Eugenie Hanreich/Gerhard Trumler: Kleine Welt aus Holz. Wien: Herold 1986.

(161) Roland Hanusch: Pflaumentoffel vom Striezelmarkt. In: Lit. 233, Jg. 1991/2.

(162) W. Harms: Liedflugblatt. In: Lit. 247

(163) Christian Heermann: Ein Held mit Hang zum Flunkern. In: Leipziger Volkszeitung 20. 9. 1991.

(164) Gerhard Heilfurth: Das Erzgebirge als Weihnachtsland. In: Lit. 171

(165) Gerhard Heilfurth: Das erzgebirgische Bergmannslied. Schwarzenberg: Glückauf-Verlag 1936.

(166) Gerhard Heilfurth: Der Bergbau und seine Kultur. Zürich: Atlantis 1981.

(167) Gerhard Heilfurth: Der erzgebirgische Volkssänger Anton Günther. Leipzig: Sachsenbuch 1994.

(168) Gerhard Heilfurth: Wie der Süden unsere erzgebirgische Weihnachtskunst bereicherte. In: Lit. 107, Jg. 1972/12. S. 9 ff.

(169) Gerhard Heilfurth: Wie unser Weihnachtsberg entstanden ist. In: Lit. 107, Jg. 1965/5. S. 20 ff.

(170) Gerhard Heilfurth: Zur Geschichte der erzgebirgischen Bergmannsschnitzerei und -bastelei. In: Lit. 268, Jg. 1936/6. S. 179

(171) Gerhard Heilfurth / Ehrhardt Heinold / Hans Jürgen Rau: Weihnachtsland Erzgebirge. Husum: Husum Verlag 1988.

(172) Gerhard Heilfurth / Isolde Maria Weineck: 100 Lieder mit Melodien des erzgebirgischen Volkssängers
Anton Günther. Dortmund: Forschungsstelle Ostmitteleuropa 1983.

(173) Heimat- und Weihnachtsberge des sächsischen Erzgebirges. 2. Aufl. Husum: Husum Verlag 1996 = Schriftenreihe Erzgebirgische Volkskunst der Berufsfachschule für Tourismus 2.

(174) Heimatwerk Sachsen (Hrsg.): Richtlinien zur erzgebirgischen Mundartdichtung. In: Erzgebirgischer Haus- und Heimatkalender 1938. Stollberg: Keller.

(175) Bernd Heinz: Zur Geschichte der Bergknappschaft von Eibenstock. Schneeberg: Folklorezentrum Erzgebirge/Vogtland 1989 = Glückauf 40/41.

(176) Karen Helling: Spielzeug aus dem Erzgebirge. Husum: Husum Verlag 1999.

(177) Günter Henning: Der „Rastelbinder". In: Lit. 104, Jg. 2000/1. S. 26 f.

(178) Horst Henschel (Hrsg.): Singendes Land. Leipzig: Hofmeister 1939.

(179) Walter Hentschel: Der Orgelbauer Gottfried Silbermann. In: Lit. 233, Bd. XXI/7–12. S. 197

(180) Carla Herberger / Götz Altmann: Das Spitzenklöppeln im Erzgebirge. Spitzen und Rapporte. Schneeberg: Folklorezentrum Erzgebirge/Vogtland 1982/83 = Glückauf 10/11.

(181) Fritz Heydel (Hrsg.): Das Hans-Soph-Buch. Leipzig: Hofmeister 1955.

(182) Karl Hildebrand: Erzgebirgische Bergreigen. In: Lit. 200. S. 25

(183) Torkild Hinrichsen: Alle Engel dieser Erde. Husum: Husum Verlag 2000.

(184) Torkild Hinrichsen: Weihnachten in Norddeutschland. Husum: Husum Verlag 1999.

(185) Historische Liedpostkarten aus dem Erzgebirge und Vogtland. Reichenbach: Bild und Heimat o. J. (vermutlich 1989).

(186) E. T. A. Hoffmann: Die Automate. In: Lit. 189. Bd. III. S. 411 ff.

(187) E. T. A. Hoffmann: Der goldene Topf. In: Lit. 189. Bd. III. S. 250 ff.

(188) E. T. A. Hoffmann: Nußknacker und Mausekönig. In: Lit. 189. Bd. VI. S. 857 ff.

(189) E. T. A. Hoffmann: Poetische Werke Bd. I–VI. Berlin: Aufbau 1958.

(189a) Verena Hoffmann: Allerlay kurtzweil – Mittelalterliche und frühneuzeitliche Spielzeugfunde aus Sachsen. Arbeits- und Forschungsberichte zur sächsischen Bodendenkmalpflege 38/1996. S. 127–200.

(190) Erna Hedwig Hofmann: capella sanctae crucis. 2. Aufl. Berlin: Union o. J. (vermutlich 1957).

(191) Franz Holzweißig: Weihnachtsbastelei beim Kreuzkantor. In: Lit. 104, Jg. 1993/6. S. 3 ff.

(192) Christian Hübler: Aus der Geschichte des Puls- nitzer Pfefferkuchenhandwerks. In: Lit. 328. S. 19 ff.

(193) 100 Jahre Stadtbrauerei Olbernhau. Olbernhau: Selbstverlag 1996.

(194) Info der Tourist-Information Eibenstock, im Besitz des Autors.

(195) Jahrbuch für Volksliedforschung. Berlin 1980.

(196) Jean Paul (Friedrich Richter): Titan. In: Werke Bd. IV, 1,84. Berlin 1800–1803.

(197) Ernst H. H. John: Aberglaube, Sitte und Brauch im sächsischen Erzgebirge. Annaberg: Graser 1909.

(198) Johannes Just/Jürgen Karpinski: Sächsische Volkskunst. Rosenheim: Rosenheimer 1982.

(199) Werner Kaden: Erich Lang – Schöpfer des „Raachermannel"-Liedes. In: Lit. 331, Jg. 1996. Kalenderblatt 2. – 9. 12.

(200) Kalender für das Erzgebirge und das übrige Sachsen 1914. Leipzig: Strauch.

(201) Alfred Karasek-Lahr / Josef Lanz: Krippenkunst in Böhmen und Mähren. 2. Aufl. Marburg: Elwert 1993.

(202) Alfred Karasek-Lahr / Josef Lanz: Krippenkunst in Egerland. In: Lit. 344

(203) Viktor Karell: Das Erzgebirge und seine Besiedlung. Kaaden: Uhl 1924 = Uhls Heimatbücher des Erzgebirges und des Egertales.

(204) Viktor Karell: Das böhmische Erzgebirge. Frankfurt/M.: Verlag das Viergespann 1968.

(205) Katalog der Bornkinnel. In: Lit. 41. S. 33 ff

(206) Hiltgart L. Keller: Reclams Lexikon der Heiligen und der biblischen Gestalten 8. Aufl. Ditzingen: Reclam 1996.

(207) Hermann Kind: Der Hausiererhandel der slowakischen Drahtbinder unter besonderer Berücksichtigung des Königreichs Sachsen. Dissertation. Leipzig 1899.

(208) Franz Kirnbaum: Bausteine zur Volkskunde des Bergmanns. Wien: Montan 1958.

(209) Olga Klitsch: Du drehst dich wieder … In: Lit. 107, Jg. 1981/21. S. 19

(210) Olga Klitsch: Süße Weihnacht. In: Lit. 107, Jg. 1964/4. S. 36

(211) Edmut Kluge: Weihnachtslied fer menn klenn Gung. In: Lit. 330, Jg. 1973. Kalenderblatt vom 24. 30. 12

(212) Ernst Köhler: Volksbrauch, Aberglauben und andere alte Überlieferungen aus dem Voigtlande. Zitiert nach Lit. 35. S. 6

(213) Johann August Ernst Köhler: Volksbrauch, Aberglauben, Sagen und andere alte Überlieferungen aus dem Voigtlande. Leipzig 1867.

(213a) Stefan Krabath, Landesamt für Archäologie Dresden, briefliche Mitteilung vom 13.09.04 an den Autor.

(214) Klaus Kratzsch: Bergstädte des Erzgebirges. München: Schnell & Steiner 1972 = Münchner kunsthistorische Abhandlungen Bd. IV. S. 137

(215) Friedrich Emil Krauß: Die große Schwarzenberger Pyramide. In: Lit. 107, Jg. 1976/16. S. 32 f.

(216) Friedrich Emil Krauß: Weihnachten im Gebirg. In: Lit. 171. S. 127

(217) Kreisstadt Aue. Informationsbroschüre o. J. (vermutlich 2000).

(218) Kreuzkirche Dresden: Programm Weihnachtsoratorium, Aufführung vom 19.12.1959.

(219) Werner Kriebel in: Erzgebirgische Räuchermänner und ihre Herstellung. Hanau: Hessisches Puppenmuseum 1988.

(220) Heinrich Kühne: Ausgestochenes Weihnachtsgebäck. In: Lit. 332, Jg. 6/1976. S. 523 f.

(221) Heinrich Kühne: Von alten obersächsischen Backmodeln. In: Lit. 332, Jg. 1976/6. S. 258

(222) Kunze: Das Werk des Altmeisters Hertelt-Oberwiesenthal. In: Lit. 145, Jg.

1924/12. S. 139

(223) Peter Kunze: Kurze Geschichte der Sorben. Bautzen: Domowina 1995.

(224) Rolf Kunze: Buckelbergwerk. In: Heimatkalender 1995 o. O.: Erzgebirgsverein e. V.

(225) Rolf Kunze: Die Volkskunst des Schnitzens im Erzgebirge. Teil I: Vom Ursprung. Schneeberg: Zentrum zur Pflege der erzgebirgischen und vogtländischer Folklore 1982 = Glückauf 7/8

(226) Rolf Kunze: Die Volkskunst des Schnitzens im Erzgebirge. Teil II: Vom Erbe.. Schneeberg: Folklorezentrum Erzgebirge/Vogtland 1984 = Glückauf 14/15.

(227) Rolf Kunze: Die Volkskunst des Schnitzens im Erzgebirge. Teil III: Vom neuen Anbruch. Schneeberg: Folklorezentrum Erzgebirge/Vogtland 1986 = Glückauf 25/26.

(228) Rolf Kunze: Schnitzen und Drechseln wie im Erzgebirge. s. S. 129

(229) Ray Kunzmann. Brief vom 14. 6. 2001 an Alix Paulsen, Husum Verlag.

(230) Albrecht Kurzwelly: Bäuerliche Kleinkunst. In: Sächsische Volkskunde, hrsg. von Robert Wuttke. Dresden: Schönfeld 1900. S. 469

(231) Bernd Lahl: Mettenschichten im Erzgebirge. s. S. 115.

(232) Bernd Lahl: Zündet e Weihrauchkerzel ah, dos noo Weihnachten riecht. In: Lit. 104, Jg. 1995/6. S. 11 ff.

(233) Landesverein Sächsischer Heimatschutz. Mitteilungen. Dresden.

(234) Landratsamt Mittlerer Erzgebirgskreis (Hrsg.): Museen in der Euroregion Erzgebirge Marienberg: Selbstverlag 1995.

(235) Erich Lang: Der Bargma. In: Lit. 370. S. 91

(236) Erich Lang: 's Raachermannel. In: Lit. 178. S. 110

(237) Lautergold. Familientradition seit 260 Jahren. Prospekt der Firma Paul Schubert GmbH, Lauter/ Sachsen o. J.

(238) Christian Lehmann: Von duben ro. In: Lit. 58. S. 10 ff.

(239) Claus Leichsenring: Der erzgebirgische Leuchterbergmann. Faltblatt. Schneeberg: Folklorezentrum 1984.

(240) Claus Leichsenring: Erzgebirgische Ortspyramiden. Schneeberg: Zentrum zur Pflege der erzgebirgischen und vogtländi-

schen Folklore 1980 = Glückauf 1.

(241) Claus Leichsenring: Erzgebirgische Weihnachtspyramiden. Dresden: Sächsisches Druck- und Verlagshaus 1993 = Reihe WEISS-GRÜN 2.

(242) Claus Leichsenring: Flaschenbergwerke – Kostbarkeiten erzgebirgischer Volkskunst. In: Lit. 104, Jg. 1992/6., S. 8 ff.

(243) Claus Leichsenring: Figuren von Alfred Reichelt für den Weihnachtsberg. In: Lit. 104, Jg. 1996/6. S. 6 ff.

(244) Claus Leichsenring: Kurt Dietzmann und der Verband Erzgebirgischer Bildschnitzer. In: Lit. 104, Jg. 1992/2

(245) Claus Leichsenring: Massefiguren aus dem Erzgebirge. Dresden: Sächsisches Druck- und Verlagshaus GmbH 1979 = Reihe WEISS-GRÜN 14.

(246) Lexikon des DDR-Alltags. Berlin: Schwarzkopf & Schwarzkopf 2000.

(247) Lexikon des gesamten Buchwesens, hrsg. von Severin Corsten u. a. 2. Aufl. Stuttgart: Hiersemann 1995.

(248) Lichterbergmann und Lichterengel im Sächsischen Erzgebirge. Husum: Husum Verlag 1998 = Schriftenreihe „Erzgebirgische Volkskunst" der Berufsfachschule für Tourismus, Chemnitz, Bd. 7.

(249) Herbert Lindner: Das Erzgebirge, das Land der singenden und klingenden Täler und Höhen. In: Lit. 73. S. 198 ff.

(250) Johann Traugott Lindner: Wanderungen durch die interessantesten Gegenden des sächsischen Obererzgebirges. Reprint der Ausgabe von 1848. Leipzig: Zentralantiquariat 1984.

(251) A. Lingke: Die Schornsteinfeger-Kreis-(Zwangs) Innung zu Dresden. In: Festschrift zur Feier des 200jährigen Jubiläums ... 1910. S. 23 ff.

(252) Friedrich Hermann Löscher: Der Weihnachts-Bergmann. In: Lit. 254. S. 145

(253) Friedrich Hermann Löscher: Alte Glashütten im sächsischen Erzgebirge. In: Lit. 254. S. 437

(254) Friedrich Hermann sen. und jun. Löscher: Heimat Erzgebirge. Berlin: Altis 1997.

(255) Kay Lohse: Was uns eine kleine Plastik über unsere Religiösität sagen kann! In: Lit. 41

(256) Christa Lorenz: Frieden, Freude, Völkerfreundschaft. Weihnachten in der DDR. In: Lit 109. S. 253 ff.

(257) Heinrich Magirius/Hartmut May: Dorfkirchen in Sachsen. Berlin: Evangelische Verlagsanstalt 1985.

(258) Lutz Mahnke: Christian Lehmann, Pfarrer und Chronist. In: Lit. 331, Jg. 1994. Kalenderblatt 14.–20. 11.

(259) Werner Markgraf: Damit die Weihnachtskunst in der Region erhalten bleibt. In: Lit. 104, Jg. 1996/6. S. 32

(260) Werner Markgraf: St. Johanni zu Lößnitz und das Turmglockenspiel. In: Lit. 104, Jg. 1993/5. S. 14 ff.

(261) Michael Martischnig: Adventskalender. In: Lit. 399, Jg. 1987/4. S. 235 ff.

(262) Matthes. Kunstgewerbliche Holzwaren. Preisliste 1984.

(263) Bernd Mayer: Heilige Familie findet in der Garage Zuflucht. In: Süddeutsche Zeitung vom 23. 12. 1993.

(264) Karl-Heinz Melzer: Christian Gottlob Steinmüller – Orgelbaumeister aus Grünhain. In: Lit. 104, Jg. 2000/2. S. 16 ff.

(265) Karl-Heinz Melzer: Der Weihnachtsberg im Museum Mauersberg. In: Lit. 104, Jg. 1993/6. S. 1 ff.

(266) Kurt Melzer: Das Weihnachtszinn wird hergerichtet. In: Lit. 68. S. 104 ff.

(267) Meyers Enzyklopädisches Lexikon. Mannheim: Bibliographisches Institut 1971–1981.

(268) Mitteldeutsche Blätter für Volkskunde.

(269) Giesela Müller: Zum 310. Geburtstag des Orgelbaumeisters Gottfried Silbermann. In: Lit. 104, Jg. 1993/1. S. 25

(270) Johanne Müller: Der alte und der neue Papierschnitt im Erzgebirge. In: Lit. 332, Jg. 1970/6. S. 258 ff.

(271) Jürgen Müller: Alte Sebnitzer Weihnachtsvolkskunst. In: Lit. 330, Jg. 1988. Kalenderblatt 12.–18. 12.

(272) Reinhard Müller: Das Bornkinnl in der Lausitz. In: Lit. 268, Jg. 1934. S. 208 ff.

(273) Werner Müller: Der Orgelbauer Gottfried Silbermann. In: Lit. 330. Kalenderblatt 4.–10. 6.

(274) Werner Müller: Gottfried Silbermann. s. S. 109

(275) Mundartpflege in Sachsen. S. S. 58

(276) Museen und Ausstellungen in Seiffen. Seiffen: Erzgebirgisches Spielzeugmuseum 1993 = Schriftenreihe Heft 7.

(277) Museum für Sächsische Volkskunst. Dresden: Staatliche Kunstsammlungen 1997.

145

(278) Museumsführer Oberes Osterzgebirge. 5. Aufl. Altenberg: Fremdenverkehrsamt 2000.

(279) Nussknacker des Sächsischen Erzgebirges. s. S. 69

(280) Jana Ösenberg: Rückkehr des Bornkinnels in den Dom St. Marien zu Zwickau. In: Informationshefte Dom St. Marien 4 (1993).

(281) Ostholsteinischer Anzeiger 1997/299, Heimatteil Fehmarn.

(282) Oskar Seyffert zum Gedächtnis. Dresden: Landesverein Sächsischer Heimatschutz 1940.

(283) Richard Parthum: Das Licht- und Räucherhäuschen. In: Die Arbeitsschule 1929/12.

(284) Reinhard Peesch: Volkskunst. Berlin: Akademie 1978.

(285) Margarete Petraschk: Altes weihnachtliches Bildgebäck. In: Lit. 330, Jg. 1969. Kalenderblatt 30. 11. –11.12.

(286) Margarete Petraschk: Schnitzer, Hirtenhäuser und Schattenspiele. s. S. 48

(287) Margarete Petraschk: Schnitzer Weihnachtssterne. In: Lit. 332, Jg. 1964. S. 539

(288) Max Pickel: Begleitgedicht zu einem Selbstbildnis als Schattenriß. In: Lit. 21. S. 51

(289) Max Pickel: Wie der erste Weihnachtsberg entstanden ist. In: Lit. 68. Bd. 2. S. 19

(290) Johannes Pietzonka: Der Wildschütz Karl Stülpner. 4. Aufl. Karl-Marx-Stadt: Bezirksleitung des Kulturbundes der DDR = Jahrbuch Erzgebirge 1981.

(291) Plauderstunde. Gedichte, Liedtexte und Erzählungen in erzgebirgischer und vogtländischer Mundart. Hrsg. von einem Autorenkollektiv. Schneeberg: Folklorezentrum 1989.

(292) Herbert Poller: Der Hängeleuchter. In: Lit. 107, Jg. 1975/15. S. 33.

(293) Karl Hans Pollmer: Schennste Zeit in Gahr. In: Lit. 291. S. 63

(294) Manfred Pollmer: Adventskolanner. In: Lit. 297. S. 44

(295) Manfred Pollmer: Bekanntgeworden durch sein „Meißner Glockenspiel". In: Lit. 104, Jg. 1995/3. S. 31 f.

(296) Manfred Pollmer: Wär'sch när schu suweit. In: Lit. 297. S. 54

(297) Manfred Pollmer: Wenn hubn bei uns Weihnachten is. Leipzig: Sachsenbuch 1991.

(298) Peter Poprawa: Aus der Lebensgeschichte des Cunewalder Lichterzuges. In: Lit. 331, Jg. 2001. Kalenderblatt 16.–22. 12.

(299) Peter Poprawa: „O Freede ieber Freede …" Brauchtum zur Weihnachtszeit in der Südlausitz. In: Lit. 232. 1992/3. S. 3 ff.

(300) Postkarte Jugendherberge „Hüttstadtmühle", Ansprung bei Zöblitz. Zöblitz: Knäbchen nach 1920.

(301) Pressetext der Stadt Eibenstock vom 04. 12. 2000, im Besitz des Autors.

(302) Edwin Preusche: Weihnachtsbrauchtum im erzgebirgischen Grenzland. In: Lit. 268, Jg. 1936/6. s. S. 185 ff.

(303) Programm der Gesamt-Uraufführung des Chorzyklus „Erzgebirge" vom 25.9.1959.

(304) Prospekt des Fremdenverkehrsamtes Johanngeorgenstadt o. J.

(305) Räuchermänner. Erzgebirgische Volkskunst. Deutsche Demokratische Republik. Suhl: Spielwaren und Sportartikel Export Import Volkseigener Außenhandelsbetrieb der DDR Außenhandelsbereich expertic 1984. Hrsg.: Warenzeichenverband für Kunsthandwerk und Kunstgewerbe e. V. der DDR.

(306) Räuchermänner im Sächsischen Erzgebirge. s. S. 90

(307) Andreas Raithel: Vom Krippenbrauch und Krippenbau in Sachsen. In: Lit. 332, Jg. 1991/6. S. 333 ff.

(308) Friedrich Reichel: Die Türkenmode in der sächsischen Kunst. In: Beiträge und Berichte der Staatlichen Kunstsammlungen Dresden 1972–1975.

(309) Ina Reichel: Der Straßenkünstler Peter Püschmann. In: Lit. 104, Jg. 1993/4. S. 29 f.

(309a) Günter Reinheckel: Sächsisches Zinn des 16. und 17. Jahrhunderts. s. S. 130

(310) Frank Reinhold: Die Herkunft des Wortes Bornkinnel. In: Lit.41. S. 10 ff.

(311) Günter Reitzenstein: Albert Franke – ein Pionier des Volkskunstschaffens. In: Lit. 330, Jg. 1989. Kalenderblatt 27. 11.–3. 12.

(312) Günter Reitzenstein: Albert Franke – ein Wegbereiter des Volkskunstschaffens. In: Lit. 104, Jg. 1997/3. S. 30 f.

(313) Hans Renner / Klaus Schweizer: Reclams Konzertführer Orchestermusik. 10. Aufl. Stuttgart: Re-clam 1976.

(313a) Joachim Riebel: Erzgebirgische Weihnachtsfiguren. s. S. 14

(314) Lothar Riedel: Religiöse Grubennamen. s. S. 19

(315) Lothar Riedel: Weihnachtliches im Spiegel von Bergwerksnamen. s. S. 19

(316) Louis Riedel: 's Bornkinnel. Plauen: Neupert (vor 1909).

(317) Gustav Rieß: Erzgebirgische Bergmannsfrommheit. In: Lit. 233, Bd. XVI/7–8 1927. S. 269 ff.

(318) Christian Rietschel: Die Weihnachtskrippe. Berlin: Evangelische Verlagsanstalt 1973.

(319) Christian Rietschel / Bernd Langhof: Dorfkirchen in Sachsen. Berlin: Evangelische Verlagsanstalt 1972.

(320) Willy Roch: Der Kreuzkantor und das Erzgebirge. In: Lit. 145, Jg: 1964/5. S. 53

(321) Christian Friedrich Röder: Weihnachten im Gebirg. In: Lit. 370. S. 52 f.

(322) Konrad Rösel: Christian Lehmann (1611–1688) und die erzgebirgische Mundart. In: Lit. 330, Jg. 1988. Kalenderblatt 1.–7. 2.

(323) Konrad Rösel: Zur Bildhaftigkeit des Erzgebirgischen. In: Lit. 330, Jg. 1987. Kalenderblatt 1.–4. 1.

(324) Paul Roitzsch: Erzgebirgische Natur- und Kulturbilder aus dem Verwaltungsbezirke der Amtshauptmannschaft Marienberg Bd. 1: Auf wilder Wurzel. Schwarzenberg: Glückauf-Verlag 1929.

(325) Joseph Roth: Der Rebell des Erzgebirges. In: Lit. 326. S. 133 ff.

(326) Joseph Roth: Orte. Leipzig: Reclam 1990.

(327) Otto Rudert: Alte Dresdner Friedhöfe. Dresden: Heinrich 1931 = Geschichtliche Wanderfahrten 13.

(327a) Wolf-D. Rühling: Briefliche Mitteilung vom 20. 1. 2002 an den Autor.

(327b) Hans Sachs: Aus Versen zu einem Holzschnitt „Der Bergknapp" von Jost Ammann (1568, zit. nach Lit. 81. S. 13)

(328) Albert Prinz von Sachsen: Weihnacht in Sachsen. Bamberg: Bayerische Verlagsanstalt 1992.

(329) Lothar Sack: Von einem Engel, der sich nicht umtaufen ließ. Leipziger Volkszeitung 19. 12. 1991.

(330) Sächsische Gebirgsheimat. Ebersbach: Oberlausitzer Kunstverlag.

(331) Sächsische Heimat. Dresden: Landesverein Sächsischer Heimatschutz.

(332) Sächsische Heimatblätter. Dresden.

(332a) Sächsischer Landesverband e. V. im

Bund Deutscher Bergmanns-, Hütten- und Knappenvereine e. V. (Hrsg.): Glück auf, Glück auf, der Steiger kommt … Marienberg: Druck- und Verlagsgesellschaft 1999.

(333) Sammlerbulletin. Liestal.

(334) Ingo Sander: Der altar der Bergknappschaft zu Annaberg-Buchholz. In: Lit. 331. Kalenderblatt 20 –26. 12.

(334a) Dietrich Sattler (Hrsg.): Der Adventskranz und seine Geschichte. Hamburg: Agentur des Rauhen Hauses 1997

(334b) Harry Schmidt (mit Claus Leichsenring): Schnitzen meine Welt. Schneeberg: Sächsische Landesstelle für Volkskultur 2003 = Reihe WEISS-GRÜN 29.

(335) Otto Eduard Schmidt: Kursächsische Streifzüge 5. Bd. Aus dem Erzgebirge. Dresden: v. Baensch-Stiftung 1922.

(336) Stephan Schmidt-Brücken: Bornkinnel zum Privatgebrauch? Vom Mothsgung und seinen Begleitern. In: Lit. 41. S. 22 ff.

(337) Henning Schmidt-Brücken: Ein Bornkinnel muß her! Oder: Woher nehmen, wenn's gestohlen ist? In: Lit. 41. S. 24 ff.

(338) Hans Schnoor: rororo Musikführer. Reinbek: Rowohlt 1969.

(339) Uta Schnürer: Paradiesgärten. s. S. 75

(340) Hartwig Schönfelder: Mauersberger in Mauersberg. In: Lit. 233, Jg. 1993/1. S. 27 ff.

(341) Lotti Scholz: Die Pfefferkuchenfrau hat gefehlt. In: Lit. 107, Jg. 1984/24. S. 19 ff.

(342) Lotti Scholz: Vorweihnachtsfreuden in Kindheitstagen. In: Lit. 107, Jg. 1985/25. S. 8 ff.

(343) Georg Schreiber: Das Türkenmotiv und das deutsche Volkstum. In: Lit. 398, S. 8 ff.

(344) Lorenz Schreiner (Hrsg.): Eger und das Egerland. Volkskunst und Brauchtum. München: Langen–Müller 1988.

(345) Schreiter: Andechtige Bergk Gebetlein. In: Lit. 165. S. 106

(346) Rolf Schröter: Erzgebirgische Weihnachtsträume. Husum: Husum Verlag 1996.

(347) Hartmut Schumann: Der Grünhainer Orgelbaumeister Johann Gottlieb Steinmüller. In: Lit. 331, Jg. 1995. Kalenderblatt 16.– 22. 01.

(348) Horst Seeger: Musiklexikon in zwei Bänden. Bd. 1. Leipzig: Deutscher Verlag für Musik 1966.

(349) Alwin Seifert: Erzgebirgische Krippenschnitzerei. In: Lit. 145, Jg. 1924/12

(349) Alwin Seifert: Erzgebirgische Krippenschnitzerei. In: Lit. 145, Jg. 1924/12. S. 130 ff.

(350) Karl Sewart: Karl-Stülpner-Verein e. V. gegründet. In: Lit. 104, Jg. 1999/1. S. 25 ff.

(351) Karl Sewart: Weihnachtliche Sitten und Gebräuche. In: Lit. 233, Jg. 1992/3. S. 15

(352) Oskar Seyffert: Aus dem Oskar-Seyffert-Museum. In: Lit. 233, Bd. XXIV/9-12. S. 287 ff.

(353) Oskar Seyffert: Das Landesmuseum für sächsische Volkskunst. Dresden: Verlag des Landesvereins 1924.

(354) Oskar Seyffert: Im Erzgebirge. In: Lit. 282. S. 88 f.

(355) Achim Seyfferth: Vivos voco, fulgura frango… In: Lit. 104, Jg. 1997/6. S. 21 ff.

(356) Helmut Sieber (Hrsg.): Morgen Kinder wird's was geben. Frankfurt/M.: Weidlich 1966.

(357) Siegfried Sieber: Das Erzgebirge. Dresden: Jeß 1930.

(358) Siegfried Sieber: Die Industrie des Erzgebirges. In: Lit. 73. S. 73 f.

(359) Siegfried Sieber: Die Spitzenklöppelei im Erzgebirge. Leipzig: Hofmeister 1955.

(360) Siegfried Sieber: Erzgebirgische Bergmannsfiguren aus Zinn und Holz. In: Lit. 332, Jg. 1958. S. 521 ff.

(361) Siegfried Sieber: Paradiesgärten. In: Lit. 107, Jg. 1964/ 4. S. 42

(362) Siegfried Sieber: Paradiesgärten und Bergspinnen. In: Lit. 356. S. 80 ff.

(363) Siegfried Sieber: Um Aue, Schwarzenberg und Johanngeorgenstadt. Berlin: Akademie-Verlag 1972 = Werte unserer Heimat Bd. 20.

(364) Hans Soph: Der Winter. In: Lit. 181. S. 47

(365) Bernhard Sowinski: Sprache in Sachsen. In: Lit. 372. S. 191 ff.

(366) Adolf Spamer: Weihnachten in alter und neuer Zeit. Jena: Diederichs 1937.

(367) Moritz Spieß: Aberglauben, Sitten und Gebräuche des sächsischen Obererzgebirges. Dresden: Burdach 1862.

(368) Spitzenklöppeln im Sächsischen Erzgebirge. s. S. 113

(369) Stadtverwaltung Schneeberg (Hrsg.): Die neue Schneeberger Marktpyramide. Schneeberg: Stadtverwaltung 2000.

(370) Hellmuth Stapff (Hrsg.): Weihnachten im Erzgebirge. Leipzig: Hofmeister 1955.

(371) Isolde Sternitzky u. a.: Vogtländische Tracht. Marienberg: Druck- und Verlagshaus 1999 = Reihe WEISS-GRÜN 19.

(372) Stiftung Mitteldeutscher Kulturrat (Hrsg.): Sachsen. Frankfurt/M.: Weidlich o. J.

(373) Eva Stille / Ursula Pfistermeister: Christbaumschmuck. Nürnberg: Carl 1979.

(374) Folke Stimmel u. a.: Stadtlexikon Dresden A bis Z. Dresden: Verlag der Kunst 1994.

(375) Johannes Strobelt: 100 Jahre Schnitzgemeinschaft Lössnitz (Erzgeb.). In: Lit. 330, Jg. 1980. Kalenderblatt 22.–28. 12.

(376) Rudolf Ströbinger: A/54. Spion mit drei Gesichtern. München: List 1965.

(377) Max Tandler: Weihnachten. In: Lit. 178. S. 225

(378) 1001 Pyramidenkunstwerke an der Frauenkirche. Dresden: Prospekt o. J.

(379) Fritz Tautenhahn: Das Schnitzen im Erzgebirge. Schwarzenberg: Glückauf Verlag 1937.

(380) Christian Teller: Heiligobnd-Schreck in Crandorf. In: Lit. 171. S. 94

(380a) Christian Teller: Briefliche Mitteilungen vom 15. und 25. 3. 2004 an den Autor.

(380b) Christian Teller: Gedanken über Herkunft und Entstehung des Schwibbogens. In: Vogtländische Heimatblätter November 2001.

(380c) Christian Teller: Sensationelle Entdeckung bei der Schwibbogen-Forschung. In: Lit. 145 12/2003 s. 272.

(381) Frank Teller: Der Johanngeorgenstädter Schwibbogen. In: Lit. 331, Jg. 2000. Kalenderblatt 18.–24. 12.

(382) Frank Teller: Pferdegöpel in Johanngeorgenstadt. s. S. 83

(383) Gabi Thieme: Adventskalender der ganz gewaltigen Art. In: Freie Presse 1. 12. 1999.

(384) Fritz Thost: Mein Paradiesgarten. In: Lit. 107, Jg. 1985/25. S. 15

(385) Fritz Louis Thost: Schnitzer-Lied. In: Lit. 178. S. 226

(386) Fritz Thost: Weihnachtskrippen in unserem Bergrevier. In: Lit. 107, Jg. 1974/14. S. 21

(387) Ernst Uhle: Der Pflaumentoffel. In: Lit. 268, Jg. 1933/12. S. 202

(388) Wolfgang Uhlmann: Johann Esche. In: Lit. 332, Jg. 1992/1. S. 9 ff.

(389) Helmut Unger: Geduldflaschen – eine Bastelei im Erzgebirge. In: Lit. 330, Jg. 1991. Kalenderblatt vom 15.–21. 4.

(390) Roland Unger: Für Karl Stülpner zum 150. Geburtstag. In: Lit. 233, Jg. 1991/2. S. 54

(391) Roland Unger: Für Karl Stülpner zum 150. Geburtstag. In: Lit. 104, Jg. 1991/4. S. 98 f.

(392) Werner Unger: Pionier der Schnitzkunst – Werner Pflugbeil. In: Lit. 104, Jg. 1991/6. S. 180

(393) Werner Unger: Wie kommt der Türke in die erzgebirgische Volkskunst? In: Lit. 394, Jg. 1978/6

(394) Unsere Heimat.

(395) Unterwegs im Erzgebirge. Hrsg. vom Tourismusverband Erzgebirge e. V. Annaberg-Buchholz o. J.

(396) Verband erzgebirgischer Schnitzer e. V. (Hrsg.): Bau von Buckelbergwerken. s. S. 22

(397) 40 Jahre 1950–1990 Fa. Lothar Junghänel (Firmenbroschüre).

(398) Volk und Volkstum. Jahrbuch für Volkskunde. 3. Bd. München: Pustet-Kösel 1938.

(399) Volkskunst. München: Callwey.

(400) Wilhelm Volkmann: Vom westerzgebirgischen Schwibbogen. In: Lit. 360. S. 131 ff.

(401) F. W.: Auf der Weihrauchstraße von Saba über Crottendorf nach Seiffen. In: Lit. 107, Jg. 1985/25. S. 29 ff.

(402) Otfried Wagenbreth u. a.: Bergbau im Erzgebirge. s. S. 18

(403) Klaus Walter: Kreutzbach-Orgeln in der vielfältigen südwestsächsischen Orgellandschaft. In: Lit. 104, Jg. 1996/6. S. 26 ff.

(404) Klaus Walther/Gerald Große: Zwiebelmarkt und Lichterfest. Halle: Mitteldeutscher Verlag 1983.

(405) Ingeborg Weber-Kellermann: Das Weihnachtsfest. München: Bucher 1987.

(406) Ingeborg Weber-Kellermann: Der Weihnachtsberg des Friedrich Nötzel aus Brünlos im Erzgebirge. In: Zeitschrift für Volkskunde 1958/1. Halbjahresband. S. 44 ff.

(407) Weihnachten im Erzgebirge. Berlin: Museum für deutsche Volkskunde 1985 = Freunde des Museums 8.

(408) Weihnachtskrippen aus Böhmen und Mähren. Ausstellungsprospekt. Dresden: Selbstverlag des Museums für Sächsische Volkskunst 1995.

(409) Weihnachtskrippen im Sächsischen Erzgebirge. s. S. 129

(410) Weihnachtspyramiden im sächsischen Erzgebirge Teil 1 und Teil 2. s. S. 72, 99

(411) Weihnachts- und Neujahrsgruß der Firma Veith-Pirelli/Höchst im Odenwald (Spezialfirma für technische Gummis, Kunststoffe und Gummidichtungen; Tochter der Reifenfirma Pirelli. Die Firma existiert nach mündlichen Auskünften von Christian Kott, Bielefeld, an den Verfasser nicht mehr).

(412) Wendt & Kühn: 85 Jahre Grünhainichener Werkstätten. Grünhainichen: Selbstverlag 2000.

(413) Rudolf Wenisch: Das Erzgebirge und sein Vorland: Deutsches Vaterland. Sonderheft. Wien 1923.

(414) Max Wenzel: Räucherkerzeln. Erzgebirgische Geschichten. 4. Aufl. Annaberg: Erzgebirgsverlag 1939.

(415) Max Wenzel: Der Schnitzverein. Dresden-Wachwitz: Kommerstädt & Schobloch 1924.

(416) Elvira Werner: Mundart im Erzgebirge. s. S. 58

(417) Elvira Werner: Vom Klöppeln in erzgebirgischer Dichtung. Schneeberg: Folklorezentrum Erzgebirge/ Vogtland 1984 = Glückauf 18.

(418) Walter Werner/Eberhard Wächtler: Gedrechselte Geschichte. s. S. 77

(419) Matthäus Wiesner: Das Bergkwerck in der Erd. In Lit. 165. S. 109

(420) Christian Gottlob Wild: Dr Voter. In: Lit. 58. S. 30

(421) Christian Gottlob Wild: Ne Hannel sei Weihnachtsliedl. In: Lit. 58. S. 30

(422) Felix Wilhelm: Das Karl Jägersche Bethlehem im alten Bautzener Gewandhause. In: Lit. 233, Bd. XXVIII/ 3–4. 1929. S. 109 ff.

(423) Hermann Heinz Wille/Werner Reinhold: Spielzeugland Seiffen. 2. Aufl. Leipzig: Brockhaus 1989.

(424) Willkommen im Weihnachtsland Herbst/Winter 2000. Chemnitz: Verlag Anzeigenblätter.

(425) Helmut Wilsdorf: Verzeichnis berg- und hüttenmännischer Fachwörter. In: Bernd Heinz: Zur Geschichte der Bergknappschaft von Eibenstock. Schnee- berg: Folklorezentrum Erzgebirge/Vogtland 1989 = Glückauf 40/41.

(426) Helmut Wilsdorf: Zinn in der Geschichte. In: (427) Wirtschafts- und Gewerbeverein Schwarzenberg e. V. (Hrsg.): Schwarzenberger Weihnacht. Schwarzenberg: Stadtverwaltung 1994.

(428) Stefan Wollmann: Weihnachtliche Volkskunst in der Oberlausitz. In: Lit. 331, Jg. 1994. Kalenderblatt 12.–18. 12.

(429) Robert Wuttke (Hrsg.): Sächsische Volkskunde. Dresden: Schönfeld 1900.

(430) www.annaberg-buchholz.de/utthmann.htm

(431) Zeichen der Weihnacht. Vom Sinn weihnachtlicher Bräuche. Begleitheft zu einer Ausstellung. Bethel: Werkstatt Lydda 1973.

(432) Gottfried Zeidler: Meine Räuchermänner (und Räucherfrau!). In: Lit. 107, Jg. 1981/21. S. 25

(433) Gottfried Zeidler: Pfafferkuchn. In: Lit. 107, Jg. 1979/19. S. 57 ff.

(433a) Zeit und Ewigkeit. 128 Tage in Marienstern. Halle: Stekovics 1998.

(434) Zeitungsbeilage „Sachsen im Wandel der Zeiten" o. J. und Verlagsangabe. Beitrag „Schiff und Bergwerk in der Flasche" von G. R.

(435) Margitta Zieger: Hanna Klose-Greger (9. 5. 1892 –14. 1. 1973). In: Lit. 104, Jg. 1992/3.

(436) Zinn Natur Geschichte und Technik. 2. Auflage. Altenberg: Museum 1983.

(437) Zwischen Zwickauer Mulde und Geyerschem Wald. Berlin: Akademie 1978 = Werte unserer Heimat 31.

# Neue Veröffentlichungen zu den Themen dieses Buches

## Adventskalender
Markus Mergenthaler (Hrsg.): Adventskalender im Wandel der Zeit. Dettelbach: Röll 2007.
Tina Peschel: Adventskalender. Geschichte und Geschichten aus 100 Jahren. Husum: Verlag der Kunst 2009 = Schriftenreihe des Museums Europäischer Kulturen – Staatliche Museen zu Berlin Bd. 7

## Adventsstern
Werner Markgraf: Der Annaberger Faltstern kündet von erzgebirgischer Weihnacht und Tradition. In: Erzgebirgische Heimatblätter 2008/6. S. 24

## Bergmann
Heinrich Anacker: Von Beilen, Barten und Häckchen. Berlin: Akademie-Verlag 1960. = Freiberger Forschungshefte - Kultur und Technik D 31
Bernd Lahl / Jens Kugler / Matthias Zwang: Alles kommt vom Bergbau her. Das große Buch vom Bergbau im Erzgebirge. Chemnitz: Chemnitzer 2011
Friedrich Naumann: Georgius Agricola. Berggelehrter – Naturforscher – Humanist. Erfurt: Sutton 2007
Friedrich Naumann: Georgius Agricola 500 Jahre. Wissenschaftliche Konferenz vom 25. bis 27. März 1993. Heidelberg: Springer 1994 (Reprint 2014)
Robin Hermann: Sächsischer Erzbergbau. Chemnitz: Hermann 2012

## Bergmanns-Leuchter
Bernd Sparmann / Fritz Jürgen Obst: Bergmanns-Leuchter. Sächsisches Zinn in besonderer Form. Husum: Verlag der Kunst 2014. 336 Seiten mit zahlreichen Abb.
Joachim Riebel: Der Männelmacher Karl Louis Härtel aus Schlettau. Husum: Husum 2007
Joachim Riebel: Erzgebirgische Weihnachtsfiguren. Chemnitz: Gumnior 2005
Joachim Riebel: Weihnachtsfiguren des alten Erzgebirges. Die Männelmacher der Familie Timmel in Kühnhaide und Marienberg-Gebirge. Husum: Husum 2011.

## Bergwerksmodell
Claus Leichsenring: Vom Sandrad bewegt. In: Erzgebirgische Heimatblätter 2007/6. S. 2
Frieder Wolf: An der Krippe meckert die Ziege (Bergwerksmodell in Cainsdorf). Erzgebirgische Heimatblätter 2008/6. S. 8

## Bornkinnel
Danilo Richter: Das „Crottendorfer Christkind". In Erzgebirgische Heimatblätter 2006/6, S. 5

## Buckelbergwerk
Andreas Raithel: Wohin zogen die erzgebirgischen Bergwerks-Schausteller? In: Erzgebirgische Heimatblätter 2006/3. S. 8

## Christbaum
Bernd Brunner: Die Erfindung des Weihnachtsbaums. Berlin: Insel 2011 = Insel-Bücherei 1347

## Deckenleuchter
Manfred Mauersberger: Hermann Bräuer, ein Schnitzer aus Schmalzgrube. In: Erzgebirgische Heimatblätter 2006/6, S. 9 - Hinweis auf einen in der Weihnachtszeit öffentlich zugänglichen Deckenleuchter mit über 1000 Blüten und Knospen, 200 Figuren, darunter 52 Engelsgestalten und 64 elektrischen Lichtern

## Glaskunst
Albrecht Kirsche: Vorindustrielle Glashütten und der Bergbau im Erzgebirge. In: Erzgebirgische Heimatblätter 2005/1. S. 25
Albrecht Kirsche: Vom Glasmacher zum Reifendreher, Erzgebirgische Glashütten und Seiffener Holzspielzeug. Liesthal: „ZUM BUNTEN S" o. J.

## Glockenspiel
Rainer Thümmel: Glocken in Sachsen. Leipzig: Evangelische Verlagsanstalt 2011

## Günther-Anton
Manfred Günther/Lutz Walther: Anton Günther – Freiheit zwischen Grenzen. Friedrichsthal: Altis 2011
Stefan Göbel (Hrsg.): Drham is drham. Lieder aus dem Erzgebirge von Anton Günther mit seiner Autobiographie „Wie ich zu meinen Liedern kam". Leipzig: Göbel 2007
Hartmut Leitner: Vergaß dei Hamit net. Ein Beitrag zum 70. Todestag des erzgebirgischen Volkssängers Anton Günther. Aue: Rockstroh 2007
Gotthard B. Schicker: Die „Todsünde" des Anton Günther. Einige Bemerkungen zum Suizid des bekanntesten Liedermachers des Erzgebirges. In: Dicknischl. Erzgebirgsleute von heute und damals. Marienberg: Druck- und Verlagsgesellschaft 2008

## Engel
Angelika und Karl Baeumerth:Die Engel der Sixtina. Eine deutsche Karriere. Regensburg: Schnell & Steiner 1999.

## Liedpostkarten
Danilo Richter: Die Erzgebirger und ihre Musikalität. Crottendorfer Liedpostkarten. In: Erzgebirgische Heimatblätter 2011/3. S. 23

## Mauersberg
Helga Mauersberger (Hrsg.): Dresdner Kreuzchor und Thomanerchor Leipzig – zwei Kantoren und ihre Zeit. Marienberg: Druck- und Verlagshaus 2007.

## Mundart
Interaktives Wörterbuch der erzgebirgischen Mundart. www.erzgebirgisch.de
Harald Kraut u. a.: Osterzgebirgische Mundarten. 800 Redewendungen und Zitate. Chemnitz: Kraut 2009.

## Ortspyramiden
Karl Heil: Seit 45 Jahren dreht sich zur Weihnachtszeit eine Großpyramide in Bernsdorf. In: Sächsische Heimatblätter 2010/&: s: !)
Bernd Lahl: Vom Christbaum für alle zur Pyramide für alle. In: Erzgebirgische Heimatblätter 2006/6. S. 26
Roland Müller: 40 Jahre große Weihnachtspyramide in Mülsen St. Niclas. In: Erzgebirgische Heimatblätter 2009/6. S. 3

## Paradiesgarten
Andreas Raithel (†): „Heut schleußt er wieder auf die Thür zum schönen Paradeis" – Die Vorstellungen vom Paradiesgarten. In: Erzgebirgische Heimatblätter 2012/6. S. 9

149

**Pfefferkuchenfrau**
Karl-Heinz Melzer: Die Pfefferkuchenfrauen. In: Erzgebirgische Heimatblätter 2013/6. S. 21

**Pyramide**
Karl-Heinz Friedrich: Die Blechpyramide – vergessen für immer? In: Erzgebirgische Heimatblätter 2008/6 S. 10
Claus Leichsenring: Weihnachtspyramiden des Erzgebirges. Entwicklung – Gestaltung – Herstellung. Husum: Verlag der Kunst Dresden 2009. = WEISS-GRÜN 39 (bei diesem Titel handelt es sich um eine Neubearbeitung von: Claus Leichsenring: Erzgebirgische Weihnachtspyramiden. Dresden: Sächsisches Druck- und Verlagshaus 1993 = WEISS-GRÜNE-REIHE 2
Tina Peschel, Dagmar Neuland-Kitzerow. Weihnachtspyramiden. Tradition und Moderne. Husum: Verlag der Kunst. Schriftenreihe Museum Europäischer Kulturen, Bd. 12

**Räucherkerzel**
Andreas Kahl: „Wu's noch Weihrauch riecht, kimmt dor Teifel net hie!" In: Erzgebirgische Heimatblätter 2006/6 S. 17
Bernd Lahl: Zündet e Weihrauchkerzel ah, dos nooch Weihnachten riecht. In: Erzgebirgische Heimatblätter 1995/6 S. 11
Andreas Raithel: Weihrauch in den protestantischen Kirchen des sächsischen Erzgebirges? In: Erzgebirgische Haimatblätter 2008/6 S. 21

**Scherenschnitt**
Werner Markgraf: Winter und Erzgebirgsweihnacht im Schaffen von Gudrun Beier. In: Erzgebirgische Heimatblätter 2004/6. S.2

**Schwibbogen**
Stephan Schmidt-Bücken: Christfestzeichen in St. Johannis Scheibenberg. In: Erzgebirgische Heimatblätter 2009/6. S. 20
Stephan Schmidt-Bücken: Der Scheibenberger Schwibbogen vpn 1716 – ein Himmelsbogen. In: Erzgebirgische Heimatblätter 2010/6 S. 14
Werner Spickenreuther: Schwibbogen von Klaus Kolbe – ein Begriff. In: Erzgebirgische Heimatblätter 2009/6. S. 16

Christian Teller: Neue Erkenntnisse zum Schwibbogen. In: Erzgebirgische Heimatblätter 2004/6. S. 16

**Silbermann-Orgel**
Christian Ahrens/Felix Friedrich (Hrsg.): Gottfried Silbermann als Instrumentmacher. Altenburg: Kamprad 2006.
Frank-Harald Greß: Die Orgeln Gottfried Silbermanns. 3. überarbeitete und ergänzte Auflage. Dresden: Sandstein 2007
Werner Kaden: Musikalische Schätze des Erzgebirges. In: Erzgebirgische Heimatblätter 2004/5 S. 19 (Rezension zum Abschluss der CD-Edition „Die Orgeln von Gottfried Silbermann; siehe Randspalte Seite 107)

**Silberstraße**
Tourismusverband Erzgebirge: Erlebnis Bergbau entlang der Silberstraße. Annaberg-Buchholz: Tourismusverband 2007
Horst Ziethen: Entdeckungsreise durch das Erzgebirge. Eine idyllische Mittelgebirgsreise ins Weihnachtsland und entlang der Silberstraße. Bad Münstereifel: Ziethen-Panorama 2005

**Spitzenklöppeln**
Elke Benedikt: Vom Goldgeflecht zur Klöppelspitze: Dokumentation über die Entstehung der Klöppelspitze bis zum Jahr 1561. Annaberg-Buchholz: Arbeitskreis Annaberg-Buchholzer Heimatforscher 2000
Sächsisch-Erzgebirgischer Klöppelverband (Hrsg.) Broterwerb – Handarbeit – Herzenssache. Annaberg-Buchholz: Klöppelverband o.J.
Dieter Theml: Die Posamentenschauwerkstatt im Schloss Schlettau. In: Erzgebirgische Heimatblätter 2008/1. S. 2

**Stülpner-Karl**
Karl Sewart: Karl Stülpner. Chemnitz: Chemnitzer 2014

**Türke**
Bernd Lahl: Annaberg – Heimat des erzgebirgischen Lichtertürken? In: Erzgebirgische Heimatblätter 2007/6

**Uthmann, Barbara**
Bernd Lahl: Barbara Uthmann. Chemnitz: Chemnitzer 2014
Sächsisch-Erzgebirgischer Klöppelverband: 500 Jahre Barbara Uthmann (Kalender). Annaberg-Buchholz: Klöppelverband 2013.

**Weihnachts- und Heimatberg**
Danilo Richter: Weihnachtsberg entführt in den Orient. In: Erzgebirgische Heimatblätter 2013/6. S. 13
Rikarda Groß: Geschnitzte Geschichten von Rolf Steinbach aus Weixdorf. In: Erzgebirgische Heimatblätter 2004/6. S. 21
Rikarda Groß: Wolfgang Buder – Erbauer von elektromechanischen Modellen. In: Erzgebirgische Heimatblätter 2011/6. S. 16
Günther Lasch: 100 Jahre Brönloser Weihnachtsberg. In: Erzgebirgische Heimatblätter 2007/6. S. 6
Claus Leichsenring: Weihnachtsberge & Heimatberge im sächsischen Erzgebirge. Chemnitz: Gumnior 2004
Tina Peschel, Elisabeth Tietmeyer, Ein mechanischer Weihnachtsberg aus dem Erzgebirge. Im Museum Europäischer Kulturen – Staatliche Museen zu Berlin. Husum: Verlag der Kunst. Schriften der Freunde des Museums Europäischer Kulturen, Heft 14

**Weihnachtskrippen**
Gerhard Bogner: Das neue Krippenlexikon. Wissen – Symbolik – Glaube. Lindenberg: Fink 2003
Claus Leichsenring: Zur Geschichte der Seiffener Weihnachtskrippen. In: Erzgebirgische Heimatblätter 2012/6. S. 2
Claus Leichsenring: Papierkrippen im Erzgebirge. In: Erzgebirgische Heimatblätter 2005/6. S. 6

**Wendt & Kühn**
Ehrhardt Heinold: Himmlische Boten aus dem Erzgebirge. Die weltberühmten Engel von Wendt & Kühn. 4. Auflage. Husum: Husum 2016
Wendt & Kühn (Hrsg.): Unsere Geschichte. Werkstätten für feine figürliche Handarbeiten und Spieldosen. Grünhainichen: Wendt & Kühn 2010

## Bildnachweis

Die im Buch abgebildeten Objekte bzw. Darstellungen entstammen folgenden Archiven und Sammlungen:

Manfred Bachmann, Nr. 79, 96, 144, 167

Ehrhardt Heinold, Nr. 16, 17, 20, 29, 43, 44, 45, 46, 49, 59, 60, 61, 70, 78, 84, 85, 87, 102, 133, 135, 137, 138, 142, 153, 157, 167, 172

Alix Paulsen, Weihnachtshaus Husum, Nr. 1, 2, 3, 4, 5, 6, 8, 10, 11, 12, 13, 15, 19, 21, 22, 23, 24, 25, 26, 27, 28, 30, 31, 32, 33, 36, 38, 39, 40, 42, 47, 48, 50, 51, 54, 55, 56, 57, 62, 63, 65, 66, 67, 69, 71, 72, 75, 76, 81, 88, 90, 91, 92, 97, 100, 105, 106, 107, 108, 111, 112, 115, 119, 120, 124, 126, 127, 128, 130, 139, 145, 148, 149, 152, 154, 155, 156, 158, 159, 160, 161, 162, 163, 164, 165, 176, 179

Objekte aus Museumsbesitz und Abbildungen aus Firmenkatalogen werden in der Bildunterschrift benannt.

## Fotonachweis

Altonaer Museum, Hamburg, Nr. 114, 115
Barthel Zinn, Brand-Erbisdorf, Nr. 170
Berufsfachschule für Touristik, Chemnitz, (entnommen der Schriftenreihe Erzgebirgische Volkskunst Band 1–12) Nr. 14, 37, 41, 70, 86, 109, 121, 122, 123, 125, 134, 146, 168
Bild und Heimat, Reichenbach, Nr. 99, 137, 150
Siegfried Börtitz (aus: Alte Wetterfahnen. Leipzig: Seemann 1991. S. 86) Nr. 134
Ferienstraße Silberstraße e. V., Schlema, Nr. 143
Firma Franz Karl, Venusberg, Nr. 80
Fotoatelier Schmidt, Olbernhau, Nr. 94
Fremdenverkehrsamt Seiffen, Seiffen, Nr. 98, 136, 138
Christoph Georgi, Nr. 171
Haus der Erzgebirgischen Volkskunst, Schneeberg, Lehrgangsbericht 1953, Nr. 119
A. Heinicke, Freiberg, Nr. 79
Klaus Hübsch, Seiffen, Nr. 113
Günter Hummel, Nr. 18
Husum Druck- und Verlagsgesellschaft, Husum, Nr. 9, 19, 25, 36, 51, 74, 75, 83, 126
Karpinski, Dresden, Nr. 35
I. Kugler, Nr. 132
Kunstgewerbe-Werkstätten, Olbernhau, Nr. 110

Landesverein Sächsischer Heimatschutz, Nr. 89
Peter Ledig, Nr. 140
Jürgen Matschie, Bautzen, Nr. 77
N. Millauer, Nr. 64
Österreichisches Museum für Volkskunde, Wien, Nr. 103, 104
Günter Pump, Nordhastedt, Nr. 30
Günter Reichel, Pobershau, Nr. 52
Michael Rümmler, Nr. 93
St. Schmidt-Brücken, Scheibenberg, Nr. 68
Schumann, Kunstgewerbliche Werkstätten, Grünhainichen, Nr. 129, 141
Seiffener Volkskunst, Seiffen, Nr. 102
Stiftung Schleswig-Holsteinische Landesmuseen
Schloss Gottorf, Schleswig, Fotowerkstatt: Mira Burgund, Claudia Franz, Nr. 1, 5, 6, 8, 10, 11, 12, 13, 21, 22, 24, 26, 28, 31, 32, 33, 38, 39, 40, 42, 50, 54, 55, 56, 57, 66, 69, 71, 72, 81, 82, 88, 90, 91, 92, 97, 100, 105, 107, 108, 111, 112, 115, 124, 127, 128, 130, 139, 148, 149, 152, 154, 155, 156, 159, 160, 161, 162, 163, 164, 165, 176, 179
E. Thierbach, Nr. 87
Birgit Uhlig, Olbernhau, Nr. 58
Verlag der Nation, Husum, Nr. 151
Wendt & Kühn, Grünhainichen, Nr. 173, 174, 175, 176, 178, 180, 181
Werkstatt Leichsenring, Seiffen, Nr. 147

# Inhaltsverzeichnis